本书受到国家自然科学基金重大项目（72091310）、面上项目（72274168）、教育部人文社会科学研究一般项目（22YJA630011）以及浙江财经大学工商管理学院出版经费的资助。

在位企业创业导向的微观基础研究

戴维奇　姜　悦◎著

经济管理出版社
ECONOMY & MANAGEMENT PUBLISHING HOUSE

图书在版编目（CIP）数据

在位企业创业导向的微观基础研究/戴维奇，姜悦著．—北京：经济管理出版社，2023.11
ISBN 978-7-5096-9465-7

Ⅰ．①在…　Ⅱ．①戴…②姜…　Ⅲ．①企业管理—创业—研究　Ⅳ．①F272.2

中国国家版本馆 CIP 数据核字（2023）第 217917 号

组稿编辑：丁慧敏
责任编辑：张莉琼　亢文琴
责任印制：许　艳
责任校对：陈　颖

出版发行：经济管理出版社
　　　　　（北京市海淀区北蜂窝 8 号中雅大厦 A 座 11 层　100038）
网　　　址：www.E-mp.com.cn
电　　　话：（010）51915602
印　　　刷：唐山昊达印刷有限公司
经　　　销：新华书店
开　　　本：720mm×1000mm/16
印　　　张：19
字　　　数：349 千字
版　　　次：2023 年 11 月第 1 版　　2023 年 11 月第 1 次印刷
书　　　号：ISBN 978-7-5096-9465-7
定　　　价：98.00 元

目　录

第一章 研究背景、内容概要与研究意义

第一节 现实与理论背景

一、现实背景

国内外急剧变化的环境对企业提出了创新创业的要求（Li et al.，2008；刘伟等，2014）。2008 年金融危机后，全球经济持续动荡，贸易摩擦愈加严重，保护主义日益猖獗，各国竞争也不断升温，经济呈现较弱的复苏趋势。与此同时，随着全球化和信息化变革的深入发展，各国开始进一步推动产业结构高级化，加快发展高新技术产业。在我国，人口红利的消失以及劳动力、土地等综合成本的上升，使企业原有的优势已逐渐丧失，企业固有的弊病逐渐显露。例如：自主创新能力弱，科技研发不足，过于依赖技术引进；生产方式粗放，过度依靠高资源投入，生态破坏与资源浪费严重；管理思维单一，安于现状，缺乏对发展战略的思考；管理模式、体制落后，缺乏科学化管理。另外，近年来，受新冠疫情和俄乌冲突等因素的影响，全球地缘政治和经济关系开始重塑，各国经济政策变动频繁，这对企业的外部环境造成了重要影响。在这些因素的共同影响下，我国经济发展下行压力增大。为应对此种情况，国家号召微观企业实现由粗放式生产向集约式生产转变，实现由资源驱动向技术、创新驱动转变，实现以创新创业推动转型升级。

以创新和变革为主要特征的企业创业行为备受关注，其在应对环境变化方面的重要作用也日益显现（蔡俊亚、党兴华，2015；葛法权等，2017）。国内外环境的剧烈变化对企业的发展提出了新的时代要求，使企业经营环境由稳定的转变为高风险的和高不确定性的。企业的竞争优势不是一成不变的，想要"一劳永逸"地获取和保持长期竞争优势已不再可能（Teece，2007）。在此背景下，企业能否顺应时代的要求，重新确立自己的竞争优势，直接关系到自身的生存发展。在不断的探索中，许多企业发现，通过创业能有效地为企业注入新的活力，从而建立企业的竞争优势（葛法权等，2017）。

例如，我国商业房地产市场的龙头企业——万达集团，通过连续多次的跨界转型"书写"了其在中国企业界的创业神话。1988年，万达集团以大连旧城区改造项目起家，继而在接下来的十年中不断向全国多个城市扩张，奠定了其在住宅房地产行业的领先地位。2000年，长春重庆路万达广场开业，标志着万达集团正式进军商业房地产领域。随着上海五角场万达广场、宁波鄞州万达广场、北京CBD万达广场的相继开业，万达集团在商业地产行业已站稳脚跟。2009年，万达集团将文化旅游产业作为企业新的重点发展方向，同年投资200亿元建设了长白山国际度假区，收购了全球第二大影院公司——美国AMC，哈尔滨万达文化旅游城、南昌万达文化旅游城、无锡万达文化旅游城、合肥万达文化旅游城等多个项目，标志着万达文化旅游产业的全国布局初步形成。2016年7月，在美国《财富》杂志公布的新一期世界500强企业排名中，万达集团以2015年度营业收入273.76亿美元的骄人业绩位列第385名，首次跻身世界500强。近年来，万达集团正式启动"轻资产"战略，同时转变开发模式，由独立第三方作为合作方，负责获取土地并承担建设的全部投资，同时授予合作方品牌使用权，按照项目开业后的经营净收益分成。

总之，在当下高度不确定、非连续、快速变化的新商业环境中，随着新一轮技术革命的兴起，社会经济当中出现了很多创业机会，那些表现出极其强烈的创业导向的企业，能够通过持续的创业活动延续自身的生存与发展。值得强调的是，创业导向作为一种战略姿态，是企业战略决策的重要内容（Dai and Liu，2015），因此，不可忽视对其决策主体——高管团队或CEO个体的关注。事实证明，万达集团的创业神话离不开创始人王健林高瞻远瞩的商业眼光与敢闯敢干的冒险精神，以及其背后智囊团的倾力支持。因此，探究公司创业导向，尤其是对其微观基础进行分析，有助于企业应对错综复杂的外部环境变化，使其屹立于时代潮头。

二、理论背景

在公司创业领域，学者们常用"创业导向"来描述企业从事创业活动的意愿（胡望斌等，2014；周冬梅等，2020）。创业导向指的是一个组织的属性，描述的是该组织支持并表现出持续创业行为的程度，反映了组织对待新进入（New Entry）事件的主动性（Covin and Wales，2019）。特别地，创业导向代表了一种总体战略姿态，这种姿态反映在企业反复出现的创业行为当中（Covin and Wales，2019；Wales，2016）。早期的创业导向相关文献聚焦于探讨创业导向的影响作用，研究创业导向会给企业带来什么。实证研究结果证明，无论在大企业（Lumpkin and Dess，2001）、中小企业（Keh et al.，2007；Wiklund and Shepherd，2005）还是大学衍生企业（Walter et al.，2006）中，无论是在发达经济体（Lumpkin and Dess，2001；Keh et al.，2007）还是新兴经济体（Luo et al.，2005），创业导向都提高了企业绩效，企业可以从强调新颖性、反应能力、一定程度的大胆探索中受益。此外，创业导向除了会带来财务上的影响外，亦会提升组织其他方面的能力。既有研究主要考虑了创业导向对学习（Kreiser，2011）、知识（Hughes et al.，2022）、创新（Perez-Luno et al.，2011）、企业社会责任（Zhang et al.，2021）等方面的影响。

随着创业导向后果的研究逐渐成熟，学界已认识到创业导向对企业发展至关重要，于是转而探讨"何种因素能提高企业的创业导向"这一关键问题。学者们对该问题的探讨逐渐演化出三个流派，他们分别从宏观层面、中观层面和微观层面三个角度来剖析创业导向的前因。中观层面的研究已较为成熟，对于前因的探索可分为企业特征和企业战略两方面。在研究早期，企业特征受到了学者们的关注，企业的规模（Williams and Lee，2009）、年龄（Ahuja and Lampert，2001）、国际化程度（Kurokawa et al.，2007；Wiklund，1999）和组织结构（De Clercq et al.，2013）等都会对企业的创业导向产生影响。企业战略方面，既有研究表明，当企业同时表现出高度的战略反应能力时，它们可能会从创业导向中获得最大的利益（胡赛全等，2014）；而网络关系能帮助企业家确定市场机会，利用网络开展经营（McDougall and Oviatt，2000），从而有利于提高创业导向。在宏观层面，既有研究主要围绕着制度环境、服务环境、环境动态性等宏观环境以及国家文化两方面进行探讨。在环境方面，学者或关注环境本身，如环境敌意（Kreiser et al.，2020）、环境丰富性、环境动态性和复杂性（Rosenbusch et al.，2013）；或只剖析环境中的某一部分，如制度环境（刘伟等，2014）和服务环境（黄永春等，2021）。在国家文化方面，既有研究多使用系统的文化评估框架来分析国家文化的各个维度对解构后的创业导向有何影响（Kreiser et al.，2010）。

近年来，学者们将注意力转移至微观层面的研究上，开始从高层管理者（如CEO）和高管团队这两个关键主体出发，探讨"为何有些企业是创业型的，而其他的不是"这一关键主题（Lampe et al.，2020）。学者们对高管的研究多集中在对高管（如CEO）特征的探索上，如高管的年龄（Williams and Lee，2009）、任期（Boling et al.，2016；Williams and Lee，2009）、股权（Williams and Lee，2009）、继任（Gruhn et al.，2017）、自恋/过度自信（Engelen et al.，2015b）、对命运的看法（Au et al.，2017）、人格特质（梁巧转等，2012），甚至是否有注意力缺失过动症（Yu et al.，2021）等都受到了关注。上述研究极富洞见，然而在目前创业导向的前因研究中，微观层面的研究还不够深入。

第一，尽管有研究开始关注企业家身份对企业创业倾向程度——创业导向的影响，但鉴于特定类型角色身份测量工具的开发尚不成熟，此脉络的研究进展缓慢。此外，仅有的探究企业家角色身份与公司创业之间关系的文献还未更深入地考察其内在的作用机制，关于"角色身份—创业导向"内在机理的研究仍处于"黑箱"状态。尽管已有学者尝试从注意力的角度解释企业家身份对创业导向的影响过程，但注意力的作用并未得到实证证据的支持。同时，解构民营企业家特质对创业导向的影响过程的研究与中国特定的研究情境的结合不甚密切，特别是转型经济背景下，企业家对政策性机会的载体——政府政策的关注程度；仍是一个未被充分考虑的关键因素。

第二，对企业家这一重要主体的关注不足。在创业导向影响因素的研究中，学者们更多地将目光放在了上市公司的高管团队（TMT）（如CEO）上（Diánez-González and Camelo-Ordaz，2016），而对中小型民营企业的企业家这一重要主体缺乏必要的关注和讨论。就中国民营企业而言，其规模通常较小，决策权通常集中在企业家或企业主要的管理者手中，因此，企业家或管理者通常是企业的核心和唯一决策者（Schein，1983；Kelly et al.，2000），拥有企业的绝对控制权和决策权，是企业发展的重要影响因素。所以，研究者要想深入准确地了解影响民营企业战略选择的因素，就应将民营企业家或管理者作为研究的着眼点和切入点。

弥合以上理论缺口对于推进公司创业导向的微观基础研究至关重要。

第二节 章节与内容概要

第一章主要介绍了研究背景、内容概要与研究意义，具体内容包括：阐述本书研究的现实和理论背景，概括以往研究的现状及存在的不足，阐述本书的研究概要、理论意义和现实意义。

第二章是公司创业导向文献综述，主要介绍了公司创业导向的内涵以及公司创业导向微观基础的相关研究。

第三章是相关理论基础与概念界定，包括微观基础研究、相关理论基础、相关概念研究的文献综述。其中，微观基础研究部分介绍了微观基础的由来、定义及本质。相关理论基础部分介绍了高阶梯队理论、角色身份理论、注意力基础观、制度理论和战略选择理论。相关概念研究部分主要是对群体断裂带、高管团队行为整合、政治联系和地位构念进行了文献综述。

第四章至第七章包括四个子研究。

第四章为子研究一，主要针对以下问题展开探讨：行为整合的具体实现机制是什么？行为整合对董事会断裂带与创业导向之间的关系起到了何种作用？一方面，本书依据断裂带构念综合考虑多个异质性维度，同时结合高阶梯队理论，探究了董事会断裂带对创业导向的影响。另一方面，本书进一步分析了两种重要的整合机制——董事会成员交叉任期和董事长职能背景广泛性对董事会断裂带和创业导向之间关系的调节作用。

第五章为子研究二，主要聚焦两个研究问题：①企业家角色身份是否会影响企业的创业导向？②角色身份与创业导向间的内在作用机制是什么？为分析上述研究问题，本书梳理了角色身份理论和注意力基础观，利用全国民营企业调查数据，聚焦民营企业创业导向的动因问题，鉴于企业家在民营企业中的主导地位，企业和企业家行为遵循相同方向（Elenurm，2012），将企业家作为关键的行动代理人加以讨论。本书聚焦以机会为本质的创业研究，充分考虑了符合本书研究主题的角色身份类型及其内涵，对两类特定角色身份（发明者和开发者）与公司创业导向的关联进行了讨论。进一步地，为深入解构角色身份对创业导向的作用机制，本书结合中国转型经济背景，重点关注政治市场中蕴含的、有利于激发民营企业创业信心的机会。事实上，企业家的高政策关注度能够解释公司创业行为。身份理论提出，角色身份能够塑造个体感知，并且能引导注意力（Ardichvili et al.，2003），进而促进创业机会的识别。因此，本书从企业家对政府政策法规方面的注意力配置角度研究了角色身份影响创业导向的内在作用机制。

第六章为子研究三，梳理了战略选择理论和制度理论，分析了不同制度环境下企业家的政策主观认知对创业导向的影响。一方面，企业是否采用创业导向，是企业经营过程中战略选择的结果。根据 Child（1972）阐述的战略选择理论，组织的当权者对环境的主观认知是企业战略选择的最直接决定因素。因此，本书采用战略选择理论探索企业家政策感知对创业导向的影响，有助于深入剖析政策是如何作用于企业活动的。另一方面，不同于战略选择理论的微观研究视角，制度理论从宏观环境角度提出，企业战略选择会受到制度情境的约束。因此，本书采用制度理论研究不同制度环境下企业的战略选择，有助于更好地理解和研究中国情境下的创业导向。总而言之，本书在整合战略选择理论和制度理论的过程中，既从微观层面考察组织战略选择，即研究企业家新政感知是如何影响创业导向的，又将战略选择置于特定的制度情境中，考察制度环境如何影响两者的关系，有助于形成对创业导向更为完整的理解，并由此弥合相关研究的缺口。

第七章为子研究四，聚焦"企业家的行政环境感知对其所在企业创业导向的影响机制"这一核心问题，本章以中国民营企业为研究对象，依托战略选择理论和地位理论进行了理论和实证研究。具体地，首先，建构"感知—态度—行为"的逻辑框架，以企业家的变革态度为中介，揭示了企业家行政环境感知影响创业导向的内在机制，从而丰富了战略选择理论；其次，考虑到企业的地位会影响战略决策过程（Luo et al.，2020），因而将地位理论与战略选择理论相结合，将"竞争地位"作为重要的情境因素，探索了竞争地位对"变革态度—创业导向"和"行政环境感知—创业导向"这两对关系的调节作用。

第八章内容包括总体结论和政策建议。本章对本书中公司创业导向微观基础研究的结果进行了归纳，总结了本书的研究理论价值和实践启示，并结合理论研究意义和实践价值对公司创业导向微观基础的未来研究方向进行了展望。

第三节 理论与实际价值

一、研究的理论意义

（一）对创业导向的贡献

第一，基于中国转型经济情境，深入解构了民营企业家角色身份与创业导向之间关系的内在作用机制，打开了身份影响公司创业行为的"黑箱"。尽管创业导向影响因素的研究，特别是企业家微观层面的研究日益受到相关领域内学者的重视，其中企业家角色身份这一研究视角也逐渐为学者所关注，然而，这一脉络的研究目前仍主要集中于定性的案例研究，仅有的少数研究关注特定角色影响公司创业行为，其内在的作用机制尚未被深入解构（Stewart et al.，2016）。本书基于中国转型经济背景，并整合角色身份理论和注意力基础观，提出民营企业家的发明者角色身份、开发者角色身份能够提高企业家政策注意力，引导其积极识别和关注政策性机会，最终提升公司创业导向。基于这一推导，本书构建了"企业家特征（两类角色身份）—企业家认知（政策注意力）—创业导向"的研究框架，通过强调企业战略决策的微观基础，深入解构了民营企业家角色身份作用于创业导向的内在机制。

第二，从董事会断裂带的视角揭示了创业导向的动力机制，丰富了创业导向前因的研究。以往有关创业导向的研究聚焦于组织层面和个体层面因素的影响，对团队层面的因素特别是董事会断裂带与创业导向之间关系的探讨还不多见（Wincent et al.，2014）。在屈指可数的相关文献中，研究者通常聚焦于董事会成员的某一维度，而不考虑不同维度之间的交互影响，进而得出冲突的结论（王海珍等，2009）。然而，本书选用群体断裂带概念，突破了以往研究只检验单一特征异质性的做法，综合考虑了四个与战略任务高度相关的人员特征，构造了断裂带指数并用其预测企业的创业导向，得到了有意义的研究结果。这在创业导向前因的研究中具有创新意义。

第三，丰富了有关创业导向前因——企业家感知及其影响机制的研究。本书以民营企业为研究对象，在整合战略选择理论和地位概念的基础上探究了创业导向的前因，明晰了企业家的环境感知对提升民营企业创业导向的重要价值。这是对创业导向前因研究的重要补充。一方面，目前学界对创业导向后果的相关研究较为成熟，因此转而开始探索创业导向的前因（Wales et al.，2013a）。本书不同于以往学者探究客观的外部环境或企业家的个人特征对创业导向的直接影响（Au et al.，2017；Kreiser et al.，2020），而是基于战略选择理论，以企业家对行政环境的感知为出发点，在中国情境下较为深入地剖析了企业家行政环境感知如何影响企业的创业导向。另一方面，既有研究多从制度环境、市场环境或任务环境的四个维度（即多样性、敌意性、丰沛性和复杂性）来探索创业导向的前因（Dai and Si，2018；黄永春等，2021），然而行政环境对创业导向亦有重要的影响，本书的研究结果证实了这一点，这也为未来探索行政环境与企业创业之间的关系提供了思路。

第四，在分析检验董事会断裂带与创业导向二者之间关系的基础上，对影响这一关系的具体情境进行了初步探索。前人在断裂带相关研究中大多将注意力集中于主效应的分析上，对重要的情境变量考虑较少（韩立丰等，2010）。本书则分别从董事长个人特征以及董事会成员任期特征两个角度去识别影响董事会断裂带与创业导向之间关系的重要调节变量，探索了理论的边界条件，有助于形成对董事会断裂带与创业导向两者关系更为全面的认识。

第五，将制度环境作为创业导向研究的情境因素，探讨了企业家新政感知与创业导向之间关系的边界条件。以往学者虽然对创业导向的情境有所考虑，但基本上他们仅将环境动荡性、技术变动性以及民族文化特征视为情境变量（Simsek et al.，2010；Li et al.，2008；Engelen et al.，2014），将制度环境视为情境变量的研究还不多见。作为中国最重要的情境因素之一，制度环境对中国企业的投资活动、战略行为都有着深刻的影响（Zhou，2017；Zhou，2013；Arnoldi and Muratova，2019）。North（1990）提出，产权制度是最基本的制度，只有当企业认为它们能保护自己的投资成果时，企业才会投资。Baumol（1990）认为，不同的制度会对企业的投资活动产生不同的影响，会影响企业创业投资的回报率。考虑到中国情境下制度因素的重要性，本书基于不同的制度环境分析企业家政策环境感知对创业导向的影响，有助于更全面地认识二者的关系，这也是对创业导向研究情境的进一步丰富。除此之外，本书也将政治联系作为情境变量，丰富了政治联系的相关研究。本书的实证结果显示，政治联系对企业家新政感知与创业导向之间的关系有负向的调节作用，这启示我们应辩证地看待政治联系：一方面，对于像我国这样的新兴市场和转型国家来说，政治联系的存在能帮助受制度歧视的民营企业家获得发展所需的关键资源、市场机会以及产权保护等，降低外部环境对民营企业的消极影响（Ge et al.，2017）。另一方面，政治联系的存在往往又会滋生贪污、腐败、寻租等，破坏社会和经济秩序；此外，企业过于依赖政府关系，也会使企业忽略对外部环境的关注，无法使自身成为制度和市场变革的推动者（Zhou，2017），进而不利于社会长远发展。

第六，将企业的竞争地位作为情境因素，进一步探讨了企业家感知/态度与创业导向关系的边界条件。一方面，以往学者虽对创业导向的情境有所考虑，但鲜有研究将企业层面的地位纳入考量。本书整合了地位概念，从企业地位的属性出发进行研究，揭示了企业竞争地位对企业创新的重要影响，这有助于回答为何在同一行政环境中企业之间的创业导向存在异质性。另一方面，以往的研究大多将地位作为自变量来解释公司的创业行为（Preller et al.，2020；Szatmari et al.，2021），鲜有研究将其视作一个调节变量。然而，企业地位是企业进行战略决策的重要情境，当竞争地位不同时，企业即使家面临同样的环境也会做出不同的决策。因此，本书将其视作一个情境因素，且其调节作用并不是单一的，其在行政环境感知对创业导向的影响及变革态度对创业导向的影响中均起倒 U 型的调节作用。以上发现为未来从企业的地位属性出发的相关研究提供了极具潜力的新视角，希望未来的相关研究能够将交叉学科领域的理论更好地融入现有体系。

（二）对理论视角的贡献

第一，对注意力基础观有两条重要的理论贡献。首先，以往注意力前因的研究在讨论个体注意力的配置问题时，大多聚焦于环境因素的特征，而对环境刺激的接受者，即决策者特征的关注较少。然而，决策者特性对企业行为也会起到非常重要的作用（Ocasio，1997）。为此，本书从企业家承担的特定角色身份角度出发，讨论了注意力配置的影响因素，丰富了有关企业家注意力配置影响因素的研究。其次，本书基于中国转型经济特征，强调识别和利用来自政治市场的机会对公司创业行为的影响，并将企业家对政府政策的主观关注程度进行概念化，将宏观政策法规与公司创业导向关联起来。这对丰富企业家注意力研究以及促进注意力基础观在创业领域的情境化运用有着积极意义。

第二，通过将群体断裂带理论延伸到创业导向领域，扩大了这一理论的解释范围和运用范围。回顾以往的文献，前人对断裂带影响效应的研究大多集中在企业绩效或团队绩效上，较少关注对企业决策和行为的影响，而在少数研究断裂带与企业决策和行为之间关系的文献中，与创业相关的文献，尤其是与公司创业相关的文献则更加稀少。在仅有的几项关于创业的研究中，学者们主要以创新绩效（赵丙艳等，2016）、创新战略（卫武、易志伟，2017）、跨国并购（李维安等，2014）、董事会对创业问题的讨论（Tuggle et al.，2010）等较为笼统的概念作为因变量，未能从群体断裂带视角对创业问题进行深入分析。本书以公司创业领域的重要构念之一——创业导向作为主要研究对象，探索了群体断裂带与创业导向这一具体的战略决策之间的关系，有效补充了相关研究的不足。

第三，基于战略选择理论，解构和检验了企业家对环境的主观理解，以及这些认知是如何影响企业的战略决策的，打开了两者之间关系的"黑箱"。目前，学界对战略选择理论中企业家的个人感知如何影响企业战略决策的研究还不充分，多数只停留在个人感知对企业战略决策的影响上，并未对其中的机理进行深入研究（De Clercq et al.，2018；戴维奇、赵慢，2020）。本书在此基础上，通过"感知—态度—行为"的框架，剖析了其中的过程——企业家的个人行政环境感知会显著地影响其对创业风险的判断、个人注意力的分配以及对交易成本的预估，进而改变企业家对待变革的态度，从而影响整个企业的创业导向。本书的研究结果是对现有文献的重要补充。

第四，探讨了行为整合的具体实现机制，丰富了高阶梯队理论。以往对高管团队的研究主要基于心理学结合群体研究的理论成果考察高管或董事会成员间的异质性对一系列结果变量的影响，在探索主效应的基础上，后续研究进一步探讨高管的工作压力、自主裁量和行为整合等情境因素对主效应的调节效应，然而有关上述因素的具体实现形式还缺乏充分的讨论。本书围绕行为整合的核心意义，选择并验证了董事会成员的交叉任期和董事长的职能背景广泛性两个具体的行为整合机制，从而丰富了高阶梯队理论，对未来研究具有一定的参考价值。

（三）对实证测量的贡献

本书为特定角色身份的测量和实证研究做出了有益示范，并丰富了公司创业领域的企业家角色身份研究。尽管既有身份领域的研究已经归纳出企业家的诸多角色身份类型，然而在创业领域中人们还未能获得角色身份研究（其对于公司创业行为而言非常重要）的实证基础（Gruber and MacMillan，2017），大多数这一脉络的研究采用探索性的定性研究方法，即使是尝试定量的实证方法，也鲜有对企业家特定角色身份加以直接测量的研究。本书基于 Cardon 等（2009）提出的角色身份模型，利用民营企业调查问卷数据，对企业家的两类角色身份加以表征测量，强调两种角色身份及其内含的行为预期和自我验证倾向能够对公司创业活动起到预测作用，构建了较为完整的"角色身份—创业导向"关联关系模型，为之后的创业领域角色身份的测量和实证研究做出了有益的示范，有助于为研究公司的学者在未来研究角色身份奠定实证基础。

二、研究的现实意义

（一）企业角度

第一，对于企业通过调整董事会进而提升创业导向具有重要的指导意义。首先，由于断裂带在一定程度上能够预测董事会的分裂，而董事会的分裂又会导致企业呈现较低程度的创业导向，因此，企业所有者、高管人员应对董事会断裂带的破坏性作用保持警惕，力求将董事会断裂带维持在较低的水平。这就要求企业在组建董事会或进行董事会换届选举之前，必须更加全面地考察董事会的人员构成，在提名董事会成员时，不仅要考虑候选人的能力，还要关注他们在其他方面的特征。其次，董事会断裂带的负面作用并非一成不变的，而是会随着董事会成员共事时间的增加而减弱的。董事会成员共事时间越长，相互之间的接触和互动越多，相互之间的了解越深入，董事会断裂带所引起的社会分类越可能被弱化。这时，董事会中的每个成员依据特定的属性特征对其他人所进行的身份界定将变得模糊，大家更倾向于将董事会视为一个拥有共同目标的整体。因此，应尽量保持董事会的稳定性，避免频繁更换董事，还要增加董事会成员间沟通交流的机会，以减弱断裂带的负面作用。最后，当董事会断裂带过高进而阻碍创业导向的提升时，也可以通过一些方法来消弭断裂带的不良影响。例如，可以通过各种整合机制破除来自晕轮效应的不当偏见，提升董事会成员对于董事会作为一个整体的认同感，增强董事会的凝聚力。本书的实证研究结果显示，董事长职能背景的广泛性对董事会断裂带和创业导向之间的负相关关系具有正向的调节作用。这提示企业所有者和决策者可以通过任命具有多种职能背景的董事长来充当不同子群体间的"黏合剂"，促进这些子群体在创业问题上的沟通与协作。

第二，为民营企业创业意愿的提升问题提供了解答。民营企业作为市场经济中最富活力、最具潜力、最有创造力的部分，其在国民经济发展的过程中扮演着重要的角色，但由于我国市场环境复杂多变、制度不健全，使得企业家缺乏扩大经营的信心，继而企业战略更趋于保守以维持现状，具有较高的风险规避性。因此，如何提升创业导向成为民营企业管理者亟待解决的一道难题。本书聚焦创业导向的动因问题，揭示了发明者、开发者两类角色身份对公司创业的促进作用，并且结合转型经济背景，深入讨论了这一影响的内在作用机制，为更有效地推动民营企业打破现状、积极进行创新创业提供了建议。

第三，揭示了民营企业家关注政府政策法规的重要性，这启示民营企业要重视企业家身份的构建。本书聚焦民营企业创业导向的提升问题，提出企业家政策注意力对公司创业行为具有促进作用，提醒民营企业家对政府政策要保持高度敏感性，以敏锐、准确地识别利好的政策性机会。同时，本书深入探讨了企业家注意力的形成机制，提出发明者、开发者两类角色身份对政策注意力配置的导向性作用，这启示民营企业要重视企业核心决策层的身份构建，并为有意识地引导企业家的注意力配置，进而促进公司创业行为提供了解决方案。

第四，揭示了影响民营企业创业导向选择的重要影响因素，有助于进一步提升公司创业导向。本书的实证研究发现，企业家越是能感知到环境的改善，越会采用积极的创业导向战略。这启示企业一定要关注企业当权者的主观认知对企业战略选择的影响，在企业的建设中，一定要注重对企业核心决策层的构建。在我国，民营企业的发展起步较晚，企业的规模往往较小、正式制度不健全、管理模式落后，企业当权者拥有绝对权威，承担着核心甚至是唯一决策者的责任，因此，他们的认知和判断往往会直接影响和决定企业的发展战略和方向。但是由于受到企业家本身认知能力和水平的限制，企业家通常很难对外部环境做出客观的评价。另外，本书通过对问卷的进一步分析发现，就算是同一个地区的企业，由于企业家自身文化水平、工作经历、社会关系等背景因素不同，他们对外部环境的评价也有着较大差异。因此，本书中的研究结论启示企业一定要注意提高企业家对外部环境评价的客观性和准确性，要寻找更多途径，如建立和完善企业的治理结构、建立高效的决策机制和机构等，降低企业当权者"误判"环境特别是政策的可能性，使其对制度环境做出更加全面、客观的评价，并最终做出正确的战略选择。

第五，当今社会的行政环境具有较高的不确定性（Hemmert，2004），企业应当苦练"内功"，提升自身的竞争地位，以弱化行政环境不确定性可能带来的风险，保持不断创新发展的活力。本书提出了企业地位如何影响决策过程的相关见解：在企业竞争地位处于低或高水平时，企业家行政环境感知/变革态度与创业导向的关系相对较弱；而企业竞争地位处于中等水平时，企业家行政环境感知/变革态度与创业导向的关系最强。由于企业改变行政环境的能力有限，因此，其只能选择适应环境的变化，提升自身的竞争地位，以应对外界的风险。

（二）政府角度

第一，对政策制定者具有重要的启发意义。首先，以往的研究一般是直接探讨客观环境指标对企业创业的影响（刘伟等，2014），而本书则是从企业家对环境的主观认知的角度，思考影响企业战略行为的关键因素，且实证结果也证明了企业家对环境的主观评价和认知对公司创业导向战略的选择有重要的影响。研究视角的转变有利于提醒政策制定者要注意客观政策与主观认知之间存在的"鸿沟"，政府适时颁布相关政策、改善外部环境固然重要，但将政策落实到每个企业，使各个企业都能切实感受到政策带来的红利，增强它们对政策环境的信心同样非常关键。因此，政府在颁布一些政策法规之后，应该加强和深化对于政策的解读，着力从认知层面影响企业决策者。

第二，启示政策制定者要积极引导民营企业家高度关注支持性政策法规。经济转型时期，政府颁布有利于民营企业成长的政策法规固然重要，而提高民营企业家对相关政策法规的关注会对公司创业活动同样产生积极影响。因此，政策制定者在推行出台的支持性政策法规时，需要采取措施积极引导企业家的注意力，帮助民营企业准确、及时地解读政策法规，进而有效地识别出其中的政策性机会，促进民营企业利用这些机会积极进行公司创业活动。同时，本书的研究结论也启示政府思考在促进民营企业创新创业时如何更好地履行政府的职能。

第三，启示政府应当持续不断地进行行政环境优化。本书研究发现，行政环境感知与企业创新导向之间存在正相关关系，因此，为促进民营企业创新创业，政府需要在企业创业过程中因地制宜地提高行政效率和公正程度，以此来降低企业的创业成本，增强创业成功的信心，这也有利于企业家注意力的合理分配，使其注重创业活动而非投机等。此外，由于企业家的个人感知是影响创业导向的关键因素（Child，1997；Dai and Si，2018），政府还应注重宣传，使企业家感知到自身处于良好的行政环境之中，从而激发其进行创新创业活动，此举也有利于"双创"政策的进一步落实。

第四，启示政府应根据制度发展水平的差异，有差别地颁布政策，加强对制度落后地区的政策供给和制度建设，尤其是金融体系和产权保护制度建设，增强企业长期发展的信心。我国幅员辽阔、东西跨度大，多重因素共同影响，造成了我国地区制度发展水平参差不齐的现状。随着改革的深入，这种发展不平衡的局面并未得到彻底改变。一方面，长期以来，东部尤其是东部沿海地区依托自身优越的地理位置受到中央政府的重视和扶持，获得源源不断的政策供给，制度迅速得到发展和完善，并在这一过程中形成了开放的市场观念和较强的政策吸收能力，而东部地区又反过来推动了国家政策的落实和制度的建设。在这种良性循环下，这些地区的企业通常更为激进和大胆。另一方面，中西部地区则受地理环境、人文因素等诸多限制，制度发展缓慢，市场观念和政策吸收能力也相对较弱，这使得好的政策无法得到有效的落实。在这种经营环境下，企业则往往表现得更为保守和谨慎。基于此，本书提出，不管是地方政府还是中央政府都应关注和思考"如何更好地增强制度落后地区的企业创业的信心"这一重要问题。这对改变企业安于现状的消极心态、促进企业积极参与市场竞争具有重要的意义。在这一过程中，政府亟须解决的就是中小企业融资难和权益难以保障的问题，政府应切实针对现阶段民营企业面临的这两大问题，加快推进金融体系市场化改革，加大私有财产保护力度，充分发挥政府的监督、服务职能。

第二章 公司创业导向文献综述

第一节 公司创业导向的内涵与维度

关于创业导向的概念和维度的研究经历了一段时间的演化与发展，大致可以分为三个阶段（魏江等，2009）。本书介绍了各个阶段中创业导向较为典型的定义。

一、构念孕育阶段

创业导向这一构念最早源于 Miller 和 Friesen（1982）的研究。Miller 和 Friesen（1982）认为，创业型企业和保守型企业存在较大差异，应将两者区分开来研究。他们提出，创业导向有产品创新和风险承担两个维度，这两个维度为后来创业导向构念的发展奠定了基础，是现今使用较多的创业导向维度之一（Covin and Slevin，1989；Lumpkin and Dess，1996；Miller，1983）。之后，Miller（1983）进一步完善了创业导向维度的划分，提出了创新性（Innovation）、先动性（Proactiveness）和风险承担性（Risk Taking）三个维度。Miller（1983）将企业分为三类，并逐一分析了影响各类企业创新的因素。他对 52 家样本公司进行了实证分析，其结果正如理论推演的结论一样：创业是一个多维度的构念，包括了创新性、先动性和风险承担性。Miller（1983）还将采取超前行动以领先竞争者的企业定义为创业型企业。Miller（1983）虽未明确提出"创业导向"这一构念，但其强调的概念实为"创业导向"的雏形，其内涵和维度的划分至今仍得到广泛的认同。

二、战略姿态阶段

战略姿态的明确提出要归功于 Covin 和 Slevin（1989）的研究。1989 年，Covin 和 Slevin 调查了小型制造企业对环境敌意的战略反应，开创性地提出了"战略姿态"这一构念，认为战略姿态是企业战略反应的重要体现之一。这两位学者将战略姿态广义地定义为一个公司的整体战略倾向：创业型企业的战略姿态同 Miles 等（1978）、Mintzberg（1973）所描述的"创业型组织"类似，战略决策和管理理念都极具创业风格；相反，保守型企业倾向于规避风险，缺乏创新，与 Miles 等（1978）提出的"防御型企业"、Mintzberg（1973）所提出的"适应型组织"较为类似。由于创业型企业的战略姿态的特点是频繁和广泛地使用技术和产品创新、积极的竞争导向、高管具有强烈的风险承担倾向，因此 Covin 和 Slevin（1989）沿袭了 Miller（1983）对创业导向维度的划分原则，并为三维度开发了量表，该量表成为学者们最常用的用于测量创业导向这一构念的量表（魏江等，2009）。从测量这一角度来看，战略姿态是创业导向的前身，是创业导向的最早称谓。

随之，"创业姿态"走进了研究者的视野。1991 年，Covin 和 Slevin 再次发表一篇文章，他们在文章中将创业作为一种组织层面的现象，将具有创业倾向的战略姿态称为"创业姿态"，并开发模型描述了创业姿态的前因后果，提出了 44 个重要命题。他们提出这些观点，迅速掀起了创业导向研究的热潮。Zahra（1993）随后提出了 Covin 和 Slevin（1991）应修改和可扩展的几个领域。Zahra（1993）认为，Covin 和 Slevin（1991）的模型只强调了创业的强度，除此之外，创业活动的形式、创业活动的类型以及创业活动的持续性并未得到很好的解释。这一观点得到了 Covin 和 Slevin（1993）的认可。

三、创业导向阶段

创业导向的明确提出要追溯到 Lumpkin 和 Dess（1996）的研究。Lumpkin 和 Dess（1996）将创业导向视为一个多维度的构念，包含了自主性、创新性、风险承担性、先动性和进取心这五个维度。同时，Lumpkin 和 Dess（1996）指出，创业导向并不代表创业，创业是指"新进入"，而创业导向导致了"新进入"这一行为。创业导向的五维度相互独立，若只有其中几个维度发生作用，依旧可实现成功创业。这挑战了 Covin 和 Slevin（1989）所提出的创业导向维度共变的观点，而与 Gartner（1985）的主张保持一致：Lumpkin 和 Dess（1996）认为，维度之间是独立变化的。该结论成为后续创业导向解构研究的依据。纵使 Lumpkin 和 Dess（1996）明确提出了创业导向的定义，但学者们在测量该构念时仍以 Covin 和 Slevin（1989）提出的意见为准绳，采用三维度开展相关研究。自此，创业导向的构念逐渐趋于成熟，并在此基础上不断发展。

本书对各个阶段中创业导向较为典型的定义及维度演化进行了总结和梳理，具体如表 2-1 所示。

表 2-1 创业导向的定义及维度演化

发展阶段	作者及年份	创业导向的定义
构念孕育阶段	Miller 和 Friesen（1982）	采用创业模式的企业勇于创新、定期创新，同时在产品市场战略方面承担相当大的风险
	Miller（1983）	创业型企业是指从事产品市场创新，进行一些有风险的冒险活动，并率先提出"主动"创新，击败竞争对手的企业
	Morris 和 Paul（1987）	创业型企业的决策规范强调积极主动、创新的策略，但也包含风险因素
战略姿态阶段	Covin 和 Slevin（1989）	战略姿态可以广义地定义为一个公司的整体竞争导向，具有创业型战略姿态的企业是指高层管理人员具有创业型管理风格的企业，企业的战略决策和经营管理哲学可以证明这一点
	Covin 和 Slevin（1991）	创业姿态反映三种组织层次的行为：一是面对不确定性时，高管在投资决策和战略行动方面的风险承担；二是产品创新的广泛性、频率及其技术领先趋势；三是公司的先动性也体现在公司倾向于积极主动地与行业竞争对手竞争
创业导向阶段	Lumpkin 和 Dess（1996）	创业导向是指导致自主行为倾向、创新、承担风险的意愿、与竞争对手积极竞争、追求积极的市场机会的实践活动和决策过程
	Zahra 和 Neubaum（1998）	创业导向是一个公司激进创新、积极主动的战略行动和承担风险的活动的总和，体现在对结果不确定的项目的支持上
	Voss 等（2005）	创业导向是指公司层面的行为倾向（反映出冒险、创新、积极主动、自主和竞争进取），这些行为会导致组织或市场发生变化
	Avlonitis 和 Salavou（2007）	创业导向是一种组织现象，反映了企业的管理能力，通过这种管理能力，企业可以采取积极主动的措施，改变竞争环境，使之对自己有利
	Anderson 等（2015）	创业导向包含两个较低级别维度的含义：其一，创业行为，即企业层面对新产品、流程或商业模式的追求（创新性），以及企业试图将这些创新应用在新产品或市场领域的预期商业化行为（主动性）；其二，面对风险的管理态度，即一种存在于负责发展和实施公司级别战略的高级经理的内在管理倾向，一般来说，应具有承担战略行动带来不确定结果的能力

资料来源：笔者绘制。

第二节 公司创业导向微观基础研究

相较于中观层面的相关研究，创业导向的微观探索起步较晚，其在时间上与中观层面对前因的探索较为相近。加上学界已对创业导向的重要性形成共识，因此在微观层面上，既有研究大多讨论了影响创业导向的微观前因，而鲜有文献研究其微观后果。

前因方面，现有研究主要从公司高层管理者（或 CEO）和高管团队这两个关键主体出发，探讨"为何有些公司是创业型的，而其他公司不是"这一关键主题。从受到触发事件影响、制定战略决策到执行创业计划、获得创业产出都需要高层管理者或高管团队的参与，他们能够把握公司的总体战略布局、方向以及未来的发展趋势，指导着企业的整体运作模式、资源协调与配置、产品或服务的创新与知识创造，对公司创业导向有着较大的影响力（Guth and Ginsberg，1990）。

首先，对高管的研究多集中在高管/CEO 特征的探索上，高管的年龄（Williams and Lee，2009）、任期（Boling et al.，2016；Williams and Lee，2009）、股权（Williams and Lee，2009）、继任（Gruhn et al.，2017）、自恋/过度自信（Engelen et al.，2015b；Wales et al.，2013a）、对命运的看法（Au et al.，2017）、人格特质（梁巧转等，2012），甚至是否有注意力缺失过动症（Yu et al.，2021）等都受到了关注。与年轻的高管相比，年长的高管更有可能采取保守的立场，原因主要包括三个方面：第一，年长的管理者需要更多的时间来接受和吸收信息，并且要求更多的信息才能开始做决定（Taylor，1975）。第二，年长的管理者更倾向于维持现状，更不容易接受变化（Wiersema and Bantel，1992）。第三，年龄较大的经理人更厌恶风险，因为其接近退休，对职业稳定性更敏感，行为更具刚性（Carlsson and Karlsson，1970）。高管任职也备受学者们关注，其关注的核心主要包括：一是任期；二是继任。学者们对任期的研究结果并不一致，有学者持正相关的态度（Williams and Lee，2009），也有学者认为是呈倒 U 型的趋势（Boling et al.，2016）。CEO 继任也会导致公司创业导向发生变化（Gruhn et al.，2017），且这种变化在 CEO 变更后 2~4 年达到峰值。因此，Gruhn

等（2017）建议，需要更长的时间框架进行研究，不仅要观察创业导向的直接变化，还要观察创业导向在时间上的变动。此外，CEO 自恋也是公司创业领域的一个重要话题，现有观点大多认为，自恋或过度自信的管理者有可能争取更大胆、更激进的行动（Engelen et al.，2015b），从而激励公司采取更具创业精神、更具竞争力的战略姿态（Wales et al.，2013a），即提高了创业导向。

其次，高层管理者的社会资本、个人感知也受到了学者们的关注。CEO 的内外部社会资本都得到了充分讨论。一方面，CEO 的外部社会资本扮演着桥梁的角色，将 CEO 与外部的组织连接起来，这些外部实体是公司获取新的、有价值的战略信息和资源的重要渠道（Adler and Kwon，2002；Uzzi and Dunlap，2005）。先前的研究表明，创新往往来自整合企业的外部知识（Boeker，1997；Rosenkopf and Nerkar，2001）。例如，外部社会资本增强了企业对不断变化的消费者需求的理解，从而促进了企业的创新（Yli-Renko et al.，2001）。又如，社会资本越强大，企业越能接触到不同的方法、观点与想法，在促进创新的同时又能规避内部的偏见（Walsh，1995；马丽、赵蓓，2018）。此外，通过外部社会网络获得的信息往往是未公开的私密信息，可以为公司的先动行为创造重大优势（Cao et al.，2015）。另一方面，CEO 的内部社会网络亦会对创业导向造成影响。拥有更大、更多样化的内部社会资本的 CEO 更有能力识别公司不同部门之间的组合选择（Grant，1996），同时其对企业内部创新活动的知识和资源流动的控制力更强（Cao et al.，2006；杜善重、汤莉，2019），从而更有效地在不同的职能中分配资源，增强公司的创新潜力。此外，通过更多的亲密关系首席执行官更有可能接触到不同的观点，这些观点打破了他或她自己对公司和竞争市场的心理模式，从而有利于创新（Cao et al.，2015）。然而，Cao 等（2015）指出，过高的内部社会网络会对创业导向带来危害，内部社会网络过高，会导致公司内部成员共享同一套框架，从而增加群体思维，削弱发散性思维，降低企业的创新性。除了高层管理者的外在表现，学者们还探索了高层管理者的精神世界。戴维奇和赵慢（2020）探讨了企业家新政感知对公司创业导向的影响，实证研究发现，企业家的个人感知的确会影响企业的创业导向，这也成为本书的重要理论依据。

最后，高管团队（TMT）也是影响公司创业导向的重要因素，既有研究主要讨论了董事会断裂带（戴维奇等，2018）、董事会成员的多样性（Wincent et al.，2014；Sciascia et al.，2013）对公司创业导向的影响。一方面，董事会断裂带不利于提升企业的创业导向。"董事会断裂带"源自于"群体断裂带"的概念，描述了高管团队的凝聚力，是指潜在的、能将高管团队划分成多个子群体的虚拟的分割线（戴维奇等，2018）。董事会断裂带越大，高管团队则越可能分裂出子群体，以"圈内人—圈外人"的眼光区别对待团队成员，从而阻碍了信息交流和沟通，不利于对冒险方案达成共识，以致对创业导向的各个维度都造成负面影响。另一方面，董事会多样性会对公司创业导向带来影响。董事会多样性方面的研究包含了内外部多样性、职能多样性以及代际多样性等方面。第一，在董事会中，内部人士和外部人士会将他们的注意力转移到不同的领域（Hambrick and Mason，1984），内部人士的注意力主要集中在内部网络状况和事件上，而外部人士的注意力主要集中在外部环境和变化上。因此，对于具有内外部多样性的董事会而言，内外部多样性可以产生创造性的讨论，并在有关自身利益的问题上更平衡地做出决定，帮助企业更准确地预测结果和管理资源，做出更加脚踏实地、积极主动、勇于冒险的决策（Wincent et al.，2014）。第二，职能多样性反映了个体在不同职能领域的代表性，如市场营销、生产、研发、金融、会计和战略计划等职能（Bunderson and Sutcliffe，2002）。高管团队若具有更广泛的职能多样性，则意味着他们具有更广泛的经验、观点和知识，尤其是隐性知识，在解决问题时可以采用更复杂的方法和解决方案（Cannella et al.，2008），这对于开发创新的替代方案和寻找触发整个网络风险承担性和先动性的机会非常重要。第三，代际参与衡量了同时参与公司 TMT 的家族代数（Kellermanns and Eddleston，2006）。由于出生于不同年代的家庭成员给团队带来的专业知识和观点不同，代际参与能促进知识多样性的产生，因此，适度的代际参与会激发员工从事建设性的任务，有利于企业采取创业型的战略姿态。但高水平的代际参与容易导致较大的亲属距离和关系冲突，可能会破坏员工的关系环境，从而不利于创业导向的提升（Sciascia et al.，2013）。

本书通过对以往相关文献进行整理和归纳，发现讨论公司创业导向带来的微观后果的文献较为稀少，仅有一篇文献探讨了这一话题，该文献从个人对组织创业导向的感知角度出发，研究了创业导向对员工角色模糊和离职意愿的影响。Monsen 和 Boss（2009）通过实证研究发现，创业导向的三个维度均对员工角色模糊和离职意愿具有负向影响，即创业导向有利于员工认识自身的工作，有利于塑造员工的忠诚度。其原因主要包括两个方面：第一，具有创业导向的组织往往要求更多的变革活动，而更善于管理变革的员工本身不太可能想要辞职（Rutherford and Holt，2007）；第二，通过支持变革和创造力的文化，企业可以降低员工的恐惧和压力，尤其是降低与冒险、创新和先动活动相关的模糊性（Upson et al.，2007）。因此，组织创业导向具有降低员工角色模糊和离职意愿的作用。

本书对创业导向在微观层面的相关研究进行了总结和梳理，具体如图2-1所示。

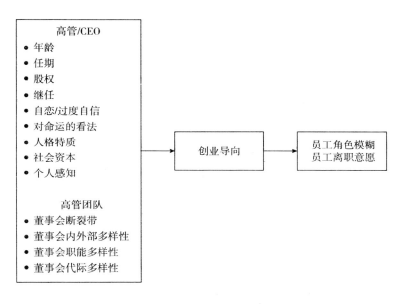

图2-1 创业导向在微观层面的相关研究

资料来源：笔者绘制。

第三章　相关理论基础与概念界定

第一节　微观基础研究

微观基础本身并不是一种独特的理论或经验方法，而是一套研究启发式和发展理论的视角（秦玲玲、孙黎，2019）。战略管理领域中的微观基础研究始于社会科学领域中宏观与微观之间的争论，争论的焦点在于：社会科学是应该采用个人主义方法论还是集体主义方法论（Udehn，2002）。前者侧重于关注个体行为及其相互之间的作用对宏观现象的影响，而后者则关注更高层面的社会宏观因素，诸如文化、宗教、制度等因素。这两种对峙的研究方式引发了管理学中的许多问题：何种层面居于首要地位，层面之间以及跨层面的内在研究机理是什么，等等（Barney and Felin，2013）。它们广泛地应用于管理学中的各分支学科。

值得注意的是，在关注管理学中微观基础研究的同时，需要厘清其所代表的含义，明确它是什么、它不是什么（Barney and Felin，2013）。微观基础并不等同于心理学、人力资源、微观组织行为等微观学科，不能将任何宏观的概念或理论简化为对个体的关注（Udehn，2002）。同样地，将个体层面的概念引申到组织层面也并不构成微观基础，不能简单地认为，个体通过重复、经验、联想和环境反馈来学习，组织亦是如此。微观基础并不会引发无限后退（Infinite Regression），个体及其之间的相互作用可以被视为组织分析的起点（Coleman，1990）。微观基础也并未否认组织结构与制度的作用。事实上，微观基础作为一个精确起点，充分考虑个体选择和相互作用如何影响组织结构，结构中个体的行为，以及随着时间的推移，个体在塑造结构演化中的作用，这有助于理解宏观因素的起源和本质（Chwe，2001）。目前，关于微观基础的定义主要包含两种观点：一是将微观基础定位于研究层面（Microfoundations as Levels）；二是将微观基础定位于个体的重要性解释（Microfoundations Call for the Explanatory Primacy of Individuals）。后者可以视为前者的一种特例（Felin et al.，2015）。有学者认为，构建微观基础是将某一个现象的原因直接定位在低于该现象本身的分析水平上（Felin et al.，2012），其中并未强调行为者一定是个体。总之，微观基础研究倾向于寻找异质性宏观结果下的潜在微观解释，尤其关注自下而上的影响、聚合以及不同的涌现形式（Felin et al.，2015）。

微观基础研究本质上可以视为一种"还原论"（Reductionism）（Elster，1989），即将复杂的系统、事物、现象化解为各部分之组合来加以理解和描述。第一，在战略管理的背景下，各种宏观、社会或关系结构因素，如网络，很可能是低层面因素派生的结果，而非解释理论或实践的关键变量（Uzzi and Dunlap，2005）。第二，采用微观基础视角能够打开诸如组织这类的集体结构，从而深入了解其构成的潜在变量。这不仅包括组织内的个体，还涉及深刻影响组织发展的一整套流程、惯例和架构。第三，微观基础能够提供简洁的解释，会比组织层面上的解释更加稳定和普遍（Coleman，1990）。由于组织的行为在本质上是其组成部分行为的结果，了解这些部分行为如何作用于组织行为，会比仅预估组织表面特征的统计关系提供更强的可预测性。

在过去的十多年里，微观基础研究在战略管理领域已经得到了充分关注。它将集体现象的起源和演变还原为较低层次因素及其之间的互动影响，这有助于我们进一步了解组织和社会层面的现象和问题。对微观基础进行探讨能极大地促进宏观管理、战略和组织中基础理论的发展，并使其进一步与实践相结合（秦玲玲、孙黎，2019）

第二节 相关理论基础

一、高阶梯队理论

传统的战略管理研究大多以理性经济人假设为基础，主要从经济—技术视角对企业的战略选择进行研究。在这种研究框架下，企业获得竞争优势的关键在于，能充分了解产业状况、竞争者状态、价格结构、产品组合等信息，并在此基础上选择合适的竞争战略。然而，无论是对内的优劣势分析还是对外的威胁和机会分析，它们的着眼点都是纯粹经济—技术分析框架下的宏观层面的理性因素，忽略了作为决策主体人的因素。这种观点假设战略决策者都是完全理性的专家，因此能够对内外部环境进行全面分析，只要辅以大量的数据和先进的分析工具，他们就能制定出与企业现状高度匹配的竞争战略（陈悦明，2013）。由于这种观点对现实情况做出了过度的简化，并且对决策者理性程度的估计过于乐观，这种思想指导下的战略决策必定会与企业所面临的现实情况严重不符。

针对以上理论局限，Hambrick 和 Mason（1984）建立了高阶梯队理论。该理论摒弃了传统战略理论中的经济理性假设，采纳了卡耐基学派决策理论的有限理性假设。其理论要点主要包括三个方面：第一，高层管理人员基于其个人偏见、经验、价值观采取行动。要想了解一个组织如何运作以及采取此种运作方式的原因，就必须先了解它的高层管理人员。第二，同时考察整个高管团队的特征会比仅考察首席执行官的个人特征更能预测组织的产出。在企业的实际运营过程中，不同的高层管理人员承担的是企业不同层面、不同性质的任务，事实上在此过程中他们共同分享了企业的管理权力。因此，同时考察整个高管团队成员的特征能够更深入地了解企业的战略选择及其与企业绩效的关系。第三，人口统计学变量可以作为管理人员认知和价值观的代理变量。这一观点是高阶梯队理论的重要理论贡献。将性别、年龄、任期等易于观察和量化的人口统计学特征作为战略决策者的认知方式、价值观等难以测量的个人特质的外在反映，极大地方便了数据的获取，并且保证了分析的可靠性，从而帮助我们在一定程度上打开了战略决策过程的"黑箱"。

自 Hambrick 和 Mason（1984）提出高阶梯队理论以来，学术界已将其运用于解释价值创造（Hambrick et al. , 2015）、组织创新（Qian et al. , 2013）和产品多元化（Hutzschenreuter and Horstkotte, 2013）等诸多管理现象。目前，高阶梯队理论的研究呈现出三个重要趋势。第一，更多聚焦于高管团队而非首席执行官等个体。研究者普遍认为，高管团队的总体特征较之个别代表人物的特征更能预测企业的行为与结果。第二，通过影响力加权等策略精确量化高管团队不同成员的人口统计学特征，并用其更为准确地预测企业行为与结果。第三，通过增加调节变量来增加核心命题的预测力。例如，后续研究者提出了"管理者自由裁量权""管理者工作压力""行为整合"等调节变量，使得核心命题的内涵更为丰富。总体而言，三十多年来，高阶梯队理论已成为组织和战略研究中一个不可或缺的重要理论。然而，未来研究在三个趋势方向上仍有待进一步深入。特别地，"行为整合"作为影响"高管团队总体特征—战略选择"这一对关系的重要情境因素，其具体的实现机制是什么？这不仅关乎高阶梯队理论的完善，更影响其对实践的指导意义，这有待未来研究者探索。

二、角色身份理论

（一）身份理论

身份理论作为一个总括性术语（Umbrella Term），涵盖了一系列相关理论，旨在解决"是谁"和"做什么"的问题（Navis and Glynn，2011；Nelson and Irwin，2014；Powell and Baker，2014）。身份理论包含的观点，如组织身份、专业或职业身份、社会身份和角色身份等，能够解释与组成组织（Gioia et al.，2000）、职业（Nelson and Irwin，2014）、社会团体（Fauchart and Gruber，2011）或角色（Cardon et al.，2009）的一部分所相关的角色、义务和期望。通常这些身份是根据其他组织、职业、团体或角色来定义的（Leavitt et al.，2012；Nelson and Irwin，2014），身份理论通过将个体与其各自群体之外的其他群体区别开来，并对群体内成员的行为进行解释来阐明何谓个体（或组织）。

基于人们对自我定义的根本需要和在社会中找到自己位置的观察（Tajfel，1972），身份被定义为"个体通过社会互动形成以及维持的自我理解框架"（Fauchart and Gruber，2011）。身份理论认为，个体身份及其自我概念与其价值观、情感、信念等紧密相关，个体会努力以符合其身份固有含义的方式行事（Hogg et al.，1995；Stets and Burke，2000），当个体在自己的身份和行为之间取得一致时，后者可以成为其心理效益和自我价值的主要来源（Hogg et al.，1995；Stets and Burke，2000；Tajfel and Turner，1979）。

因此，身份理论能够在企业家身份与创业行为之间建立理论联系，超越传统研究视角，有助于学者从商业环境以及更广泛的社会环境角度出发描绘创业行为，并且能够对企业家的差异性创业行为提供新颖且有力的理论解释。其中，角色身份是身份理论中研究个体自我认知最突出的部分（Stets and Burke，2000）。

（二）角色身份与创业

角色身份理论关注个体与角色相关的行为（Stets and Burke，2000），与个体的自我概念和规范行为有关（Hogg et al.，1995；Stets and Burke，2000），是身份理论范畴中更倾向于社会学领域的研究分类，可以解释在创业过程中拥有不同角色的个体行为受到哪些因素的驱动（Cardon et al.，2009）。

个体对其角色和角色相关行动的理解，来源于其对他人扮演角色时的观察，以及与角色相关的期望和意义（Warshay et al.，1980），这些期望和意义能够建立标准并引导个体行为（Stets and Burke，2000）。显著的角色身份包含重要的自我意义，个体有动力扮演这些角色，因为在这个过程中会产生胜任感和自我肯定，并得到他人的认可和赞扬（Stryker and Burke，2000）。角色身份将个体纳入特定的社会类别，使个体有动力通过参与某种活动并与他人互动，以确认社会类别中的角色预期和验证行为内涵的方式，保持和确认自我意义（Cardon et al.，2009）。

从追求商业战略到新的创业机会，企业家在识别、评估和利用新机会时会扮演不同的角色（Murnieks et al.，2014）。角色身份研究表明，不同的角色身份是个体做出判断的关键（Leavitt et al.，2012）。角色是指包含预期行为和行动的社会地位，反映对特定情况下的目标和行为的一系列期望。拥有某一特定角色意味着履行给定角色的期望、与角色合作伙伴间进行协调和谈判的互动，或利用环境来控制角色负有责任的资源（Stets and Burke，2000）。角色影响人们对行为的看法，因此，当个体扮演某一角色时的想法或行为往往会和扮演另一身份时不同。企业家会拥有很多不同的角色身份，尽管可能均属于"创始人"社会身份，个体的角色身份也会依据不同情境在诸如创业者、投资者、管理者间变化（Mathias and Williams，2017）。企业家在建立、管理和发展新创企业的过程中会持有不同的角色身份。这些角色反映了企业家在处理日常工作生活需求时所面临的无数决定（Powell and Baker，2017）。

以往的研究识别出了一些对企业家而言非常重要的角色身份类型（Cardon et al.，2013；Cardon et al.，2009；Mathias and Williams，2017）。在创业领域，学者强调某一企业家如何拥有单一身份，如"创始人角色身份"（Hoang and Gimeno，2010）、"创业者身份"（Navis and Glynn，2011）、"创立者或发明者或开发者角色身份"（Cardon et al.，2009）。其中，Cardon 等（2009）认为，企业家通过参与具有身份意义的活动，能够体验到有意识的、强烈的积极情感，即创业激情。此研究基于对创业活动的分类，将与之相关的独特的角色身份概念化，提出发明者（Inventor）、创立者（Founder）和开发者（Developer）三种角色身份。

Powell 和 Baker（2014）通过对 13 家企业的案例进行研究识别出八种角色身份，包括反企业商人、基督教商人、社区赞助人、绿色活动家、底线坚守者、国内制造商、纺织传教者、体贴的领导。Mathias 和 Williams（2017）在探索角色身份如何影响企业家的想法、风险考量以及机会选择的过程中提出，企业家扮演着创业者、管理者和投资者的角色身份，并探究了同一企业家个体承担的多种角色身份，以及不同角色身份间的交替对企业家认知的影响。

角色身份理论关注的是与企业家角色相关的观念和行为的差异。个体在扮演某一特定角色时，其行为会趋向于满足该角色相关的期望（Stets and Burke，2000）。因此，角色身份理论能够构建一个解释自我和行为的理论体系（Nelson and Irwin，2014；Powell and Baker，2014）。创业领域的学者曾尝试通过角色身份来解释创业问题。

组织在建立的过程中涉及角色的转变，Hoang 和 Gimeno（2010）认为，角色新颖性（Role Novelty）和角色冲突（Role Conflict）是角色转换情境下的两个客观特征，并且会降低个体成功完成角色转换的可能性。一方面，角色转换的变化程度直接与承担新角色所需的知识、技能以及新旧角色之间的差异相关，而新角色相较于原有角色的新颖程度会影响角色转变的幅度、感知到的适应角色变化的难度、在新角色中表现熟练所需要的时间。另一方面，新角色内含的价值观可能与现有角色身份相矛盾，从而产生角色冲突，创始人会因试图调和或整合新旧角色之间的需求而产生压力。这一研究同时细化了身份的中心性（Identity Centrality）（即创始人角色身份对个体自我概念的主观重要性）和复杂性（即个体角色概念的多样性和丰富性），以及对个体因进行创业活动而退出某一工作角色的能力的调节作用。在此基础上，研究者认为创始人身份会对组织产生烙印效应（Imprinting Effects），创始人需要适应角色的需要，并将新角色融入到自己整体的自我概念中，身份的转换和配置会对企业创业诸如成功创业、放弃创业以及休眠状态（Dormancy）等长期后果产生影响（Hoang and Gimeno，2010）。

在企业成长的过程中，角色身份会对企业家的决策产生影响。企业家身份与创业过程中的风险认知、机会的评估和选择有关，企业家的不同角色身份会对其创业认知产生情境影响，进而显著影响企业的成长模式（Mathias and Williams，2017）。不同于以往身份研究领域多基于企业家拥有某单一角色身份的前提来研究企业家与企业其他经济实体间的行为差异，角色身份理论则是关注某一企业家内部的角色身份变化对决策的影响。由于企业家会在不同的企业行为上投入精力，如寻找机会、经营企业以及对企业如何分配有限的个人和商业经济资源进行决策，角色身份理论提出了三种角色身份，即创业者角色、管理者角色、投资者角色，并定性地从风险关注、考量的机会范围、机会聚焦等方面分别探究了不同角色身份下的企业家认知（见图3-1）。角色身份理论突破了以往认为角色身份有序时性的观点，而强调拥有身份的同时性特征。

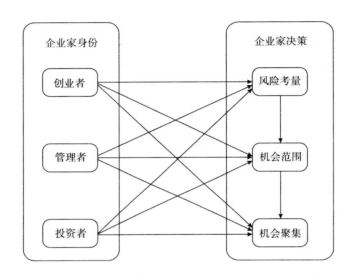

图3-1 Mathias 和 Williams 的企业家身份模型

资料来源：Mathias B. D. and Williams D. W. The impact of role identities on entrepreneurs' evaluation and selection of opportunities [J]. Journal of Management, 2017, 43 (3): 892-918.

角色身份理论同样关注企业的成长过程，Mathias 和 Williams（2018）突破了现有身份研究中假定企业家只拥有单一身份以及其身份在企业存续期间保持不变的前提，将企业家角色身份比作"帽子"，他们认为，由于企业家无法参与创业过程中的各个方面，因此其需要决定放弃哪些角色以及保留哪些角色，通过缩小企业家角色身份集合进而影响企业成长。角色身份理论强调角色身份的烙印（Imprinting）作用，解释了创业过程中企业家增加、放弃或保留某些角色身份的三种角色转换机制，即感知角色身份、发现角色身份和角色身份烙印。具体地，企业家会保留现有的角色身份，或在企业中发现新的角色身份，也可以通过放弃扮演自己的角色身份和给他人留下烙印的方式获得意义。烙印能够反映一个学习过程，企业家通过角色身份来"复制"或增加个人影响力并将其过渡到企业中的其他成员，在这一过程中企业家实现了自我意义，而且将角色相关的意义传递给了企业中的其他成员。角色身份理论并未识别出具有特定特征的角色身份（如发明者、创立者和开发者），但同样关注企业家不同角色身份类型之间所存在的根本差异，解释了企业家为何以及如何承担或者放弃某些角色身份，并将企业成长与企业家角色身份联系起来（Mathias and Williams，2018）。

当扩大了企业创业活动的范围后，Cardon 等（2009）研究了创业激情，发现与身份相关的创业激情会引发企业创造性地解决问题、坚持创业和专注创业等行为，并会影响机会识别、企业创立、企业成长等方面的创业有效性。这一研究提出，创业激情的本质是参与到对创业者而言有意义且与显著的自我身份相关的创业活动中，从而有意识地感受到强烈的积极情感。研究者基于对创业活动的分类识别出三种角色身份，其中，发明者指企业家的创业激情体现在参与识别、发现、探索新机会的活动上；创立者指企业家的创业激情体现在参与商业化和利用新机会的创立企业的活动上；开发者指企业家的创业激情体现在参与企业建立后的成长、拓展规模等活动上。创业激情对角色身份相关的创业行为的直接作用体现在创造性地解决问题、对创业的坚持和创业专注三个方面，而企业家的发明者身份会影响创业激情对机会识别的有效性，创立者身份会致使创业激情对企业创造的有效性，开发者身份会影响创业激情对企业成长的有效性。同时，与特定身份相关的创业激情也会通过促使企业家设定更具挑战性的目标、更大的目标承诺和更低水平的目标努力来影响身份相关的创业活动。Cardon 等（2009）的研究表明，从具体的创业活动类别的角度而言，角色身份能够反映企业家在表达自我身份和自我概念时的异质性行为选择，即企业家更倾向于选择与机会识别（发明者）、企业创立（创立者）或是企业成长（开发者）相关的行为来表达角色身份（Cardon et al.，2009）。

作为身份理论范畴中一个突出的理论分支，社会身份（Social Identity）的概念及其与角色身份间的关系逐渐受到该领域内学者的高度关注。Powell 和 Baker 在社会身份与角色身份两个理论之间构建了桥梁，探究了创始人身份结构如何及为何产生差异，以及创始人显著的身份集合如何驱动企业战略反应的模式差异。他们的研究对企业家身份概念的发展具有重要贡献。他们的研究扩展了身份理论中身份驱动角色选择行为的概念，解释了社会身份如何驱动个体创始人的角色创造行为，构建了社会身份与角色身份的三条融合路径，具体如图 3-2 所示。他们的研究采用案例研究方式，选择 13 家资源受限的由创始人经营的同行业企业，提出了八种社会身份和八种对应的角色身份，研究发现，社会身份与角色身份间形成的异质性身份结构（即一致的单一社会身份与角色身份、不一致的多重身份、一致的多重身份）会影响企业家对情景的定义（即适应威胁、拥抱机会和应对挑战）以及与利益相关者间的关系，企业在面对逆境时，会分别形成三种不同的战略反应方式（即接受、转换和维持）。这一研究通过阐释社会身份是以创造角色身份的方式为企业家的创业活动创造期望，在社会身份与角色身份两个理论之间构建了桥梁（Powell and Baker，2014）。以往学者多关注企业家身份的内容，Powell 和 Baker 的研究则提供了一个新的视角来探究企业家身份的结构特征是如何影响其差异化行为的。这两位学者在 2017 年又将创始人身份的研究视角从个体层面拓展到创始人团队，从在位企业拓展到新创企业。他们对九家新创企业进行了纵向田野调查，以探究身份如何塑造众多创始人的初创企业的组织过程。他们在研究中主要关注这些问题：创始人的社会和角色身份如何构建企业早期的结构，组织结构如何反过来影响集体身份的架构，在组织内部进行的身份构建过程如何影响创始人继续从事集体组织的行为等（Powell and Baker，2017）。

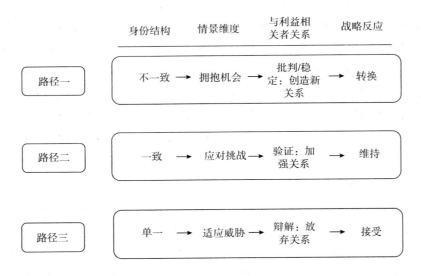

图 3-2　异质性身份结构及战略反应路径模型

资料来源：Powell E. E. and Baker T. It's what you make of it: Founder identity and enacting strategic responses to adversity [J]. Academy of Management Journal, 2014, 57 (5): 1406-1433.

相较于角色身份领域的理论研究，涉及企业家角色身份与创业的实证研究还尚不成熟，尤其是针对特定类型角色身份的研究仍停留在定性分析阶段。现有创业领域内涉及角色身份的研究多关注角色中心性的问题。Murnieks 等（2014）关注企业家身份中心性、创业激情、自我效能感和创业行为间的关系，强调身份中心性能够激发创业激情，进而同时提升企业家自我效能感、促进创业行为。依据研究需要，他们将 Callero（1985）的五题项量表改进形成四题项量表，用以测量创业情境下的角色中心性。Stewart 等（2016）提出，专业服务性企业创始人往往兼具创业者角色身份和专业者角色身份，这样的身份结构要求专业服务性人员行为既要遵循专业身份的制度化方式，也要与创业者行为保持一致。有学者结合高阶梯队理论和注意力基础观，分别探究了创业者角色身份重要性、创业者角色身份中心性、专业者角色身份重要性这三者与公司创业导向三维度之间的关系，研究结果表明，创业者身份更倾向于识别创业机会，而专业者身份则更容易致使创始人墨守成规遵循标准化的运营方式，更关注继续教育等非创业战略（Stewart et al.，2016）。

当然，以往也有学者关注不同情境下企业家的特定角色身份与公司创业之间的关系。例如，Miller 和 Le Breton-Miller（2011）开创性地从身份理论的视角出发，探究了上市企业 CEO 不同的创始人身份对创业导向的影响，他们依据企业的所有者—管理者类型及其所处的社会情境，将创始人身份分为家族养育者、创业者、混合身份三类，从身份影响企业所有者处理的优先事项角度，探究了不同的身份对公司创业导向和绩效的作用（Miller and Le Breton-Miller，2011）。这是从身份理论的角度出发深化创业导向前因研究的初次努力，意义重大。尽管如此，这一脉络的研究仍存在两方面的不足。第一，此研究结论是否适用于中国民营企业情境仍有待进一步思考。更为重要的是，此研究结论对身份的分类是否可进一步细化从而使其更具有解释力？这个问题有待解答。第二，此研究并未对身份这一变量直接进行测度，且身份影响企业创业行为的内在过程仍处于"黑箱"状态。

本书通过对现有角色身份相关文献进行梳理，发现目前实证研究领域对企业家角色身份与创业间关系的研究较为缺乏，其中一个原因可能在于目前企业家角色身份的测量方式极为单一。现有与角色身份相关的实证研究大多采用 Callero（1985）关于角色身份中心性的量表进行测量，尽管 Murnieks 等（2014）对量表进行了改进，但这一量表本身已逐渐无法满足领域内趋向关注特定类型身份的研究需要。由于测量方式的匮乏，身份理论领域内对特定角色身份类型的研究大多基于定性理论研究，而实证研究付之阙如。此外，已有学者尝试在特定情境下的企业家身份和公司创业之间建立联系，但并未有研究深入探析二者作用的内在机制，企业家角色身份与创业导向间的关系还是呈"黑箱"状态。

三、注意力基础观

（一）注意力与注意力基础观

在组织科学中注意力是一个具有悠久、丰富而多元化历史的概念。Simon（1947）背离当时经济学家的理性选择理论，提出了一个企业行为的新视角，强调了人类理性在解释企业决策方面的局限性。Simon（1947）将有关注意力的观点集中在它的引导、结构化和分配上，并将其作为一种核心的组织概念运用于组织理论之中（March and Simon，1958）。Simon（1947）认为，人类有限的注意力导致了个体的有限理性，个体的决策过程受到组织分配刺激物的影响，这些刺激物可以引导管理者的注意力，让其知道应该关注情境中的哪些方面，以及应该忽略哪些方面。企业决策既与决策者的有限注意力有关，也是企业对个体注意力的结构性作用的结果。Simon强调，企业行为既是一种认知过程，也是一种结构化过程（Simon，1947）。

此后，相关学者更为关注组织决策研究中的注意力分配问题，如政治联盟成员之间对期望水平的持续关注（Cyert and March，1963；March，1962），模糊性和选择理论中的注意力结构（March and Olsen，1976），以及在风险偏好研究中将注意力转移到其他期望水平的研究（March and Shapira，1992）。Weick（1979）同样强调注意力在组织行为研究中的地位（Weick，1979）。

有限理性的观点被提出之后，研究者大多强调注意力分配和结构化的不同方面，而脱离了Simon（1947）对结构和认知的双重强调，同时低估了社会结构对决策者注意力的传导和分配作用。Simon的观点提出50年后，Ocasio对其的观点进行了更新，提出了注意力基础观（Attention-Based View，ABV），这一理论强调，解释企业行为就在于解释企业是如何配置和管理其决策者注意力的，旨在强调Simon管理行为的研究中有关注意力结构的重要性，并将其纳入对社会结构、环境影响、个体与社会认知的理解。Ocasio（1997）提出的企业注意力基础观和企业行为模型将个体注意力结构与企业联系起来（见图3-3）。

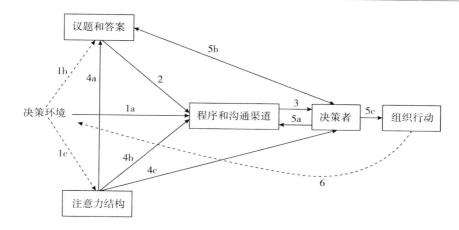

图3-3 情境化注意力与企业行为模型

资料来源：Ocasio W. Towards an attention-based view of the firm [J]. Strategic Management Journal, 1997, 18 (S1): 187-206.

区别于有限理性中只强调决策者个人注意力配置对决策产生影响的观点，Ocasio的企业注意力基础观对前述观点进行了延伸拓展，提出企业是决策者的注意力配置系统，同时将注意力的处理过程视为一个由个体、组织和环境塑造的多层次过程。Ocasio（1997）提出的核心观点在于，理解企业行为就是理解企业如何分配和调节决策者的注意力。企业注意力基础观提出了三条基本原则：①决策者做出的决策取决于其关注的议题和答案，即注意力的聚焦（Focus of Attention）原则；②决策者将自身的注意力聚焦于何种议题和答案取决于其所处的特定背景或情境，即注意力的情境化（Situated Attention）原则；③决策者如何理解以及如何处理自身所处的特定背景或情境，取决于企业如何规范和引导决策者在相关议题、答案上的注意力，即注意力的结构性分布或配置（Structural Distribution of Attention）原则（Ocasio，1997）。在此基础上，Ocasio构建了一个基于过程的统一的企业行为模型，并整合了对认知、组织结构和战略制定的理解。

如图3-3所示，该模型展示了个体、社会认知和组织层面上的注意力处理过程之间是如何通过相互作用来塑造企业行为的。该模型将这些构念和机制以连贯、系统的方式进行整合，并将它们与组织注意力这一中心概念联系起来。此模型的基本组成部分为：①决策环境；②议题和答案；③程序和沟通渠道——企业的活动、沟通和程序；④企业的注意力结构——规则、参与者、结构位置和资源；⑤决策者；⑥组织变动/运动。图 3-3 中的实线表示一系列机制（1a、2、3、4a、4b、4c、5a、5b 和 5c），这些机制将模型中的概念与注意力基础观的三项原则联系起来：

注意力聚焦原则。决策者将有限的注意力集中在有限的议题和答案上（5b）；决策者关注和制定的议题、答案决定了决策者行为（5c）。

注意力的情境化原则。决策者的注意力受到企业程序和沟通渠道的影响，情境包括决策的环境刺激（1a）、文化符号中议题和答案的体现（2）、渠道参与者间的互动（5a）、企业程序和沟通渠道的背景和特征间的相互作用，以及议题和答案塑造的可用性和显著性（3）。

注意力的结构化分布。企业的规则、资源、参与者和其社会地位，会引起参与企业程序和沟通渠道的决策者的注意力分散。议题、答案和决策者在不同渠道中的分布取决于这些注意力的结构。其中，价值观的产生能够起到如下作用：使议题和答案的重要性和相关性得到排序（4a）；引导决策将注意力分配到一系列具体的沟通和程序中（4b）；为决策者提供一些结构化的利益和身份，形成他们对情境的理解并激励其行动（4c）。

图 3-3 中的虚线不是企业行为模型的直接部分，展示的是企业作为文化和社会系统如何由行动环境塑造的额外机制（1b、1c），以及决策环境如何由以前的组织行动所塑造（6）。

Ocasio（1997）提出了企业行为模型，其最核心的贡献在于强调程序和沟通渠道的重要性，使决策者能够集中注意力，并有助于反映注意力处理过程和环境制定中的变化。此外，它汇集了注意力处理过程中核心组织概念下的各种文化、社会、认知和经济机制，并多层次分析塑造了企业行为方式。企业的注意力基础观提供了一个重点关注注意力的组织行动与适应的元理论，并与 Simon（1947）关于组织如何构建个体决策者注意力的概念联系起来。与 Simon 的概念不同，后者的重点是将注意力作为组织中个体和子单位的控制来源，注意力基础观则重点关注组织中的注意力如何影响组织适应（Ocasio，2011）。在此之后，注意力基础观越来越多地作为元理论运用于理论研究（Barnett，2008；Ocasio and Joseph，2005）和实证研究中（Bouquet and Birkinshaw，2008；Bouquet et al.，2009；Hung，2005；Ocasio and Joseph，2008；Rerup，2009；Sullivan，2010；吴建祖等，2016；吴建祖、龚敏，2018；吴建祖、肖书锋，2016）。本书整理总结了注意力基础观应用于战略管理、创业、创新、国际商务等领域的研究，具体如表 3-1 所示。

表 3-1　注意力基础观（ABV）国内外相关研究一览表

研究领域	研究主题	作者及年份	前因研究	后果研究	ABV 作为理论基础
战略	注意力基础观理论	Ocasio（1997）			√
	注意力与学习	Rerup（2009）		√	
	对竞争威胁的管理疏忽	McMullen 等（2009）	√		
	经验、注意力和期望水平：递归模型	Blettner 等（2015）	√	√	
	管理注意力的异质性	Barreto 和 Patient（2013）	√		
	董事会成员对监督的注意力	Tuggle 等（2010）	√		
	董事会服务参与	Knockaert 等（2015）			√
	CEO 创业注意力与企业战略变革	吴建祖和龚敏（2018）			√
国际商务	国际化注意力的前因研究	Bouquet 和 Birkinshaw（2008）	√		
	国际化注意力与绩效	Bouquet 等（2009）		√	
	企业总部的注意力和子公司绩效	Ambos 和 Birkinshaw（2010）		√	
	外派和总部的注意力	Plourde 等（2014）		√	
创业	董事会对创业议题的关注	Tuggle 等（2010）		√	
	注意力分配和社会创业	Stevens 等（2015）		√	
	注意力和机会识别	Shepherd 等（2017）		√	
	CEO 对创业的注意力以及企业价值的创造	Keil 等（2017）			√
	创业导向和企业绩效	Doorn 等（2017）			√
	创业关注	Cho 和 Hambrick（2006）	√	√	
	吸收能力与公司创业	Sakhdari 和 Burgers（2018）			√
	烙印与机会选择	Dai 等（2018）	√	√	
	管制放松注意力与再投资	Dai 和 Liao（2019）		√	
创新	注意力和对技术变革的适应	Kammerlander 和 Ganter（2015）		√	
	网络结构和创新想法的产生	Rhee 和 Leonardi（2018）			√
	创新注意力与创新战略	吴建祖等（2016）		√	
	创新注意力转移与研发投入跳跃	吴建祖和肖书锋（2016）			√

资料来源：笔者根据相关文献整理得出。

（二）转型经济与政策注意力

随着相关理论的不断发展，战略管理领域越来越强调为宏观构念提供微观基础的重要性（Stea et al.，2015），注意力基础观能够为企业行为的研究提供一个新的视角。目前，有关注意力基础观的研究与战略管理领域的结合日益密切，且多与其他理论整合运用。Hambric 和 Mason（1984）运用高阶梯队理论来考察高管团队的注意力配置与企业战略决策之间的关系，并在此基础上形成了战略注意力基础观（Hambrick and Mason，1984）。Cho 和 Hambrick 认为，在高管团队特征与企业战略变革之间，注意力能够起到中介作用（Cho and Hambrick，2006）。注意力基础观结合学习理论中的观点，从企业在不同的外部知识上投入精力的角度，对注意力基础观进行了补充。其中，这一脉络的一些研究开始关注诸如企业的吸收能力（Kim et al.，2016；Terjesen and Patel，2017）、企业创新和外部搜寻（Dong and Netten，2017；Vissa et al.，2010）等企业现象。制度逻辑与注意力基础观的结合也极为紧密。例如，在转型经济背景下，市场逻辑和官僚逻辑这类企业制度逻辑的异质性，能够成为企业注意力配置的一种来源（郑莹等，2015）。

结合中国转型经济特征与注意力基础观的最新研究成果，政策注意力这一概念日渐受到创业领域学者的关注（Dai and Liao，2019；Dai et al.，2018）。政策注意力是指企业家对政府及相关部门出台政策的关注程度。民营企业作为经济发展的支柱，为实现经济顺利转型，以中国为代表的新兴经济体致力于促进民营企业的发展。为此，它们会将以前的国有企业私有化，或大力培育新成立的民营企业（Zhou，2014）。后者的方式多是政府推出利好政策以鼓励民营企业进入新的业务领域，以及取消对民营企业的某些禁令或控制（Dai and Liao，2019）。自1978 年以来，我国相继出台了诸多利于民营企业成长和发展的政策法规，通过推动改革以构建亲市场的制度环境，进而推动民营企业的繁荣成长以及国民经济的快速增长。尽管利好的政策法规相继出台，民营企业的创业积极性仍呈现出一定的异质性。因此，近年来涌现出一批学者，他们提出从企业家认知层面的政策注意力角度来解释公司创业行为（Dai and Liao，2019；Dai et al.，2018）。在政策注意力的前置因素研究方面，既有研究尝试从企业家过往经验着手进行研究，研究发现，独特的个人经历和社会互动形成的烙印能够塑造企业家的认知框架，进而引导企业家注意力的配置。Dai 等（2018）认为，具有社会主义烙印的民营企业家更会利用政策机会实现快速获利，其研究结果表明，企业家政策注意力能够在社会烙印和利好政策机会选择之间起中介作用（Dai et al.，2018）。

既有对政策注意力的研究，尤其是对政策注意力影响因素方面的研究仍有待进一步推进。发掘新的研究视角，从企业家个体特征层面探究政策注意力分配的解释机制，将成为后续研究的一个方向。最新的注意力基础观研究关注跨学科或领域的渗透，以期产生更具创新性的研究结论。特别地，有学者提出，结合心理学中的观点，能为企业家注意力配置机制的研究提供更多洞见（张明等，2018）。

值得一提的是，基于注意力基础观并采用多层视角的研究日益受到学者的关注。其中，管理者特征—认知（注意力）—组织行为（结果）的机制能够为本书提供灵感。例如，企业 CEO 自恋的这一特征，能够激发管理者对不连续技术的高度关注，进而促进企业投资行为以及对不连续性技术的采用行为（Gerstner et al.，2013）。本书可以结合角色身份理论的内容，从企业家承担某一角色身份的角度，探究角色所蕴含的行为期望的实现，以及企业家自我概念的验证对个体注意力配置的影响过程，进而讨论企业家对政府相关政策法规的注意力与公司创业行为之间的关系。

本书对 1978 年以来中国放松管制的政策进行了梳理，具体如表 3-2 所示。

表 3-2　1978 年以来中国放松管制政策一览表

年份	事件	国务院	人民代表大会	中国共产党
1982	1982 年，中国共产党第 12 次全国代表大会首次承认，个体经济是公有制经济的必要的、有益的补充			√
1987	1987 年，中国共产党第 13 次全国代表大会承认，私营经济是公有制经济必要的和有益的补充			√
1992	1992 年初，邓小平发表南方谈话，承认中国经济是社会主义市场经济，并且提出要取消或放宽一些监管限制，如取消对企业规模的限制			√
1997	1997 年，中国共产党第 15 次全国代表大会首次提出，"非公有制经济是社会主义市场经济的重要组成部分"，正式消除了对民营企业的意识形态歧视			√
2001	2001 年，江泽民同志系统阐述了"三个代表"重要思想，并且呼吁允许民营企业家加入中国共产党			√

续表

年份	事件	国务院	人民代表大会	中国共产党
2002	2002 年，中国共产党第 16 次全国代表大会充分承认了非公有制经济的地位，对民营企业主——社会主义的建设者在民营部门的地位进行了充分的肯定，对民营企业主是社会主义的建设者进行了科学定位			√
2003	2003 年，《中华人民共和国中小企业促进法》正式施行，文件提出要求政府完善政策支持体系，为中小企业的创立和发展提供了资源和投入		√	
2004	2004 年，第十届全国人民代表大会第二次会议通过了《中华人民共和国宪法修正案》，文件明确规定要保护公民的合法私有财产权		√	
2005	2005 年，"非公经济 36 条"正式出台，要求严肃处理政府对民营企业的侵犯和歧视问题	√		
2010	2010 年，国务院发布了《国务院关于鼓励和引导民间投资健康发展的若干意见》鼓励和引导民间资本进入基础产业和基础设施，市政公用事业和政策性住房建设，社会事业，金融服务等领域	√		
2015	2015 年，中国共产党第十八届五中全会强调，应鼓励民营企业依法进入更多行业，引进非国有资本参与国有企业改革			√
2017	2017 年，国务院办公厅印发了《国务院办公厅关于进一步激发社会领域投资活力的意见》，鼓励各类投资者参与社会服务，如养老服务等	√		

资料来源：笔者根据相关文献整理得出。

四、制度理论

制度理论起源于 19 世纪，其主要关注制度对组织行为与决策的影响（Meyer and Rowan，1977）。21 世纪以来，随着中国、俄罗斯、乌克兰等国家的经济体制转型和社会制度变革的不断深入，全球跨国经营活动持续演进（Gelbuda et al.，2008；Meyer and Peng，2005），各国各地区之间的制度差异日益显现和加深，这为研究制度对公司战略的影响提供了良好契机。在此背景下，制度理论从各种理论中脱颖而出，受到广泛关注，成为主流研究中的重要组成部分。

目前有关制度理论的研究主要分为两大流派，分别是以 North（1990）为代表的新制度经济学理论和以 Scott（1995）为代表的新制度主义理论。新制度经济学主要基于经济学视角，其把制度看作是一种既定的博弈规则，参与博弈的组织或者个人都会受到该规则的影响和约束（North，1990；Ostrom，1990）。North（1990）形象地指出，制度作为一种规则，明确了"比赛"的方式和要求，作为"比赛"参与者的组织和个人只能在规定的方式和要求下进行比赛。此外，新制度经济学理论认为，制度由正式制度、非正式制度以及制度执行安排三大部分构成，其中正式制度的形成主要是因为在复杂的经济活动中，活动者信息的不对称性，使得背信行为频频出现，为了更好地处理这些复杂的争端，则必须引入十分强有力的第三方，如法律、法规。因此，新制度经济学中的正式制度既指具有宏大约束性的国家宪法，也指一般的法律、法规、经济规则和契约等。至于新制度经济学中的非正式制度，则主要包括历史传承下来的一些惯例、风俗传统、行为准则和规范等。North（1990）在其研究中着重强调了非正式制度的重要性和重要地位，认为其与正式制度互为补充。

同时，新制度经济学不同于以往的新古典经济学的观点，它认为个人和组织是有限理性、不完全理性的，而并非如经济学中所假设的那样是完全理性的"经济人"。企业的经营目标虽然仍是追求最大利润和效用，但是这一过程会受到制度规则的约束，进而产生交易费用。制度环境成为企业经营活动中不可避免的限制因素，会对经济组织的效率和效益产生重要的影响。在此背景下，新制度经济学所关注的焦点则主要是外部制度环境约束下所产生的各种交易成本，包括代理成本和环境不确定所带来的适应成本等（汪秀琼等，2011）。

以 Scott（1995）为代表的学者主要基于组织社会学视角，提出新制度主义理论，该理论把制度定义为规章的、规范化的、可认知的架构和活动。Scott（2013）进一步指出，该理论以管制、规范、文化认知三个支柱为核心。其中，管制主要是指通过设立正式的、非正式的规则或建立奖惩制度来影响和规范未来的行为，如法律、法规、规则。规范主要包括社会价值（通常表示为社会道德）和社会规范（即人们行为的规矩和社会活动的准则，告诉人们哪些应该得到实施和实现、哪些行为是被允许和接受的）。它具有稳定性，能为个人、组织、社会提供参照。文化认知是指人们对于社会事物的共同理解和看法，通常是约定俗成的、熟悉的、被人们广泛接受的。同时，该理论认为，组织并非完全被动地接受和顺从外部制度的安排。相反，组织会基于自身的需要采取相应的行动来缓解和削弱制度环境的约束与限制，即组织会通过能动的调整，主动地提供符合社会主流价值观和社会期望的行为来获得组织合法性和外部支持，进而实现企业的生存与发展。

虽然两种视角下的制度理论在许多方面有所区别，但值得注意的是，这两种理论都强调了制度对于企业经营决策和行为的重要影响和意义（汪秀琼等，2011）。因此，本书基于制度理论对企业战略选择行为进行了深入的研究与探讨。

五、战略选择理论

关于组织及其运作模式的形成、演进的解释有两大类：一是自然选择论（Natural Selection），强调组织及其运作模式的形成和演进受环境的影响，是优胜劣汰、适者生存的自然选择过程；二是战略选择论（Strategic Choice），强调组织及其运作模式不是自然形成的，它是组织决策的结果，即人所进行的战略选择起到了重要的作用（罗珉，2006）。尽管战略选择要受到内外部环境、组织权力结构和组织政策等多方面的影响，但战略选择是权力持有者在具备一定的条件，并适应一定的条件的情况下做出的。随着理论的发展，战略选择理论从1962年提出至今已有了较大的转变，为更好地理解战略选择理论的演化发展，本书将其演变过程分成了三个阶段——早期萌芽阶段、持续发展阶段和深化发展阶段，并对各阶段的主要贡献者及其主要贡献进行了梳理，具体如表3-3所示。

表3-3　战略选择理论各发展阶段的主要贡献者及其主要贡献

发展阶段	作者及年份	主要贡献
早期萌芽阶段	Chandler（1962，1965）	首次向自然选择论和宿命论发出挑战
	Child（1972，1997）	首次明确提出战略选择理论
持续发展阶段	Campling 和 Michelson（1998）	整合战略理论与资源依赖理论
	Hult 等（2006） Abbott 和 De Cieri（2008） Craighead 等（2009）	整合战略理论与资源基础观
	Shook 等（2009）	指出战略选择理论可以作为未来研究的理论基础
深化发展阶段	Ng 和 Sears（2012） Saj（2013） Sung 和 Choi（2018） Dai 和 Si（2018）	将研究对象聚焦于企业家和CEO
	Zheng 等（2014） Judge 等（2015） Dai 和 Si（2018）	更细致地解剖和运用战略选择理论

资料来源：笔者绘制。

（一）早期萌芽阶段（1962～1979 年）

战略选择理论最早显现于与宿命论的论战中。最初，学者们在分析组织和组织运作模式时多采用自然选择论或宿命论的观点，认为组织结构是由情境因素决定的（Aldrich，2008），如经济环境和技术因素。学者们在讨论时将注意力集中于决策时所涉及的约束上，致力于构建情境因素与组织关系的相关模型，而忽略了决策制定者或企业高管团队对战略选择的影响。然而战略选择理论更关注决策制定者的影响，将研究的注意力聚焦于有权力管理企业的人之上，认为决策制定者或高管团队才是战略选择的核心，环境通过约束企业家决策时的范围和视角从而对战略选择过程起到一定的限制作用。

最先向自然选择论和宿命论发出挑战的是 Chandler（1962，1965），其探讨了环境、战略和组织结构之间的关系，提出了"战略—结构—绩效"的研究范式，拉开了战略选择理论的序幕。Chandler（1962，1965）提出，若要取得战略成功，应为其匹配恰当的经营管理模式；战略匹配环境的需要，组织结构来匹配战略的需要，随战略改变而改变，即"结构追随战略"。换言之，公司的权力持有者应选择一种能使既定战略实施的组织结构形式。

之后，Child（1972）将战略选择理论推向了高潮，首次明确提出了战略选择理论这一概念，极大地推进了这一理论的发展。Child（1972）批判性地检验了已有的理论模型，虽然这些模型已经在统计学上建立了关联，但已有研究多将组织结构解释为经济约束的产物，而这一观点与现实不符，权力持有者在更大意义上决定了战略行动的方向，这种战略选择通常不仅包括结构形式的建立，还包括环境特征的处理和相关性能标准的选择。Child（1972）在 Chandler（1962）的基础上进一步进行了研究，明确提出了"战略选择"（Strategic Choice）这一概念，并指出战略选择是在特定环境下，组织权力持有者对企业战略行为做出决策的过程，这一决策影响着企业的资源分配、市场获取以及竞争战略选取等方面。按照"战略选择论"的观点，可以认为"战略—环境"关系、"战略—结构"关系是管理者选择的结果。

为进一步完善该理论，Child（1997）探讨了战略选择理论在组织研究中的地位，讨论了战略选择理论在组织研究中的整合能力，并考察了其在当代的贡献。他抛出了三个关键问题：①代理人及其选择在组织分析中的作用；②组织环境的性质；③组织代理人与环境之间的关系。代理人是指企业中的权力持有者，是战略制定的决策者，是企业战略选择中的核心影响因素。组织环境通过约束代理人的范围和注意力，从而影响战略选择的过程。代理人和环境之间的关系则是组织不断认知和动态学习的过程。这一理论的贡献在于，将"代理人—结构"关系纳入考量，同时又肯定外部环境的影响，环境是通过约束代理人从而影响企业的战略决策过程，企业当权者才是战略决策中的核心因素。Child（1972，1997）所提出的观点是后续研究使用最多的观点之一。

（二）持续发展阶段（1980~2010 年）

在这一时期，战略选择理论得到了持续的发展，有学者在其中引入了其他因素，将战略选择理论与其他理论进行了整合。

首先，将战略选择理论与资源依赖理论进行整合。Campling 和 Michelson（1998）为探究在同一环境下为何有些工会选择重组与合并而有些工会选择继续独立，整合了战略选择理论和资源依赖理论，研究发现，虽然组织不可避免地与环境条件紧密相连，但决策制定者可以有能力选择战略。Campling 和 Michelson（1998）还提出了"战略选择—资源依赖"模型，认为决策是由决策制定者在一定的外部环境和内部环境条件下，结合特定的历史背景做出的。Pyman（2003）同样以工会作为研究对象，发现工会有自己的战略选择，并且他们可以根据环境扫描来相应地调整策略。该研究结果与战略选择理论的推演相一致，进一步验证了战略选择理论。

其次，将战略选择理论与资源基础观进行整合。Hult 等（2006）为探究为何一些供应链比另一些供应链表现得更好，将知识视作一个重要资源，整合了战略选择理论与资源基础观。战略选择理论提出，对于同样的知识要素，不同的决策制定者会有区别地进行强调。Abbott 和 De Cieri（2008）将战略选择理论与资源基础观和利益相关者理论进行了整合，通过定性的案例研究，建立了工作生活福利框架。在研究中，Abbott 和 De Cieri（2008）指出，组织的战略是由组织内部的权力所有者做出的一系列战略决策，并由此产生组织行动，这与 Child（1972，1997）所提出的观点相一致。Craighead 等（2009）同样整合了战略选择理论、资源基础观和知识基础观，以探究供应链如何在企业层面上促进绩效，以及在此过程中战略选择所起的作用。

最后，在这一阶段，有许多学者偏好使用多个理论来研究某一问题，并比较各理论对分析该现实问题的优劣，而战略选择理论常被选作理论之一。例如，Van Raak 等（2005）从交易成本经济学、战略选择理论、资源依赖理论、学习理论、利益相关者理论和制度理论的角度探讨了医疗服务提供者合作的原因，发现战略选择理论更适合用于分析营利性组织。Shook 等（2009）从制度理论、资源依赖理论、网络理论、系统论、企业的资源/知识基础观、交易成本经济学、代理理论、战略选择理论、社会认知理论和批判理论的角度对战略采购进行了审视，并指出战略选择理论可以作为未来研究的理论基础。

（三）深化发展阶段（2011 年至今）

在这一阶段，战略选择理论的相关研究又出现了新的研究趋势。一方面，研究对象逐渐聚焦于企业家、CEO 和高管团队等权力持有者对企业的影响之上。Ng 和 Sears（2012）根据战略选择理论，通过实证检验证明了 CEO 领导风格和个人属性对组织多样性管理实践实施的影响。Ng 和 Sears（2012）指出，CEO 的特征在组织多样性实践的实施中发挥的作用超越了关键的环境和制度因素，从而推进了战略选择理论的发展，同时，他们还呼吁要研究领导人在推动组织中的战略决策过程中的作用。Saj（2013）将董事会成员和高管纳入考量，对大型慈善组织进行了案例分析，强调高管和董事会成员的意识形态和专业知识的强烈影响，并证明了战略选择理论在非营利性组织中依旧适用，这与 Van Raak 等（2005）的观点出现了分歧。Sung 和 Choi（2018）探讨了高管战略决策的理论机制，研究了高管的战略导向对企业行为的影响。Dai 和 Si（2018）研究了企业家的个人感知对民营企业创业导向的影响。Ha 等（2021）考察了高管的创业精神对企业生存和可持续发展的至关重要的作用。

另一方面，研究内容也更为深入，把组织的战略选择问题视为一个复杂问题来研究，包括更复杂的选择环境、选择过程以及影响因素。首先，企业决策的环境更为复杂。Zheng 等（2014）基于战略选择理论探究了社会中的道德退化如何影响企业行为或企业社会责任与企业绩效，研究发现，企业并不总是制度压力和期望的脆弱接受者，而经常是外部环境和内部运营的主动分析者。若使用宿命论便不能很好地解释这一现象，但战略选择理论非常适用于分析该行为。Zheng 等（2014）亦指出，战略选择理论尤其适用于不利的环境中，该理论提出了一种非确定性或自愿性的观点来解释企业如何对外部环境力量做出战略反应或抵抗。Li 和 Zheng（2018）也得到了相似的结论，战略选择理论有助于理解转型经济体中特定环境因素对企业社会责任实施的影响。Yu 等（2018）认为，基于战略选择理论，在不确定和复杂的环境中，中小企业或以防御的态度来应对内部和外部的环境压力，或通过预测未来的法规和趋势，并采取行动来防止负面影响。但为了努力获得和维持竞争力，中小企业可在这一环境中主动创造机会和应对潜在的威胁。其次，企业决策的过程更为复杂。Judge 等（2015）精炼并扩展了环境决定论和战略选择之间的争论，通过实证研究考察了烙印理论和战略选择理论的交互作用，指出企业既会受到创立之初的烙印的影响，但同时也有能力自己选择未来发展的方向。他们构建了跨层次的理论模型，以更好地理解战略选择这一复杂的过程。环境和企业的选择会以联合互动的方式影响企业的创业行为。Sung 和 Choi（2018）为探究高管战略决策的理论机制，对 163 家韩国制造企业进行了实证检验，研究结果证实，企业绩效和环境变化对高层管理人员的战略导向有显著的影响，而高管的战略导向又会影响财务资源的配置。最后，学者们逐渐开始关注战略选择中决策制定者个人感知的作用。Bremer 和 Linnenluecke（2017）为探究气候变化的背景下，管理者是否觉得气候变化是重要的，他们对澳大利亚能源行业的 101 位管理者进行了问卷调查，发现管理者所掌握的气候变化知识越多，越重视气候变化，其中，对气候变化风险的感知起到重要的中介作用。Dai 和 Si（2018）、戴维奇和赵慢（2020）研究发现，企业家的个人感知会影响企业的创业活动。其中，Dai 和 Si（2018）通过整合战略选择理论和制度理论，发现企业家对新政策的有效性认识越深，就越有可能利用这些政策从事创业活动，而制度环境会调节这一过程。Cao 和 Chen（2019）将高管的环境意识纳入考量，从战略选择理论的新视角研究了绿色创新战略的驱动机制，研究发现，高层管理者的环境意识具有重要的调节作用——高管的环境意识越高，企业绿色创新战略与强制性政策、市场压力、创新资源的关系就越强，绿色创新战略与企业创新能力以及激励政策的关系就越弱。Ha 等（2021）基于战略选择的视角，搜集了韩国中小企业的 493 名员工的问卷数据，确定了创业精神、市场导向文化和工作投入之间的关系，此外，CEO 的信任程度调节了其中的关系。

第三节　相关概念研究

一、群体断裂带

（一）群体断裂带的概念

群体断裂带研究起源于群体多样性研究。群体多样性研究关注的是群体多样性对群体过程和群体效能的作用过程。以往的研究大多考察各种不同的特征对个体或者群体结果变量的影响（韩立丰等，2010）。随着相关研究的深入，这种研究范式的缺点逐渐暴露出来：单独考察一种成员属性的做法使得研究者忽略了其他属性以及多种属性间交互作用的可能性（Lau and Murnighan，2005）。一些学者认为，这正是群体多样化领域研究结论分化严重的关键原因（Lau and Murnighan，2005；Thatcher et al.，2003；李小青、周建，2014）。在这样的背景下，Lau 和 Murnighan（2005）借鉴了地理学中"断裂带"的概念，提出了"群体断裂带"理论以弥合前人研究中的缺口。Lau 和 Murnighan（2005）将群体断裂带定义为：以一种或多种成员属性为基础，潜在地能够将一个群体划分成多个子群体的虚拟的分割线。这种虚拟的分割线将在特定环境下被激活，将作为整体的群体分割成内部相对同质、彼此异质的多个群体。这样的子群体由于彼此存在明显的身份特征差异，相互间容易产生激烈的冲突和严重的沟通障碍（谢小云、张倩，2011），从而对群体绩效产生消极影响。

断裂带理论与以往群体多样性研究的主要差异在于，同时考察群体成员所具有的多个属性，并根据多个属性的聚合情况来推断群体是否可能会分裂成多个子群以及子群间的断裂带强度。为直观展示断裂带的理论内涵，本书将举例对其进行说明。假设甲、乙、丙、丁四人组成一个团队，为简化说明过程，本书只考虑性别和国籍两种属性，根据两种属性在四人中的不同分布可构建四个断裂带强度不同的团队。

团队1：四人均为中国男性，此时不存在断裂带。

团队2：甲和乙均为中国男性，丙和丁均为日本女性，此时断裂带强度最大，团队可能分裂成两个子团队，一个子团队的成员为甲和乙，另一个子团队的成员为丙和丁。

团队3：四人均为男性，其中甲和乙为中国人，丙和丁为日本人，此时断裂带强度中等，民族属性可能将团队分割为两个子团队。

团队4：甲为中国男性，乙为中国女性，丙为日本男性，丁为日本女性，此时四人中任何两人的两种属性都不重叠，断裂带强度最小。

在实际研究中，需要考虑的成员属性通常不止两个，群体规模也更大，但识别断裂带的原则与上例是一致的。

本书针对团队1、团队2、团队3、团队4分别绘制了相应的断裂带示意图，具体如图3-4~图3-7所示。

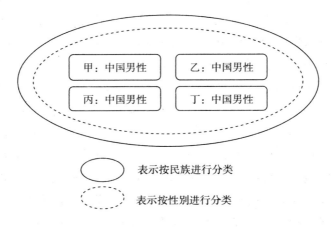

图 3-4 团队 1 断裂带示意图

资料来源：笔者绘制。

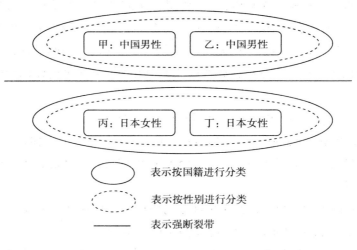

图 3-5 团队 2 断裂带示意图

资料来源：笔者绘制。

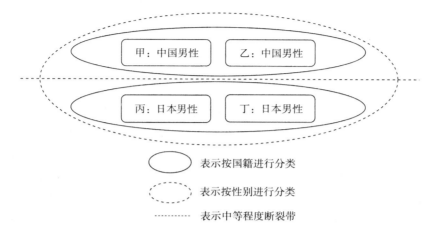

图 3-6 团队 3 断裂带示意图

资料来源：笔者绘制。

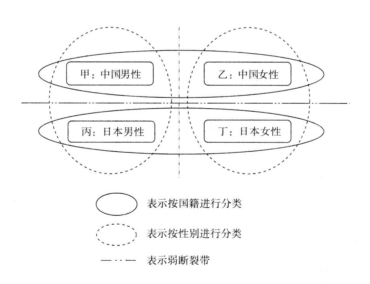

图 3-7 团队 4 断裂带示意图

资料来源：笔者绘制。

（二）断裂带的测量

自群体断裂带的概念提出以后，其测量方法一直是相关学者热衷讨论的重要话题。学者们相继开发出一些不同的测量方法，主要可分为定性方法和定量方法。

1. 定性测量

在群体断裂带的早期研究中，学者们主要依据群体内成员相同属性的数量和子群的潜在划分方式来对断裂带的强弱进行定性描述。具体而言，群体成员相同属性的数量越多、子群的划分方式越少，群体断裂带强度越强。后续还有学者对这种方法进行了改进。Barkema 和 Shvyrkov（2007）先利用潜在聚类分析方法与相关软件判断断裂带是否存在，然后再按照上述方法对断裂带强度进行测量。另外，一些学者在实验研究中通过对被试进行操作，构造出不同强度的断裂带结构（Homan et al.，2007；Lau and Murnighan，2005；Pearsall et al.，2008）。

定性测量方法主要应用于断裂带概念的发展初期，原因是这种测量方法依靠的是研究者的主观判断，因此能够处理的信息非常有限。一般来说，只能分析两个或两个以下的成员特征；当成员数量较多时，也会对断裂带强度的判断造成极大困难。另外，离散取值会损失一部分团队结构信息，或者只能对特定的团队结构进行分析。目前，定性测量方法较多应用于实验研究或对断裂带的概念进行说明，无法对现实团队的断裂情况进行准确测量（陈帅，2012）。

2. 定量测量

鉴于定性测量方法的局限和相关实证研究的需要，许多学者提出了不同的断裂带定量测量方法。

Fau 算法。断裂带研究中使用频率最高的定量方法即是 Thatcher 等（2003）开发的 Fau 算法。这种方法的思想核心是，当断裂带强度很大时，群体被虚拟分割成多个相对同质的子群，各子群间的差异较大。相反，若群体能够被虚拟地分割成多个相对同质的子群且子群间差异较大时，则表明该团队断裂带强度较大。其具体做法是，对于所有能将群体分割为两个子群体的划分方式，计算能够被子群体成员解释的总变异量的比例。计算公式如下：

$$Fau_g = \frac{\sum_{i=1}^{q} \sum_{k=1}^{2} n_k^g (\overline{x}_{ik} - \overline{x}_i)^2}{\sum_{i=1}^{q} \sum_{k=1}^{2} \sum_{j=1}^{n_k^g} (x_{jik} - \overline{x}_i)^2} \tag{3-1}$$

Thatcher 等（2003）将公式（3-1）中的子群数量规定为 2。提出这个限定条件有两方面的原因：其一，计算一个群体所有可能分裂方式的断裂带强度需要极大的计算量；其二，Thatcher 等（2003）认为，针对一般人数较少的工作群体而言，分裂成两个以上的子群体可能性较小。

FLS 算法。该算法是由 Shaw（2004）所开发的。这种方法最突出的特点是同时考虑了子群内的特征同质性与子群间的特征异质性。根据该方法，研究者需要计算出所考察的每种成员属性的子群内部特征同质性指数（Subgroup Internal Alignment，IA）和子群间特征异质性指数（Cross-Subgroup Alignment，CGAI），然后将二者代入公式得出某一属性的断裂带强度，最后再对所有属性的 FLS 值进行算术平均从而得到该群体的 FLS 值。其计算公式如下：

$$FLS = IA（1-CGAI） \tag{3-2}$$

FLS 值越大，表示群体断裂带强度越大。FLS 算法虽然很好地体现了断裂带概念的核心思想，但计算过程非常烦琐，并且需要将所有特征处理为离散变量，可能导致一定程度的信息损失，因此学者们对这一方法的使用十分有限（Chung et al.，2015）。

极化多维多样性指数（Index of Polarized Multi-Dimensional Diversity）。Trezzini（2008）认为，群体断裂带表现的是一种"极化的"多维多样性（Polarized Multi-Dimensional Diversity，PMD），其强度取决于三方面因素——断裂带深度、断裂带宽度和断裂带面积。其计算公式如下：

$$PMD = \sum_{i=1}^{n} \sum_{j=1}^{n}（p_i + p_j）p_i p_j d_{ij} \tag{3-3}$$

其中，p_i、p_j 表示在数据集中某一给定的属性组合所占的相对比例，d_{ij} 表示的是子群体间的差异程度。d_{ij} 表示的是断裂带深度，p_i、p_j 和（$p_i + p_j$）表示的是子群体规模差异。子群体极化程度则反映在子群体规模差异和子群体数量上。这一方法的计算数值会落在 0 到 0.5 之间，最后需要将结果除以 0.5 以方便与其他方法的结果进行比较。该方法只能应用于考察定类变量的断裂带计算当中。

多元线性回归法（Multiple Linear Regressions）。Van Knippenberg 等（2011）提出的这种方法将断裂带量化为每种属性能够被其他属性所解释的变异量。其计算公式如下：

$$F_k = \prod_{i=1}^{k} R_{x_i,\ |Allx \neq x_i|} \tag{3-4}$$

其中，$R_{x_i,\ |Allx \neq x_i|}$ 表示变量 x_i 与所有其他变量之间的多重相关性。由于这种方法是基于多元线性回归或多项逻辑斯蒂回归的，因此对于计算连续变量的断裂带较为适合，且对计算机计算能力的要求并不高。

这种方法并不需要在子群体间划定清晰界限。因此，它不能描述数据的子群结构，即子群数量和群体成员在子群体中的归属。另外，这种方法还存在一个缺陷：每个属性被当作因变量纳入回归分析中，因此不能在某一属性完全一致的群体中计算断裂带强度。这时，此算法得出的断裂带强度为零，即使群体成员在其他属性上存在一定程度的重合。

子团体强度（Subgroup Strength）。Gibson 和 Vermeulen（2003）提出了一种计算子团体强度的算法，而这一概念与断裂带非常相近。当群体中可能对比的二人群体（Dyad）成员在所考察的属性上重叠程度较高时，则认为存在强子团体。因此，在一些对比对中，个体较为相似，在所考察的特征上存在较大程度的重叠；而在其他对比对中，成员间异质性较强，在所考察的特征上几乎没有重叠。相反，当对比对的所有属性重叠水平较低时，子团体强度较弱。这种测量方法可表示为：

$$Subgroup strength = SD\left(\sum_k overlapX_{k, ij} \right) \tag{3-5}$$

其中，k 是所考察特征的数量，$overlapX_{k,ij}$ 表示的是个体 i 和 j 在特征 k 上的重叠程度。重叠程度的计算过程无论对于定类变量还是定比变量都将是较为简便的。所有可能的对比对的标准差将生成一个正的子团体强度值。此种方法下的计算结果并无特定范围。另外，这种方法对属性数量较为敏感。这两方面的特征使得子团体强度法很难与其他断裂带测量方式进行比较。子团体强度法能够帮助我们计算出一个断裂带的强度值，能够适用于多于两个子群体的情形中，但不能提供个体的子群体归属信息以及子群体数量。

派系断裂带（Factional Faultlines）。Li 和 Hambrick（2005）开发的这种方法是为了计算以事先设定的特定属性为基础的断裂带强度，而不是计算给定群体中以几个特征为基础的断裂带强度。在 Li 和 Hambrick（2005）的研究中，所考察的特征主要是成员所在的派系，因此他们将这种测量方法命名为"派系断裂带"。该项研究中的派系是由一家美国公司和一家中国公司合并形成的企业中的拥有不同国籍的管理者构成的。他们首先将管理团队成员划分成美国群体和中国群体，然后计算了每个团体中诸如年龄和任期等属性的均值，最后按照公式（3-6）计算了每种属性在不同团体间的差异：

$$d = \frac{|\overline{X}_A - \overline{X}_B|}{\frac{\sigma_A \sigma_B}{2} + 1} \tag{3-6}$$

公式（3-6）中，$\overline{X}_A$ 和 $\overline{X}_B$ 代表每个团体中所考察属性的均值，σ_A 和 σ_B 代表每种属性的标准差。分母加一是为了防止分母中出现零。于是，对于每个派系团体（依据国籍划分），都能计算出相应的 d 值，将其加总便得到了这个群体的断裂带强度。Li 和 Hambrick（2005）这种对断裂带的操作化定义显然与 Lau 和 Murnighan（2005）对断裂带的初始定义有明显出入：群体中可能存在基于非派系特征的更强的断裂带，因此这种方法可能无法量化群体中强度最强的断裂带。因此，这种测量方式的应用十分有限。

断裂带距离（Faultline Distances）。Bezrukova 等（2009）、Zanutto 等（2011）指出，断裂带的测量不但要能够反映出所考察的个人特征在群体成员之间的相似性（即断裂带强度），还要在识别出强度最大的断裂带之后刻画出不同子群间的距离。在上述研究中，研究者对断裂带是按如下步骤进行量化的：首先，运用 Fau 算法计算出群体断裂带强度；其次，计算出两个（Fau 算法默认只能将群体划分为两个子群）子群体几何中心的欧几里得距离；最后，将断裂带强度值与断裂带距离值相乘。断裂带距离值的计算公式如下：

$$D_e(X, Y) = \sqrt{\sum_i (x_i - y_i)^2} \tag{3-7}$$

公式（3-7）中，X、Y 为两个子群体的几何中心，x_i、y_i 分别为两个子群体中第 i 个特征的均值。

这种方法认为，断裂带强度和断裂带距离刻画了群体断裂带的不同方面，只有同时考虑这两方面因素才能准确反映断裂带的内涵。但是，有学者指出，就计算方法而言，断裂带强度（按 Fau 值计）和断裂带距离存在重叠，因而两者是高度相关的。因此，对于测量结果来说，断裂带强度（按 Fau 值计）和断裂带距离的乘积项夸大了子群间变异量平方和的影响。

潜在类别聚类分析（Latent Class Clustering）。Barkema 和 Shvyrkov（2007）最早提出利用潜在类别聚类方法来计算断裂带强度，Lawrence 和 Zyphur（2011）在此基础上发展了这种算法，使其更具可操作性。按照潜在类别聚类分析法，断裂带的计算可分为以下几个步骤：首先，在给定一个分析群体后，根据群体规模，利用聚类分析方法可获得多种聚类方案。例如，若假设每个子群体只包括两个以下的成员，那么运用潜在类别聚类法得到的聚类方案中包括的子群体个数为 1 至 2/n 个，n 为群体规模。其次，在得到所有可能的聚类方案后，可根据最低的贝叶斯信息准则值识别出最优聚类方案。

潜在类别聚类分析虽然在帮助我们识别能将群体划分成多个（大于两个）子群体的断裂带方面具有很好的应用前景，但由于这种方法不是专门针对断裂带而开发出来的，因此也存在一些缺陷。首先，在分析规模小于 30 人的群体时，该方法所产生的结果是不稳定的，且难以收敛（Thatcher and Patel，2012）。其次，如果成员归属是由先验概率决定的，那么依据这种方法，某一成员可能会被划分到与自身特征不是最相近的子群体中。最后，潜在类别聚类法难以根据定类变量进行子群划分，并且无法对子群内成员关系进行分析。

平均轮廓宽度（Average Silhouette Width，ASW）。该方法由 Meyer 和 Glenz（2013）提出，其突出优点就是能够探察群体分裂成多个可能的子群体的情况。它的计算分为两步：首先，按照两种不同的聚类分析算法得到 $2 \times n$ 种划分方式（n 为群体人数）；其次，计算每一种划分方式下的 ASW 值，取最大的 ASW 值作为该群体的断裂带强度值。ASW 值为所有群体成员的个人轮廓宽度值的平均值。个人轮廓宽度值测量的是在一种特定的划分方式下，相对于子群 B，一个群体成员与子群 A 的匹配程度。其计算公式为：

$$s(i) = \frac{b_i - a_i}{\max(a_i, \ b_i)} \tag{3-8}$$

其中，a_i 表示成员 i 与子群 A 所有成员的差异程度，b_i 表示成员 i 与子群 B 所有成员的差异程度。

ASW 取值范围为 -1 到 1，取值为 1，表示划分出来的子群内部完全同质，即断裂带强度最大；取值为 0，表示不存在内部同质的子群；取值为负，表示该分类方式下子群内成员的差异性大于子群内成员与子群外成员间的差异性。

本书对相关文献中的断裂带定量测量方法进行了整理和汇总，具体如表 3-4 所示。

表 3-4　断裂带定量测量方法汇总

方法	作者及年份	公式
Fau 算法	Thatcher 等（2003）	$Fau_g = \dfrac{\sum_{i=1}^{q} \sum_{k=1}^{2} n_k^g (\overline{x}_{ik} - \overline{x}_i)^2}{\sum_{i=1}^{q} \sum_{k=1}^{2} \sum_{j=1}^{n_k^g} (x_{jik} - \overline{x}_i)^2}$
FLS 算法	Shaw（2004）	$FLS = IA(1 - CGAI)$
极化多维多样性指数	Trezzini（2008）	$PMD = \sum_{i=1}^{n} \sum_{j=1}^{n} (p_i + p_j) p_i p_j d_{ij}$

续表

方法	作者及年份	公式
多元线性回归法	Van Knippenberg 等（2011）	$F_k = \prod\limits_{i=1}^{k} R_{x_i, \text{All} x \neq x_i}$
子团体强度	Gibson 和 Vermeulen（2003）	$Subgroupstrength = SD\left(\sum\limits_{k} overlap X_{k,ij}\right)$
派系断裂带	Li 和 Hambrick（2005）	$d = \dfrac{|\overline{X}_A - \overline{X}_B|}{\dfrac{\sigma_A \sigma_B}{2} + 1}$
断裂带距离法	Bezrukova 等（2009）	$D_e(X, Y) = \sqrt{\sum\limits_{i}(x_i - y_i)^2}$
潜在类别聚类分析	Barkema 和 Shvyrkov（2007）	
平均轮廓宽度	Meyer 和 Glenz（2013）	$s(i) = \dfrac{b_i - a_i}{\max(a_i, b_i)}$

资料来源：笔者根据相关文献整理得出。

（三）断裂带与群体产出的实证研究

本书通过回顾断裂带理论的相关实证研究，发现学者们关注的群体层面的产出主要包括群体绩效、员工绩效、战略行为、决策质量、创造力、团队学习等。

自断裂带理论被提出后，学者们围绕断裂带与群体产出的关系进行了大量研究，主流的观点是断裂带与群体产出负相关。持此观点的学者大多从社会分类理论（Social Categorization Theory）或同性相吸范式（Similar-Attraction Paradigm）出发，认为断裂带所引起的社会分类过程将导致群体成员的分化以及子群间的对立，致使群体作为整体的功能失调，从而对群体产出产生不利影响。例如，在总体绩效方面，Li 和 Hambrick（2005）在一项实证研究中发现，中外合资企业中由不同国籍管理者所组成的高管团队内存在"先天性"的派系，人口统计特征断裂带引发了派系间的任务冲突、情感冲突，进而影响了团队成员间的行为整合，最终导致了群体的低绩效。以 42 个高管团队为研究对象，Crucke 和 Knockaert（2016）探索了社会企业中断裂带与董事会服务绩效的关系。他们的实证研究表明，强断裂带导致了董事会中更高的任务冲突，进而导致了低水平的服务绩效。其他学者的实证研究也支持了这种观点（Bezrukova et al.，2012；Dyck and Starke，1999）。

在战略行为方面，Barkema 和 Shvyrkov（2007）发现，高管团队断裂带强度与企业投资地点的新颖性负相关。李维安等（2014）以中国企业为样本的实证研究发现，董事会断裂带与跨国并购呈显著的负相关关系。

在决策质量方面，Rico 等（2007）的实证研究表明，弱断裂带团队的决策质量要优于强断裂带团队。陈悦明等（2012）也发现，高管团队的个性心理断裂带与人口特征断裂带均对决策质量有负向影响。

在创造力方面，Bezrukova 和 Jehn（2003）的研究表明，感知的断裂带会通过激化子群体间的冲突而损害群体的创造力。Pearsall 等（2008）通过实证研究发现，性别断裂带一经激活，将对团队贡献的观点数量和总体创造力产生消极影响。

此外，还有一些实证研究论证了断裂带对组织公民行为和群体满意度的负面影响（Bezrukova and Jehn，2003；Lau and Murnighan，2005）。

虽然断裂带对群体产出的负面影响得到了大量实证研究的支持，但还有一些学者得出了与上述观点不同的结论。例如，Bezrukova 和 Jehn（2003）通过实证研究发现，潜在的断裂带若不经激活不仅不会导致群体破坏性的分裂，还将对群体过程和产出产生积极影响，而被激活的断裂带与潜在断裂带对群体的作用方向则完全相反。因此，他们指出，潜在断裂带的作用可能存在着边界条件。Homan 等（2007）也通过实证研究发现，断裂带对群体绩效的作用可以是正向的，但前提是群体成员认同多元化的价值。还有一些研究也得出了相似的结论（Bezrukova et al.，2009；Thatcher et al.，2003）。

学者们对团队学习的研究更是较为突出地体现了这种分歧。Gibson 和 Vermeulen（2003）在一项关于断裂带与团队学习关系的研究中指出，相对于较高或较低程度的断裂带强度，中等强度的断裂带能够最大化促进团队学习行为。这一观点得到了实证分析结果的验证。Lau 和 Murnighan（2005）在一项实证研究中假设，断裂带将通过其引发的社会分类过程而负向作用于团队学习，但该假设却没有得到实证分析的支持。Rupert 和 Jehn（2012）在研究断裂带与团队学习的关系时按照内容将团队学习分为任务学习和过程学习，并分别探讨了断裂带对它们的影响，研究结果显示，断裂带对过程学习具有负面影响，对任务学习却没有显著影响。另外，还有一些学者认为，断裂带与群体产出的关系并不显著（Chung et al.，2011；周建、李小青，2012），或存在非线性关系（Thatcher et al.，2003）。

由上述分析可见，学术界对断裂带与群体产出的关系还未能达成一致观点。导致这种局面的主要原因在于，研究者没有根据群体所在的具体情境考察断裂带的作用。这不仅关系到在什么样的情境中应选择何种断裂带（即构成断裂带的个体属性）的问题，而且还涉及哪些情境变量可能对断裂带与群体产出的关系产生重要影响。基于此，未来的断裂带研究既要根据所考察群体所处的具体环境来选择可能构成断裂带的个体属性，又要充分识别该环境中的重要调节变量。

二、高管团队行为整合

高阶梯队理论的核心观点之一是，人口统计学特征可以作为高层管理者认知和价值观的代理变量。由于人口统计学特征在数据收集过程中具有极大的便利性优势，因此，在高阶梯队理论被提出之后的一段时间内，通过高层管理者的人口统计特征对组织绩效进行预测的研究思路较为流行。显而易见的是，这一研究路径无法对高管团队的组成特征影响组织绩效的内在机制做出详细的解释。同时，Hambrick（1994）在实地调查中也发现，很多企业中的高管团队缺乏必要的团队属性，成员之间互动频率较低，此时通过人口统计特征对企业绩效进行预测显然是不合理的。因此，Hambrick（1994）提出"行为整合"这一概念对高管团队的具体运作过程进行描述。

Hambrick（1994）认为，行为整合包括信息交流（Information Exchange）、集体合作（Collaborative Behavior）和共同决策（Joint Decision Making）三方面内容。信息交流指的是团队成员充分表达个人观点、积极分享决策信息的程度；集体合作指的是团队成员之间为实现共同目标而自发互助、相互勉励等行为；共同决策指的是高管成员能够充分理解自身行为与其他成员行为间的关联性，明确决策问题的整体性，并能就决策问题进行相互讨论，成员的不同意见都能得到认真对待，成员之间存在不同意见时能够展开有益的争论。上述三个维度共同刻画了团队通过聚合所有成员的努力以实现组织目标的过程。

行为整合作为表征团队过程和本质的综合概念，反映了高管层基于任务的有效互动。由于这种互动能够正向影响团队决策质量、组织绩效，因此有关行为整合的主题引起了研究者的广泛关注。例如，马富萍和郭晓川（2010）以资源型企业为样本的研究发现，高管团队异质性对企业的技术创新绩效具有正面影响，而高管团队行为整合能够正向调节高管团队任期、教育水平、教育专业和职业背景的异质性与技术创新绩效的关系。成瑾等（2017）通过对 8 个案例的配对研究发现，CEO 对高管团队的行为整合具有关键作用，CEO 可从资源、规则两方面入手来改善团队结构以促进高管团队的行为整合。Luo 等（2018）探究了 CEO 的双元领导能力对高管团队成员双元行为的影响，发现 CEO 的双元领导能力通过高管团队行为整合的中介作用对高管团队成员双元行为产生影响，且这一中介过程还受到高管团队成员风险倾向性的调节。赵丙艳等（2016）通过实证研究发现：高管团队的年龄、性别、教育和任期垂直对差异与创新绩效正相关；创新氛围在高管团队垂直对差异与创新绩效的关系中具有中介效应；高管团队的行为整合能够正向调节高管团队垂直对差异与创新氛围的关系，对营造创新氛围起到了良好的促进作用。

可见，上述研究大多是对高管团队人口统计特征与行为整合关系的检验。目前，关于行为整合的文献也大多遵循这一研究范式，将行为整合视作一个整体构念，运用相应量表对其进行测量。这一做法的弊端在于，行为整合程度只能作为一个结果被呈现出来，无法就组织如何得到这一结果的问题进行解答。这也就意味着，当企业的高管团队表现出较低程度的行为整合时，上述研究范式无法针对企业面临的具体问题提供更多洞见。因此，我们更需要探究的是提高行为整合程度的具体方式，来为企业提供决策支持。然而，相关研究目前还不多见。

三、政策与创业

自创业活动对拉动经济增长、促进国际经济活力的重要性被证明以来（杜跃平、马晶晶，2016；Williams，2013），越来越多的国家和地区开始寻找各种途径来促进创业活动，其中以颁布政策、法规最为常见。各地政府试图通过出台各类政策、条例来改善创业和生产经营环境，进而推动创业活动的开展。在此背景下，政府政策与创业活动的关系日益受到学者的关注，政府政策对创业活动的影响也不断得到验证和支持（Pergelova and Angulo-Ruiz，2014）。

首先，一些学者从定性分析的角度对政策与创业的关系进行了讨论与研究。赵都敏和李剑力（2011）对创业政策与创业活动的关系进行了系统分析，他们不仅界定与划分了创业政策的具体内涵，也深入分析和总结了创业政策影响创业活动的主要方式与路径，具体包括政府的直接介入、政策环境的营造、政府政策的引导，以及对政策效果复杂性的把握。邓汉慧等（2011）同样对创业政策的产生与发展、动力机制、政策执行等方面进行了研究，分析了国家和地区的政策支持体系对创业活动的影响。

其次，也有一些学者从实证研究的角度对政策与创业之间的关系进行了探讨。王福鸣和董正英（2018）运用元分析验证了资金支持政策对创业活动和创业绩效的正向促进作用。他们指出：政府给予创业者资金支持，有助于降低创业者的创业门槛，进而激发更多的人选择和参与创业，最终促进更多新企业的建立；除此之外，高科技行业和创业精神的强弱也会影响两者的关系，即在一些高新技术行业和创业意愿强烈的地区，政府所采取的资金支持政策对创业活动的促进作用更加显著且有效，而在一些传统行业和创业意愿较低的地区，政府的资金支持政策则往往无法最大限度地发挥对创业的激励作用。类似地，Cumming（2007）通过对澳大利亚 845 个创业公司的调查研究发现，政府的资金支持政策能够帮助新创企业获得所需的资金，进而推动新创企业实现技术商业化和高效创业，这种资金支持对于新办企业和早期发展的企业尤为重要。

张钢和彭学兵（2008）指出，地方政策对技术创业具有重要的正向影响。他们认为，地方政府提供的人才、科技、资金、市场政策越好，个人和公司的技术创业水平就越高。张钢和彭学兵（2008）通过对中国数据进行分析，也最终证明了这一观点。Georgellis 和 Wall（2004）运用面板数据研究方法对政府政策环境与创业水平的关系进行了分析，探讨边际所得税率和破产豁免条例对创业活动的影响。Georgellis 和 Wall（2004）研究发现，边际所得税率和创业活动之间主要呈现 U 型关系，破产豁免条例与创业活动之间的关系则主要呈现 S 型关系。因此，Georgellis 和 Wall（2004）提出，在考虑政策与创业的关系时，应该注意政策效果所具有的复杂性。George 和 Prabhu（2003）以印度企业为例，研究了发展性金融制度对创业活动的影响。他们指出，发展性金融制度能够为实现技术创业提供金融扶持与服务，这种技术促进政策有利于推动印度企业人力和金融资本的获得与发展，进而激发创业活力，能有效地促进印度技术创业活动的开展与实现。

本书通过对关于政府政策与创业活动的研究进行梳理，发现有关两者关系的研究尤其是实证研究尚处于初级阶段，整体而言，相关研究文献仍较为缺乏，亟待学者进一步的丰富和深化。同时，现有研究更多的是关注政策对新创企业、初创企业的影响，对公司创业、创业导向影响的研究则十分不足。除此之外，现有研究大多是从政策本身出发探讨其对创业活动的影响，没有从创业者政策感知的角度加以分析。政策是如何影响创业的？其内在机理是什么？这些问题缺乏必要的实证探讨和检验（赵都敏、李剑力，2011）。

四、地位构念

地位问题可以渗透到社会和组织生活中（Chen et al.，2003；Phillips，2005；Podolny，2005）。正如社会学家长期强调的，每当社会行动者聚集在一起时，这些行动者之间就会出现一种地位等级，在这个过程中，一些行动者会比其他人获得更高的尊重和社会价值（Blau，1964；Emerson，1962）。地位的影响跨越绝大多数的层级，从个体行动者，到行业、市场，甚至是国家都在其涵盖范围内（Granovetter，1973）。在一般情况下，行动者的地位会影响其所能经历的机会和约束（Ridgeway et al.，2009）。

地位构念最早出现于社会学领域中，但随着管理学家对地位问题的关注，地位构念也逐渐进入战略管理领域，成为战略管理研究的热点话题之一，为战略管理的相关研究注入了新活力。基于此，本书中的外文文献以"Status"或"Position"为主题，选择商业、管理和经济领域的论文和综述进行检索，并将出版物来源限定在 FT50 范围内，文献来源包括 *Strategic Management Journal*、*Research Policy*、*Academy of Management Journal* 等主流期刊。类似地，本书中的中文文献以"地位"为主题，并将出版物来源限定在 CSSCI 范围内。鉴于组织层面公司创业的有关文献最早可追溯到 1978 年，本书将检索时间跨度设为 1978 年 1 月 1 日至 2022 年 6 月 30 日。为获得准确的结果，笔者一一阅读每一篇文献的题目和摘要，筛选出了与研究主题高度相关的文献，以确保所有的地位文献都聚焦于战略管理领域。

（一）地位的内涵

当学者们刚把地位构念纳入自己的研究视野时，首要的任务便是研究清楚何为地位，其内涵是什么。地位最早可追溯到 Goode（1978）的研究。在研究中，Goode（1978）提及了地位这一概念，其从个人和组织的角度出发，认为地位是由过去行为积累而成的在社会等级中的位置。自此，"地位"研究便初具雏形。随后，Podolny（1993）将研究对象聚焦于企业，提出了基于地位的市场竞争模型，在该模型中，生产者的地位是该生产者质量的一个重要指标，地位是一种属性，当生产者产品质量不能被直接观察到时，行动者可依靠地位来推断。与Goode（1978）所提出的定义不同的是，Podolny（1993）认为，地位不仅来源于过去行为或品质的证明，还可来源于行动者合作伙伴的地位。1995 年，Ridgeway 和 Walker（1995）又将地位概念的研究拉回个人和群体的层面，认为个人或群体的地位是指受到他人尊重或钦佩的程度。此后，Washington 和 Zajac（2005）对研究层面进行了进一步扩充，认为地位是可用于描述个人、群体、组织甚至社会系统，认为地位是社会建构的、主体间认同和接受的排序。至此，地位的定义已较为清晰，但后续仍有学者提出了与先前类似的定义。例如：Rindova 等（2006）从网络理论的视角出发，认为地位是指在市场行动者网络中的相对位置；Jensen 和 Roy（2008）认为，地位是行动者因其社会位置而享有的威望，其影响了企业在决策时对备选方案的选择。本书整理了地位概念发展中较为典型的定义，具体如表 3-5 所示。

表 3-5　地位的定义

作者及年份	概念
Goode（1978）	地位是由过去行为积累而成的在社会等级中的位置
Podolny（1993）	地位是过去行为或品质的证明和其合作伙伴的地位的函数
Ridgeway 和 Walker（1995）	个人或群体受到他人尊重或钦佩的程度
Washington 和 Zajac（2005）	社会建构的、主体间同意和接受的个人、群体、组织或社会系统活动中的排序
Rindova 等（2006）	在市场行动者网络中的相对位置
Jensen 和 Roy（2008）	行动者因其社会位置而享有的威望

资料来源：笔者整理。

从地位的定义中不难看出，与地位十分容易混淆的概念还有声誉与合法性。尽管三者是截然不同的概念，但有些学者在研究中时常会将它们混为一谈（Washington and Zajac，2005），这主要与如何定义声誉、合法性有关。学者们使用了声誉的综合定义，其核心意义是对企业持续向多个受众传递价值的能力进行整体的、组织层面的评估（Lange et al.，2011），这种综合性的定义使得区分声誉和地位变得困难。与声誉不同，地位更多的是指来自对其与知名网络合作伙伴的关系以及其在市场交换网络中的中心地位的观察（Rindova et al.，2006）。地位会增加利益相关者对企业的信心是基于这样的假设，即其他人与企业合作的意愿是企业潜在质量的衡量标准（Podolny，1994；Podolny and Phillips，1996）。合法性亦不同于声誉和地位，它侧重于强调企业的产品、实践和结构与社会期望的一致性程度，而不是其独特的业绩结果。换句话说，无论是有高质量声誉的公司还是没有高质量声誉的公司，都必须生产具有最低质量水平的产品才能合法。总体来说，地位、声誉和合法性都是企业的无形资产，来自利益相关者试图通过观察企业过去的业绩和交易行为中反映的信号来理性评估企业的价值创造潜力（Rindova et al.，2006）。

（二）地位构念在战略管理领域中的应用

地位有三个关键功能：可以作为质量的信号、无形资产以及移动资源（Piazza and Castellucci，2014）。在战略管理领域，既有研究主要包括企业地位如何影响其合作伙伴的选择（Castellucci and Ertug，2010；Podolny，1994；Pollock et al.，2010）、冒险行为的决策（Kish-Gephart and Campbell，2015；Sauder et al.，2012）、其他战略的采取（Krishnan and Kozhikode，2015；Guler and Guillen，2010；Liu et al.，2021）三个方面的讨论。

1. 合作伙伴的选择

企业会主动或被动地选择地位同质的合作伙伴。地位研究中的地位安全感来自地位的稳定性，而稳定性实则是由地位同质性带来的。地位高的组织会小心翼翼地只与地位高的组织联系，谨慎地避免与地位低的组织接触（Castellucci and Ertug，2010；Podolny，1994；Pollock et al.，2010）；而地位低的组织会很难有机会与地位高的组织交往（Podolny，2005）。这就导致了地位的同质性，企业只能频繁地与同等地位的其他组织联系在一起（Krishnan and Kozhikode，2015）。地位同质化使得企业的地位排序趋于稳定（Podolny，1994），让地位高的公司拥有地位安全感（Phillips and Zuckerman，2001；Sauder et al.，2012）。例如，Jensen 和 Roy（2008）的研究表明，地位高的企业会将地位视为一种决策线索并以此来筛选服务提供商，企业随后倾向于与地位等级类似的服务提供商联系，这些服务提供商更有可能符合他们所关心的特定属性，如财务质量和诚信。

2. 冒险行为的决策

近年来，关注地位与企业冒险行为的研究逐渐增多，但相关研究出现了两种截然不同的观点。一方面，地位构念相关研究的关键内容包括：地位高的组织会因为地位秩序而享有一种安全感（Krishnan and Kozhikode，2015；Sauder et al.，2012），这种安全感会影响其战略决策，限制其从事可疑的活动（Greve et al.，2010）。既有研究认为，地位高的组织因为具有地位安全感而不愿意从事冒险活动，其原因包括以下两个方面：一是已有大量研究表明地位高的组织会因为一定程度的高地位而获得更好的回报（Benjamin and Podolny，1999），具有成本优势（Podolny，1993），能更好地获得关键资源和机会（Castellucci and Podolny，2017；Pollock and Rindova，2003），因此，高地位企业享有地位安全感，除从事高风险的冒险活动以外，仍具备多种有前景的投资选择，从而限制其参与冒险活动。二是源于高地位企业对地位损失的厌恶。损失厌恶描述的是一种对风险的态度，对于决策者而言，相比之下，其更关注潜在损失而非潜在收益，因此更关注冒险行为所带来的损失而非潜在的利益。

另一方面，有部分研究对前述的传统观点提出挑战，认为高地位企业在决策时更愿意接纳冒险行为。Perretti 和 Negro（2006）以美国电影界为样本进行了研究，认为地位的分化会限制组织进行探索，高地位的企业反而更愿意进行探索。除了发达国家存在该现象，发展中国家也有类似的发现。以中国广东省为例，集群的地位与冒险行为是正相关的。集群的地位越高，便越能传递出集群质量卓越的信号，集群拥有的配套设施、人才、优质供应商和政府支持等越多，参与集群的企业便越能从集群知识溢出中受益，从而降低了对冒险行为风险的感知，集群整体的冒险创新大大增加（Luo et al.，2020）。亦有部分研究认为，高地位和低地位企业都会倾向于采取冒险行为。通过对日本银行业的研究，Edman 和 Makarevich（2021）发现，银行地位与采用贷款联合体之间存在 U 型关系，而且银行是否敢于冒险取决于其地位流动性。此外，也有文献从 CEO 或高管团队成员个人的地位出发，探究地位对组织冒险行为的影响。CEO 社会阶层出身对个人偏好有持久而不同的影响，影响高管的冒险倾向。出生于上层阶层的 CEO 从小便被鼓励做出各种尝试，即使陷入困境，也能依靠上层关系被拯救，因此，来自上层阶级的个体更倾向于认为世界是安全的、充满机会的（Kraus et al.，2012；Twenge and Campbell，2002），具有更高水平的乐观精神、自尊和对命运的控制感，更愿意尝试冒险行为（Kish-Gephart and Campbell，2015）。Shi 等（2017）从 CEO 的经营环境出发，研究发现 CEO 在目睹竞争对手获得 CEO 奖项后，可能会进行密集的收购活动，以提高他们的社会地位。

3. 其他战略的采取

地位除了会影响企业的合作伙伴选择和冒险行为倾向，亦会左右其他战略行为的采取。既有研究主要考虑了地位对违法行为、跨国投资以及产品定价的影响。

首先，地位的不安全感会导致企业从事违法行为。出于对地位损失的恐惧，高地位企业可能比低地位企业更努力维持其地位，会更愿意承担风险，这种由损失厌恶引发的风险决策甚至可能以公司违法的形式出现（Harris and Bromiley，2007；Krishnan and Kozhikode，2015；Mishina et al.，2010）。进一步地，Jeong 和 Siegel（2018）将违法行为具象化为行贿，证明了企业面临地位损失威胁时，极有可能向政府高层官员行贿以获得政治资源来维持甚至提升其原有地位。其次，地位会促进企业进行跨国投资。国内的地位优势决定了企业的对外扩张，作为质量的信号，地位优势可以使得企业较容易地从一个市场转移到另一个市场，即地位高的企业比社会地位低的企业更有可能进入海外市场（Guler and Guillen，2010）。社会地位可能会增加企业作为投资伙伴的合法性和可取性，进而增加其获得海外市场资源的机会（Podolny，1994；Stuart，2000；Stuart et al.，1999）。例如，社会地位高的风险投资公司可能比社会地位低的风险投资公司在吸引投资伙伴、供应商、客户方面处于更有利的地位，从而在国外市场上获得高质量的投资机会（Alvarez-Garrido and Guler，2018）。最后，高社会地位有利于企业参与更多的社会责任（CSR）活动，主要有两种机制促进了这一关系（Liu et al.，2021）：第一种机制是"聚光灯下"效应，企业家的社会地位越高，公众和政府对企业家行善的期望就越大；第二种机制是马太效应，高社会地位的企业家能够获得宝贵的信息和资源，他们会认为自己的企业更有能力从事 CSR 活动。

本书对地位构念在战略管理领域中的应用情况进行了总结，具体如图 3-8 所示。

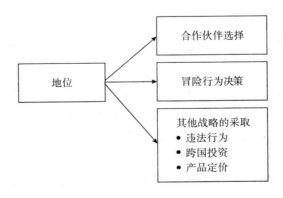

图 3-8　地位构念在战略管理领域中的应用

资料来源：笔者绘制。

第四章 罅隙如何弥合？董事会断裂带、行为整合机制与创业导向

第一节 理论分析与假设

一、研究假设

（一）董事会断裂带与创业导向

国内外研究者对创业导向有多种定义，其中具有代表性的观点主要包括三种：一是将其定义为企业在进行战略选择时所秉持的倾向或态度（Miller，1983）；二是将其界定为新进入的过程、实践及决策活动（Lumpkin and Dess，1996）；三是将其理解为一种嵌入企业日常运营的、能为组织提供持续竞争优势的组织文化体系（Zahra et al.，1999）。虽然表述不尽相同，但研究者普遍认同创业导向在本质上刻画了企业对创业活动的偏好与倾向。

针对传统群体多样性研究的局限性，Lau 和 Murnighan（2005）借鉴地理概念断裂带的表现形态，提出了组织行为领域的群体断裂带概念。群体断裂带指的是群体中的虚拟分割线，这种分割线的划分依据是群体成员在一种或多种个人属性上的相似性。根据所考察属性特征的不同，断裂带对群体的分割方式也是不同的。断裂带是群体分裂前瞻性因素，对群体过程的影响不可忽视（屈晓倩、刘新梅，2016）。

董事会的战略任务包括向高管团队提供建议，保证公司获取关键资源，参与

公司战略的制定与执行，以及评价和监督战略决策过程（Hillman and Dalziel，2003）。作为公司治理机制的核心，董事会对企业的战略决策具有决定性的作用（刘洋等，2016）。因此，当董事会中存在断裂带时，可以预见，包括创业导向在内的企业战略决策必然会受到其影响。

本书认为，董事会断裂带对创业导向的影响是负面的。具体而言，当董事会由于成员间任务相关特征的高度相似而出现强断裂带时，董事会成员很可能分裂为内部同质而相互异质的子群体。这种分裂本质上就是社会分类过程，将导致一系列不良后果——董事会成员会更加关注自己所处的子群体，对自己所在的子群体产生社会认同并给予其较为正面的评价，而将负面的评价强加于其他群体。子群体成员将会以一种"圈内人—圈外人"的视角看待其他成员，不同子群体的成员相互之间极易产生偏见、歧视、厌恶、刻板印象以及恶性竞争等破坏性感知（Choi and Sy，2010），导致晕轮效应以及非功能性冲突（关系冲突）的加剧。随之而来的是，董事会群体凝聚力的下降、有效沟通和协调的减少以及所属不同子群体董事会成员相互间合作意愿的降低。

具体到公司创业情境中，由强断裂带引致的子群体对立至少会以下列三种方式影响创业决策：

第一，降低董事会成员间信息沟通的频率和质量，董事会的整体信息处理能力因此被削弱，从而不利于企业对创新创业机会的搜寻和捕捉（Xie et al.，2015）。当董事会花费大量时间和精力解决成员间的冲突时，其工作效率必然会大大降低。由于不同子群体成员间存在偏见甚至敌视彼此，进而无法展开有效合作，并且会降低为实现共同目标所做出的信息交换与分享的努力程度。董事会的整体信息处理能力因此被削弱，创业事项难以在董事会中获得充分的讨论和论证，创业相关的决策质量下降。对于技术变化迅速、竞争环境激烈的信息技术行业而言，断裂带所导致的社会分类过程尤其具有破坏性。因为这一行业更加需要背景相异的董事会成员对异质性的认知资源进行整合，经常性的交流障碍和非功能性冲突会严重降低决策效率，提高决策成本，无法从大量的市场信息中甄别机会，致使企业与转瞬即逝的创业机会失之交臂。

第二，无法有效地获取、配置和使用个体董事所拥有的资源，破坏董事会对战略资源的整合过程，从而不利于企业开展公司创业活动（Crucke and Knock-aert，2016）。强断裂带会触发个体成员的情感臆想，导致子群体之间产生人际认知感知的严重偏差，任务冲突、过程冲突、关系冲突增加，产生不信任感和敌对情绪等不良后果。这时，董事会中子群体的分歧将脱离所要解决的实际问题而转化为人际冲突，董事会成员的注意力已无法完全集中于工作任务，搜索、开发创业机会的努力程度降低，掌握在不同董事个体手中的认知资源、人际资源、物质资源无法得到有效整合，公司创业活动难以顺利进行。

　　第三，基于认知方式的巨大差异和对其他子群体的偏见，董事会难以就具有冒险倾向的行动方案达成共识，使得企业更为保守（张章、陈仕华，2017）。基于刻板印象所形成"圈内人—圈外人"的心态会增加使子群体内部成员之间的交流频率，同时降低与外部成员的交流频率。此时，子群体中的成员更倾向于支持来自群体内部的意见，当其他群体持有相反观点时，原本微不足道的观点分歧也会在缺少良性互动的环境中被不断放大（Mäs et al.，2013），使得董事会分化程度加深，企业的创业活动难以开展。此外，关系冲突的增加也会导致各成员共享信息的积极性减弱，构筑起子群体间的沟通"沟壑"。换言之，缺乏纽带的群体互动很难使所有董事会成员在某一观点上产生共鸣，对于具有高风险性、高度不确定性的创业方案尤其如此。

　　相反，当董事会内断裂带强度较弱时，不同子群体在多项个人特征上具有一定的共性（即群体间呈交叉重叠状），对当前的任务背景、组织目标具有一致性的认知，并倾向于以董事会的任务为焦点（Lim et al.，2013）。子群体的身份不再是各董事进行自我归类所考虑的主要因素，"圈内人—圈外人"的群体区分也会大大弱化。在此情形下，子群体内部成员在表达个人意见时将不会有过多顾虑，同时能够有效吸收并客观评价认识其他子群体成员的观点，相互信任、相互理解的良好氛围在董事会内部得以形成。Lau 和 Murnighan（2005）发现，成员间的相互信任能够增强心理安全感，进而增加成员间的风险承担，促进团队成员经常性地共享关键信息，交换负面甚至敏感的信息，从而使得团队成员投入更多的时间和精力构思新的问题解决方案，因此，这对新机会的寻求具有促进作用。另外，子群体间的有效沟通能够促进知识的扩散，增强董事会内部配置和调整资源的灵活性，从而有利于创业决策的顺利执行。

　　总之，董事会断裂带以上述几种具体方式对创业导向的三个维度——创新、先动性和风险承担性产生负面影响，进而降低创业导向。基于以上分析，本书提出以下假设：

　　H4-1：董事会断裂带与创业导向负相关。

（二）行为整合机制的调节作用

行为整合表征的是高管成员间的互动与协作程度，反映在信息交流、集体合作和共同决策三方面。也就是说，一个行为高度整合的高管团队应当共享各方面的信息、资源，并共同进行决策。以往的研究表明，高管团队行为整合对企业的创新绩效、技术创新绩效、创新氛围都具有重要影响（马富萍、郭晓川，2010；赵丙艳等，2016；成瑾等，2017）。

假设4-1提出，董事会断裂带对创业导向有负向影响。因此，当断裂带强度较强时，董事会的行为整合就显得尤为重要。那么，通过何种手段能够实现董事会的行为整合？通过对以往研究的回顾和企业实践的观察，本书提出，董事会成员的交叉任期和董事长职能背景的广泛性是整合董事会行为的有效手段，接下来将分别对这两个变量的调节作用进行理论推导：

1. 董事会成员交叉任期的调节作用

董事会成员交叉任期指的是董事会在董事会中任职的重叠任期，即董事会成员在董事会中的共同工作经历。多项研究表明，在加入时间维度后，企业决策层的交互过程和运作过程会发生实质性的变化，使得高层管理者行为得到有效整合，进而影响战略决策和企业绩效。例如，Barkema和Shvyrkov（2007）研究发现，人口统计特征作为高管成员自我归类的最初依据，会使得具有相似特征的成员相互接近并形成子群体。但随着成员交往深入，子群体间表层人口统计特征的差异性感知会逐渐减弱，高管团队在地理范围扩张上的决策会更加快速和有效。类似地，张建君和张闫龙（2016）探究了董事长—总经理的异质性与组织绩效之间的关系，研究发现，董事长和总经理的长期共事有助于形成彼此间的融洽关系，随之而来的是组织绩效的提升。同样，Chen等（2017）也发现，在面对企业国际化的相关决策时，董事会资本能够加速企业的国际化进程，而董事会成员的共事经历能够正向调节董事会资本与企业国际化之间的关系。

董事会成员的交叉任期是董事会行为整合的重要机制，因而影响董事会断裂带与创业导向的关系。断裂带的存在极易导致董事会的分裂，董事会成员间互动的缺乏将阻碍董事会的正常运转，也使得各董事难以发挥各自的潜能。这样的董事会极易遭受"过程损失"（Process Losses）（Chen et al.，2017）。

然而，随着共事时间的增加，董事会成员间互动趋于频繁，对彼此各方面情况的了解更加深入，由断裂带引起的刻板印象和情感冲突将逐渐消解

（Chatman and Flynn，2001）。一些在开始时将董事分成不同子群体的个体属性此时已不受关注，"圈内人—圈外人"的界限将逐渐模糊，原属不同子群体的成员之间也可以做到相互接纳。董事会成员将会更充分地认识到其他人所拥有的信息、资源和技能的价值，并给予其他成员更为客观的评价。因此，随着任期重合时间的增加，断裂带及其对团队沟通、意见交换和战略创新的负面影响将逐渐减少（Barkema and Shvyrkov，2007），企业将更有可能呈现出较强的创业导向。

另外，长期合作也有利于培养默契，相互理解对方的角色，包容彼此的差异（张建君、张闫龙，2016）。共事时间较长的董事能够更好地相互磨合，对彼此的思维方式、沟通方式、问题解决方式都有一定的了解，从而避免不必要的冲突；曾经的良好合作体验也会对后续合作产生积极影响。例如，创办上海复星集团的"复旦五虎"（郭广昌、梁信军、汪群斌、范伟、谈剑）在20多年的商海征战中一直不离不弃，并肩作战，五人之间通过不断磨合，在企业经营上相互取长补短，配合默契。复星集团已发展成为中国综合规模最大的民营企业。

同时，长期共事也使得董事会成员之间的工作关系更加融洽。融洽的工作关系有助于团队成员自如地发挥自身的能力优势，使人们在面对不可预测的未来时有了强大的心理依托，并建立起高度的互信（Anderson and Williams，1996）。Schoorman 等（2007）认为，以信任为基础所构建起来的人际关系能够增强群体成员之间的协同合作，有助于充分地调动每个成员的积极性来挖掘现有资源的潜在价值，提高解决问题的能力，从而更好地利用企业资源，并通过创造性的资源组合将创业机会转化为竞争优势。

总之，共同的工作经历能促进董事会成员间的相互了解，有助于消弭断裂带引发的偏见和冲突，使得隶属不同子群体的董事会成员之间建立起良好的合作关系、稳定适合的沟通协调模式、共享的价值观、相互的预期、适当的行为、高度的互信和群体凝聚力，进而促进董事会的行为整合。正如 Smith 等（1994）所言："在一起工作得很好的高层管理团队反应迅速，机动灵活，使用先进的技术手段解决问题，比整合程度低的团队更加高效。"因此，本书认为，董事会成员交叉任期是一个不容忽视的调节变量。

基于以上分析，本书提出以下假设：

H4-2：董事会成员交叉任期对董事会断裂带和创业导向之间的关系具有正

向调节作用，也即董事会成员交叉任期越长，董事会断裂带对创业导向的负向影响越弱。

2. 董事长职能背景广泛性的调节作用

职能背景指的是人们在不同行业、不同企业或同一企业不同职能部门任职的经历。高阶梯队理论认为，高管的背景特征在一定程度上决定了他们的认知方式、问题解决方式甚至是所做出的战略决策（Kish - Gephart and Campbell，2015），而在高管的众多背景特征当中，职能背景的重要性尤为突出（Hambrick and Mason，1984），因为它是高管认知与职业技能的主要来源（Menz，2012），影响着高管对问题的定义、信息的处理以及如何做出战略选择。

Menz（2012）指出，既有文献中常常包含着这样一个隐含假设，即企业决策层中的每一位成员都参与了企业的战略决策，而现实情况中，决策层中每位成员的决策权并不是对等的，仅有少部分成员对最终决策起到了关键性作用（比如董事长、首席执行官或总经理）。在中国古代的封建社会，领导者个人的性格特征和行事风格往往决定着组织的兴衰，因此组织中真正起作用的是关键人物。这一观点更加贴合中国企业的实际情况，而在上市公司中，通常是由董事长来扮演这一核心角色。有研究指出，中国上市公司的公司治理实践中，董事长往往兼任首席执行官（Firth et al.，2006），是企业决策层的核心人物，握有重大事务的最终决策权，因而对企业战略和公司绩效的影响更加突出。以往的研究也印证了董事长的个人职能背景对企业重要决策和组织绩效的关键作用。在企业战略方面，刘洋等（2016）发现，董事长对战略的偏好受其过往工作经历的影响，其职能背景会引导他们对战略问题的关注焦点，因此董事长的职能背景会影响他们的战略选择。在战略绩效方面，李小青和周建（2014）发现，董事长的职能背景能够调节董事会群体断裂带和企业战略绩效之间的关系。在高管决策参与水平方面，Harrison 等（2013）发现，董事长的职能背景与其领导有效性显著正相关，当董事长拥有多样化的职能背景时，董事会成员在战略决策中的参与水平更高。因此，本书认为，董事长个人职能背景的广泛性是应当重点考察的情境因素。

考虑到董事长在董事会中的特殊地位，以及其职能背景对董事会断裂带形成和作用发挥的重要影响，本书认为，董事长职能背景的广泛性也是董事会行为整合的重要机制。因此，董事长的职能背景是否广泛，会影响董事会断裂带与创业导向之间的关系。具体而言，当董事长职能背景较为多元时，董事长将具有较高的经验开放性，不会对不同职能背景的董事产生偏见，也不会按职能背景将自己归类。由于和不同职能背景的董事会成员拥有相似的职业经历，董事长在和其他董事沟通交流时能够找到更多的共同话题，在对重要创业事项进行讨论时，即使对同一问题持有不同看法，也能够做到站在对方的立场看问题，不存在理解上的天然缺陷。因此，董事长会客观评价来自其他董事会成员的异质信息和资源的价值，从而增加捕捉创业机会的可能性。更重要的是，董事长能够充当成员间的桥梁和纽带，促进不同意见的充分表达和融合。当董事长所在的子群体与其他子群体的观点相冲突时，董事长也能够结合其不同的职能经历做出更客观的判断，促进双方对行动方案进行更充分的讨论，使董事会能就创新创业问题进行科学合理的决策。

相反，若董事长职能背景较为单一，董事长的认知方式更可能与具有相似职业经历的董事相近，从而对他们产生较强的社会认同，也更容易接受他们提出的意见。其他与董事长职能背景差异较大的董事则可能与董事长之间存在一定程度的沟通障碍，短期内很难达成共识，并预期自己的建议得不到有力支持和采纳。此时，由于董事长在重要决策中拥有较多的话语权，因而将造成其所在的董事会子群体与其他子群体之间的权力不对等，甚至完全凌驾于其他子群体之上。隶属于其他子群体的董事会成员很可能因这种弱势处境在重要决策中保持缄默或采取不合作的态度，并且在日常工作中表现出较为消极的态度。双方由此产生的分歧将加速社会分类过程，加深彼此间的"鸿沟"，强化断裂带对创业导向的负面作用。

基于上述分析，本书提出以下假设：

H4-3：董事长职能背景广泛性对董事会断裂带和创业导向之间的关系具有正向调节作用，也即董事长职能背景越广泛，董事会断裂带对创业导向的负向影响越弱。

二、理论模型

基于以上分析，本章围绕董事会断裂带、创业导向、董事会成员交叉任期与董事长职能背景广泛性之间的关系构建了本章的理论模型图，具体如图4-1所示。

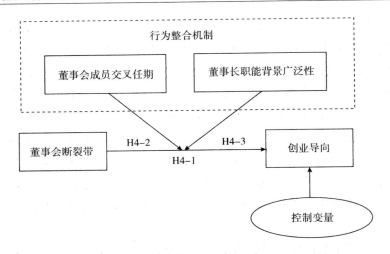

图 4-1　理论模型

资料来源：笔者绘制。

第二节　样本选择、数据获取与实证研究设计

一、样本与数据

为减少非观察异质性的影响，本书依据《证监会行业分类标准（2012）》选择了信息传输、软件和信息技术服务业的 A 股上市企业作为研究对象。随着互联网技术的发展，该行业的发展呈现井喷态势，在竞争压力增大的同时企业迫切需要通过公司创业维持生存和发展，因而具备较强的创业导向（林明等，2016）。为确保数据的可得性和完整性，本书剔除了 2012 年之前上市的企业而以 2012 ~ 2016 年（5 年）为观察期。另外，本书剔除了被 ST、＊ST 及退市处理的企业、包含缺失值的企业和主营业务发生重大变更的企业。最终，进入研究样本的共有 125 家上市企业。

本书中的相关财务数据来源于国泰安数据库和同花顺数据库，本书研究样本中的董事个人信息来源于 Wind 数据库、巨潮资讯网、上市公司年报中的个人简历，以及证券之星、新浪财经等网站，相关数据经人工整理而得。

二、变量测量

（一）因变量

创业导向。学界对于创业导向的维度划分存在"三维度"和"五维度"两种观点。Miller（1983）认为，创业导向包含创新性、先动性和风险承担性三个维度，而以 Lumpkin 和 Dess（1996）为代表的学者提出除上述三个维度外，还存在自治性和竞争侵略性两个维度。从后续研究来看，三维度的观点得到了更多的认可，相应的量表在实证研究中运用更多，且具有较高的信度和效度。因此，本书也将创业导向划分为创新性、先动性和风险承担性三个维度。借鉴 Miller 和 Le Breton-Miller（2011）的操作方法，本书将这三个维度的标准化得分之和作为创业导向的测量指标。三个维度的具体测量方法如下：

第一，创新性。创新性反映的是企业支持新想法、新实验和新流程的程度，可表现为新产品的研发、现有产品的改进、新生产线的建设和新市场的进入等。学术界多用研发强度即研发费用与营业收入之比来测量创新性，本书也采用这种操作方式。

第二，先动性。先动性是指企业通过开发新机会来对未来需求做出反应的倾向。先动性是一种主动出击的战略，能够帮助企业获得先动者优势。在财务信息上，先动性表现为积极进行投资。据此，Miller 和 Le Breton-Miller（2011）指出，测量先动性的方法是测量企业收入用于再投资的比例。由于企业用于再投资的自有资金主要来自留存收益，因此本书采用留存收益与营业收入的比值来测量企业的先动性。

第三，风险承担性。风险承担性指企业采取使其面临巨大财务风险和高不确定性的大胆行动的倾向性。由于更高的风险承担性意味着企业未来现金流入的不确定性增加，企业盈利的波动性被最广泛地用于衡量风险承担的水平。本书也采用这种方式，即以 ROA 衡量企业的盈利能力，以企业近三年 ROA 的标准差衡量风险承担的水平。其中，ROA 是指企业的税息折旧及摊销前利润（EBITDA）与当年末资产总额（ASSETS）的比率。企业的风险承担水平可表示为以下公式：

$$\sqrt{\frac{1}{N-1}\sum_{n=1}^{N}\left(ROA_{in}-\frac{1}{N}\sum_{n=1}^{N}ROA_{in}\right)^{2}}$$

其中，N＝3，为观测期长度，i 代表企业，n 代表在观测时段内的年度，取值范围为 1~3。

（二）自变量

董事会断裂带。本书借鉴 Barkema 和 Shvyrkov（2007）、Kaczmarek 等（2012）的做法，将董事类型、职能背景、任期和教育程度这四个与战略任务高度相关的人员特征作为断裂带的构成属性[①]。具体而言，董事类型是指董事会成员是独立董事还是执行董事，用 0 和 1 两个变量来表示（1 为独立董事，0 为执行董事）。董事会成员职能背景分为生产运营、会计财务、营销、研发、政府官员、法务、一般管理、学者和其他九类，分别赋值 1、2、3、4、5、6、7、8、9。任期用董事任职的月数来衡量。董事会成员教育程度分为博士、硕士、本科、专科及其他五个等级，分别赋值为 5、4、3、2、1。

本书采用 Thatcher 等（2003）开发的 Fau 指数计算董事会的断裂带强度。这一算法相对于其他断裂带测量方式具有如下优势：第一，能够对断裂带的强度进行准确量化；第二，能够很好地探察子群体内各项属性特征的同质性变异；第三，能够同时考察定类变量和定比变量；第四，能够反映每个成员在子群体中的归属状况（Meyer and Glenz，2013）。其公式如下：

$$Fau_g = \frac{\sum_{i=1}^{q} \sum_{k=1}^{2} n_k^g (\overline{x}_{ik} - \overline{x}_i)^2}{\sum_{i=1}^{q} \sum_{k=1}^{2} \sum_{j=1}^{n_k^g} (x_{jik} - \overline{x}_i)^2}$$

其中，x_{jik} 表示子群体 k 中第 j 个成员的第 i 个特征的值；$\overline{x}_i$ 表示整个高管团队在第 i 个特征的均值；$\overline{x}_{ik}$ 表示子群体 k 在特征 i 上的平均值；n_k^g 表示按照第 g 种可能的分裂方式第 k 个子群体中成员的数量；Fau 为各种断裂带强度中的最大值。另外，该算法设定了两个前提条件：只考虑群体分裂成两个子群体的情况；每个子群体中至少有两个成员。

另外，考虑到一些企业董事会规模较大（10 人以上），只允许董事会被划分为两个子群体的测量方法可能无法准确刻画这类董事会的分裂情况。因此，在稳健型检验部分，我们运用 Meyer 和 Glenz（2013）开发的平均轮廓宽度算法（Average Silhouette Width，ASW）重新测量了各样本的断裂带强度。该方法的突出优

---

① 由于计算断裂带和判定董事长职能背景是否广泛都需要确定董事长的职能背景，且两种情况可能存在冲突，因此在计算断裂带时将董事长的个人信息排除在外。

点就是能够探察群体分裂成多个可能的子群体的情况。它的计算分为两步：首先，按照两种不同的聚类分析算法得到2×n种划分方式（n为群体人数）；其次，计算每一种划分方式下的ASW值，取最大的ASW值作为该群体的断裂带强度值。ASW值为所有群体成员的个人轮廓宽度值的平均值。个人轮廓宽度值测量的是在一种特定的划分方式下，相对于子群体B，一个群体成员与子群体A的匹配程度。其计算公式如下：

$$s(i) = \frac{b_i - a_i}{\max(a_i,\ b_i)}$$

其中，a_i表示成员i与子群体A所有成员的差异程度，b_i表示成员i与子群体B所有成员的差异程度。

ASW的取值范围为-1到1，取值为1，表示划分出来的子群体内部完全同质，即断裂带强度最大；取值为0，表示不存在内部同质的子群体；取值为负，表示该分类方式下子群体内成员的差异性大于子群体内成员与子群体外成员间的差异性[1]。

（三）调节变量

（1）董事会成员交叉任期。借鉴Barkema和Shvyrkov（2007）的做法，本书采用TLAP指数来衡量董事会成员的交叉任期。该指数的计算公式为：

$$TLAP = 1/N \sum_{i \ne j} \min(u_i,\ u_j)$$

其中，N为从团队中选出两人来比较任期的选取方式的总数，u_i、u_j为团队中任意两人的任期。

（2）董事长职能背景的广泛性。本书借鉴Buyl等（2011）的做法，用哑变量来表示董事长职能背景的广泛性，即当董事长同时涉猎两类以上职能背景时，用1表示，否则用0表示。职能背景的分类原则与前文所述一致。

（四）控制变量

本书设置了七个控制变量，包括董事长与总经理两职状态、独立董事比例、企业所有制、企业年限、企业规模、董事会规模和董事会持股比例。

（1）两职状态。研究发现，董事长与总经理两职合一的情况下，企业会表

---

① 无论是Fau算法还是ASW算法，两种计算过程都具有相当的复杂性。所幸的是，Meyer和Glenz两位学者开发了专门用于计算断裂带强度的R语言软件包——asw. cluster。本书对董事会断裂带的测量便是利用这一软件包中的asw函数实现的。

现出更高的创业导向（傅明华、郭敏，2016）。因此，我们设置了 0 和 1 两个虚拟变量，若企业董事长兼任总经理，我们对其赋值为 1，否则赋值为 0。

（2）独立董事比例。研究发现，不同类型企业中独立董事的参与都能够增强创业强度（Brunninge and Nordqvist，2004），因此，我们控制了独立董事人数占董事会总人数的比例。

（3）企业所有制。在我国特殊的制度环境下，国有企业与民营企业的创业导向存在显著的差异（李乾文，2007）。因此，我们通过将国有企业赋值为 1、非国有企业赋值为 0 来控制所有制对创业导向的影响。

（4）企业年限。成立年限较长的企业具备更丰富的创业经验，这些经验能促进其后续创业活动的开展（Anderson and Eshima，2013）。本书中的企业年限等于截至统计日期企业成立的年数。

（5）企业规模。企业规模对创业导向的影响是正向还是负向虽没有定论（Rodrigo-Alarcón et al.，2018），但有必要对其进行控制。本书采用企业总资产的自然对数来表示。

（6）董事会规模。董事会的规模在一定程度上反映了董事会履行职责的能力，进而对创业导向产生影响（Wincent et al.，2014）。本书采用董事会总人数的自然对数来控制这一变量。

（7）董事会持股比例。股权激励作为一种重要的公司治理手段，在一些研究中被证实能影响创业导向（Deb and Wiklund，2017）。本书采用年末董事会成员所持股份占公司总股份的比例来衡量董事会持股比例。

本书中的变量定义与测量如表 4-1 所示。

表 4-1　变量定义与测量

变量类型	变量名称	符号	测量
因变量	创业导向	EO	创新性、先动性和风险承担性三个指标标准化得分之和
	创新性		研发费用与营业收入之比
	先动性		留存收益与营业收入之比
	风险承担性		近三年 ROA 的标准差
自变量	董事会断裂带	Fau	Fau 指数
		ASW	ASW 值

续表

变量类型	变量名称	符号	测量
调节变量	董事会成员交叉任期	Overlap	TLAP 指数
	董事长职能背景广泛性	Bcfunc	当董事长同时涉猎两类以上职能背景时，赋值为 1，否则赋值为 0
控制变量	两职状态	Dua	董事长兼任总经理赋值为 1，否则赋值为 0
	独立董事比例	Idratio	独立董事人数与董事会总人数之比
	企业所有制	Ownership	国企赋值为 1，非国企赋值为 0
	企业年限	Firmage	截至统计日期企业成立的年限
	企业规模	Lnassets	企业总资产的自然对数
	董事会规模	Lnbsize	董事会总人数的自然对数
	董事会持股比例	Bstock	年末董事会成员所持股份占公司总股份的比例

资料来源：笔者绘制。

三、计量模型设定

（一）主效应检验模型

1. 模型一

模型一检验的是控制变量与因变量创业导向（EO）之间的关系。本书中的控制变量包括董事长与总经理两职状态、独立董事比例、企业所有制、企业年限、企业规模、董事会规模、董事会持股比例。模型一方程如下所示：

$$EO = \beta_0 + \beta_1 Controls + \varepsilon$$

其中，β_0 为截距项，Controls 代表所有控制变量，β_1 为控制变量的胡桂系数，ε 为随机干扰项。

2. 模型二

模型二检验的是自变量董事会断裂带（Fau）与因变量创业导向（EO）之间的关系。模型二方程如下所示：

$$EO = \beta_0 + \beta_1 Controls + \beta_2 Fau + \varepsilon$$

其中，β_0 为截距项，β_1、β_2 为回归系数，Controls 为控制变量，ε 为随机干扰项。若回归系数 β_1 符号为负且通过显著性检验，则假设 4-1 成立。

（二）调节效应检验原理

在检验调节效应之前，本书将先来介绍调节变量的概念、作用以及调节效应的检验方法。

若变量 X 与变量 Y 之间存在关系，而这一关系受到变量 M 的影响，那么变量 M 就是调节变量。调节变量影响的是自变量与因变量之间的关系，既可以是对关系方向的影响，也可以是对关系强度的影响。自变量、因变量、调节变量三者之间的关系可以表示为如下关系式：

y=f（x，m）+ε

其中，ε 代表偏差项。

调节变量 M 对变量 X 与变量 Y 之间关系的调节作用可表现为图 4-2。

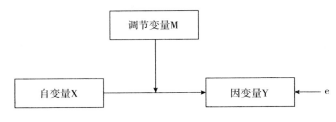

图 4-2　调节效应概念

资料来源：笔者绘制。

当调节变量是分类变量时，可以采用分组回归的方法对调节效应进行检验，即把样本分为若干组，对不同组别的样本分别进行回归分析。然而，这种方法的统计功效经常会被质疑，尤其是在不同组别样本量差异较大的情形下。因此，检验调节效应较为普遍的方法是多元调节回归分析。这种方法不仅适用于调节变量是分类变量的情况，也适用于调节变量是连续变量的情况。采用多元调节回归分析的方法检验调节作用，其主要步骤如下：

首先，若调节变量或自变量中有一个是分类变量，需要将类别变量转换为虚拟变量。虚拟变量的数目应当等于类别变量的个数减 1。值得注意的是，针对不同的研究问题，研究者可以选择不同的编码方法，但不同的编码方法会对研究结果产生一定的影响。

其次，对连续变量进行中心化或标准化处理。这是因为，自变量和调节变量往往与它们的乘积项呈现高度的相关性，若不进行中心化或标准化处理，会导致回归方程中出现多重共线性问题。

再次，构造乘积项。这一步需要将经过编码（分类变量）或经过中心化、标准化处理（连续变量）的自变量和调节变量相乘。

最后，将自变量、调节变量以及自变量和调节变量的乘积项共同放入回归模型中进行检验。若乘积项的系数显著，则说明调节效应存在。

（三）调节效应检验模型

1. 模型三

模型三放入的是自变量董事会断裂带（Fau）、因变量创业导向（EO）、调节变量董事会成员交叉任期（Overlap）、调节变量董事长职能背景广泛性（Bcfunc）和所有的控制变量。模型三方程如下所示：

$$EO = \beta_0 + \beta_1 Controls + \beta_2 Fau + \beta_3 Overlap + \beta_4 Bcfunc + \varepsilon$$

其中，β_0 为截距项，β_1、β_2、β_3、β_4、β_5 为回归系数，Controls 为控制变量，ε 为随机干扰项。

2. 模型四

模型四检验的是调节变量董事会成员交叉任期（Overlap）对自变量董事会断裂带（Fau）与因变量创业导向（EO）之间关系的调节作用。模型四方程如下所示：

$$EO = \beta_0 + \beta_1 Controls + \beta_2 Fau + \beta_3 Overlap + \beta_4 Bcfunc + \beta_5 Fau \times Overlap + \varepsilon$$

其中，β_0 为截距项，β_1、β_2、β_3、β_4、β_5 为回归系数，Controls 为控制变量，ε 为随机干扰项。若回归系数 β_5 符号为正且通过显著性检验，则假设 4-2 成立。

3. 模型五

模型五检验的是调节变量董事长职能背景广泛性（Bcfunc）对自变量董事会断裂带（Fau）与因变量创业导向（EO）之间关系的调节作用。模型五方程如下所示：

$$EO = \beta_0 + \beta_1 Controls + \beta_2 Fau + \beta_3 Overlap + \beta_4 Bcfunc + \beta_5 Fau \times Bcfunc + \varepsilon$$

其中，β_0 为截距项，β_1、β_2、β_3、β_4、β_5 为回归系数，Controls 为控制变量，ε 为随机干扰项。若回归系数 β_5 符号为正且通过显著性检验，则假设 4-3 成立。

4. 模型六

为进一步检验本书中的所有假设，模型六放入了所有变量。模型六方程如下所示：

$$EO = \beta_0 + \beta_1 Controls + \beta_2 Fau + \beta_3 Overlap + \beta_4 Bcfunc + \beta_5 Fau \times Overlap + \beta_6 Fau \times Bcfunc + \varepsilon$$

其中，β_0 为截距项，β_1、β_2、β_3、β_4、β_5、β_6 为回归系数，Controls 为控制变量，ε 为随机干扰项。

第三节 实证检验

针对第三章所提出的假设，本章将呈现基于数据分析软件 Stata12.1 所做的实证检验结果。具体而言，本章将呈现以下三方面的分析结果：描述性统计分析，主效应——董事会断裂带与创业导向之间关系的层次回归分析，以及董事会成员交叉任期、董事长职能背景广泛性和董事会持股比例三个调节变量调节主效应的层次回归分析，并对上述回归分析结果进行稳健性检验。另外，本章还将结合调节作用效果图对调节效应的层次回归分析结果做出说明。

一、描述性统计

本书最终获得了 125 家上市公司的 625 条观测数据。表 4-2 展示了本章中所有设计变量的平均值、标准差、最大值和最小值。

表 4-2　变量的描述性统计

变量	样本数量	均值	标准差	最小值	最大值
EO	625	1.45e-16	1.835	-3.750	9.595
Fau	625	0.805	0.154	0.342	0.998
ASW	625	0.666	0.161	0.146	0.977
Overlap	625	35.05	15.78	3	104.5
Bcfunc	625	0.362	0.481	0	1
Bstock	625	0.249	0.216	0	0.748
Dua	625	0.570	0.496	0	1
Idratio	625	0.389	0.114	0.273	0.667
Ownership	625	0.802	0.399	0	1
Firmage	625	14.11	4.998	1	32
Lnassets	625	21.48	1.026	19.54	27.15
Lnbsize	625	2.117	0.215	1.609	2.833

资料来源：笔者绘制。

从表 4-2 中可以看出：因变量创业导向的均值为 1.45e-16，接近于 0，但是标准差为1.835，最小值为-3.750，最大值为9.595，因此，这不能说明样本所选行业中企业的创业导向普遍较低，均值较低的原因是企业创业导向存在较大差异。

自变量董事会断裂带按Fau算法测量的均值为0.805，标准差为0.154，最小值为0.342，最大值为0.998，这说明样本企业董事会断裂带普遍强度较大。

自变量董事会断裂带按ASW算法测量的均值为0.666，标准差为0.161，最小值为0.146，最大值为0.977，这也说明样本企业董事会断裂带普遍强度较大，且两种断裂带测量方式下的数据基本特征不存在显著差异。

二、相关性分析

本章梳理了本部分所有变量之间的相关系数，具体如表4-3所示。由表4-3可以看出：

自变量董事会断裂带（Fau）与因变量创业导向（EO）之间的相关系数为-0.180，且在1%的水平上显著，为假设4-1提供了部分支持；董事会断裂带的另一测量指标ASW与因变量创业导向（EO）之间的相关系数为-0.138，且在1%的水平上显著，同样在一定程度上支持了假设4-1；董事会断裂带的两个量化指标（Fau与ASW）之间的相关系数为0.872，且在1%的水平上显著，说明两种测量方式表现出较高的一致性。

本书考察的三个调节变量分别为董事会成员交叉任期、董事长职能背景广泛性和董事会持股比例。其中，董事会成员交叉任期（Overlap）与创业导向（EO）之间的相关系数为0.096，在5%的水平上显著；董事长职能背景广泛性（Bcfunc）与创业导向（EO）之间的相关系数为0.022，但未达到显著性水平；董事会持股比例（Bstock）与创业导向（EO）之间的相关系数为0.211，在1%的水平上显著。

本书选取董事长与总经理两职状态、独立董事比例、企业所有制、企业年限、企业规模和董事会规模六个变量作为控制变量。其中，两职状态（Dua）、独立董事比例（Idtatio）与创业导向（EO）之间的相关系数分别为-0.051和-0.017，均未达到显著性水平。企业所有制（Ownership）、企业年限（Firmage）、企业规模（Lnassets）与创业导向（EO）之间的相关系数分别为0.259、-0.203、-0.273，且均在1%的水平上显著。董事会规模（Lnbsize）与创业导向（EO）之间的相关系数为-0.070，在10%的水平上显著。以上结果说明，本书所选取的控制变量大部分是有效的，它们对因变量有着较为显著的影响。

在位企业创业导向的微观基础研究

表 4-3 相关系数表

	EO	Fau	ASW	Overlap	Bcfunc	Bstock	Dua	Idratio	Ownership	Firmage	Lnassets	Lnbsize
EO	1											
Fau	-0.180***	1										
ASW	-0.138***	0.872***	1									
Overlap	0.096**	-0.029	0.022	1								
Bcfunc	0.022	0.065	0.029	-0.064	1							
Bstock	0.211***	-0.155***	-0.122***	0.142***	-0.068*	1						
Dua	-0.051	0.020	0.042	0.030	0.029	-0.187***	1					
Idratio	-0.017	0.000	-0.017	0.028	-0.055	0.035	0.060	1				
Ownership	0.259***	-0.012	0.002	0.132***	-0.035	0.548***	-0.206***	0.060	1			
Firmage	-0.203***	-0.006	-0.0160	-0.023	0.025	-0.341***	0.032	-0.086**	-0.194***	1		
Lnassets	-0.273***	0.188***	0.190***	-0.035	0.244***	-0.379***	0.042	0.003	-0.313***	0.307***	1	
Lnbsize	-0.070*	0.018	0.272***	0.055	-0.031	-0.214***	0.131***	-0.045	-0.290***	0.081**	0.187***	1

注：*** 表示 p<0.01，** 表示 p<0.05，* 表示 p<0.1。

资料来源：笔者绘制。

三、回归分析

本书借助统计分析软件Stata12.1，采用层级回归的方法对上文提出的各假设进行检验。本章将先对计量模型估计过程做简单说明，然后再报告主效应（董事会断裂带对创业导向的负向影响）以及两个调节变量（董事会成员交叉任期、董事长职能背景广泛性）对主效应的调节作用的回归分析结果。

（一）模型估计

对于"大N小T型"的短面板数据，研究者需要在混合OLS模型、固定效应模型和随机效应模型之间进行选择。首先，根据沃尔德F检验结果在混合OLS模型和固定效应模型之间进行选择；其次，根据拉格朗日乘子检验结果在随机效应模型与混合OLS模型之间进行选择；最后，根据Hausman检验的结果在固定效应与随机效应模型中进行选择。另外，对于可能存在的截面相关问题，通过Pesaran检验来检验。

（二）主效应回归分析

模型一是基准模型，检验的是本书中所有控制变量与因变量创业导向之间的关系。如前文所述，在报告模型一的回归分析结果之前，本书首先对模型一进行了沃尔德F检验、拉格朗日乘子检验和Hausman检验，以确定最优的模型估计方法，检验结果如表4-4所示。由表可以看出，模型一的沃尔德F检验统计量为10.96，P<0.001，高度拒绝了原假设，因此在混合OLS模型和固定效应模型之间应选择固定效应模型。模型一的拉格朗日乘子检验统计量为543.32，P<0.001，高度拒绝了原假设，因此在混合OLS模型与随机效应模型之间应选择随机效应模型。模型一的Hausman检验统计量为5.36，P=0.6165，因此应接受原假设，选择随机效应模型。综上，模型一应选择随机效应模型进行估计。

表4-4 模型一的估计模型检验结果

检验方法	检验对象	模型一
Wald Test	统计量	10.96
	P值	0.0000
LM Test	统计量	543.32
	P值	0.0000

续表

检验方法	检验对象	模型一
Hausman Test	统计量	5.36
	P 值	0.6165

资料来源：笔者绘制。

在确定采用随机效应模型进行估计后，仍需进一步检验模型是否存在截面相关问题。本书通过 Pesaran 检验来检验模型可能存在的截面相关问题。本书报告了模型一的 Pesaran 截面相关检验结果，具体如表 4-5 所示。由表 4-5 可以看出，模型一在该项检验中的统计量为 4.642，P<0.001，高度拒绝了原假设，说明模型一存在截面相关问题。因此，为规避截面相关问题，表 4-6 所报告的标准误是经过聚类稳健调整后的标准误。

表 4-5　模型一的截面相关检验结果

检验对象	模型一
统计量	4.642
P 值	0.0000

资料来源：笔者绘制。

本书报告了模型一的回归分析结果，具体如表 4-6 所示。模型一只包括控制变量和因变量。由表 4-6 可以看出，在不加入自变量和调节变量的情况下，控制变量中只有企业规模（Lnassets）与创业导向（EO）显著负相关（b=-0.287，P<0.05）。

表 4-6　模型一的回归分析结果

变量	模型一
自变量	
Fau	
调节变量	
Overlap	
Bcfunc	

续表

变量	模型一
交互项	
Fau×Overlap	
Fau×Bcfunc	
控制变量	
Dua	−0.080
	(0.114)
Idratio	−0.558
	(0.343)
Ownership	0.371
	(0.272)
Firmage	−0.032
	(0.031)
Lnassets	−0.287**
	(0.131)
Lnbsize	0.279
	(0.394)
Bstock	1.233
	(0.781)
常数项	
Constant	5.687*
	(2.928)
Rho	0.677
R^2（overall）	0.108
Wald	44.57
Prob>$\chi2$	0

注：＊＊＊p 表示<0.01，＊＊表示 p<0.05，＊表示 p<0.1；括号内为聚类稳健标准误。

资料来源：笔者绘制。

模型二在模型一的基础上加入了自变量董事会断裂带，以检验主效应是否成立。本书对模型二重复操作模型一的检验程序，得到表4-7所呈现的分析结果。由表4-7可知，模型二的沃尔德 F 检验统计量为 11.56，P<0.001，高度拒绝了

原假设，因此在混合 OLS 模型和固定效应模型之间应选择固定效应模型。模型二的拉格朗日乘子检验统计量为 560.29，P<0.001，高度拒绝了原假设，因此在混合 OLS 模型与随机效应模型之间应选择随机效应模型。模型二的 Hausman 检验统计量为 7.93，P=0.4403，因此应接受原假设，选择随机效应模型。综上，模型二应选择随机效应模型进行估计。

表 4-7　模型二的估计模型检验结果

检验方法	检验值	模型二
Wald Test	统计量	11.56
	P 值	0.0000
LM Test	统计量	560.29
	P 值	0.0000
Hausman Test	统计量	7.93
	P 值	0.4403

资料来源：笔者绘制。

本书报告了模型二的 Pesaran 截面相关检验结果，具体如表 4-8 所示。由表 4-8 可以看出，模型二在该项检验中的统计量为 3.115，P<0.05，拒绝了原假设，说明模型二存在截面相关问题。因此，为规避截面相关问题，表 4-9 所报告的标准误是经过聚类稳健调整后的标准误。

表 4-8　模型二的截面相关检验结果

检验对象	模型二
统计量	3.115
P 值	0.0018

资料来源：笔者绘制。

本书报告了模型二的回归分析结果，具体如表 4-9 所示。假设 4-1 提出，董事会断裂带与创业导向负相关。模型二的回归分析结果显示，在小于 1% 的水平上，董事会断裂带（Fau）对创业导向（EO）具有显著的负向影响（b=-1.789，P<0.01），因此假设 4-1 得到支持。

表 4-9 模型二的回归分析结果

变量	模型一	模型二
自变量		
Fau		−1.789***
		(0.370)
调节变量		
Overlap		
Bcfunc		
交互项		
Fau×Overlap		
Fau×Bcfunc		
控制变量		
Dua	−0.080	−0.060
	(0.114)	(0.109)
Idratio	−0.558	−0.532*
	(0.343)	(0.309)
Ownership	0.371	0.383
	(0.272)	(0.262)
Firmage	−0.032	−0.024
	(0.031)	(0.031)
Lnassets	−0.287**	−0.208
	(0.131)	(0.127)
Lnbsize	0.279	0.212
	(0.394)	(0.385)
Bstock	1.233	1.088
	(0.781)	(0.707)
常数项		
Constant	5.687*	5.464**
	(2.928)	(2.749)
Rho	0.677	0.691
R^2 (overall)	0.108	0.124
Wald	44.57	75.14
Prob>χ2	0	0

注：***表示 $p<0.01$，**表示 $p<0.05$，*表示 $p<0.1$；括号内为聚类稳健标准误。

资料来源：笔者绘制。

（三）调节效应回归分析

模型三在模型二的基础上加入了本书中的两个调节变量。同上，本书先分别进行了沃尔德 F 检验、拉格朗日乘子检验和 Hausman 检验，以确定模型估计方法，检验结果如表 4-10 所示。由表 4-10 可知，模型三的沃尔德 F 检验统计量为11.48，P<0.001，高度拒绝了原假设，因此在混合 OLS 模型和固定效应模型之间应选择固定效应模型。模型三的拉格朗日乘子检验统计量为 542.37，P<0.001，高度拒绝了原假设，因此在混合 OLS 模型与随机效应模型之间应选择随机效应模型。模型三的 Hausman 检验统计量为 15.00，P=0.1322，因此应接受原假设，选择随机效应模型。综上，模型三应选择随机效应模型进行估计。

表 4-10　模型三的估计模型检验结果

检验方法	检验值	模型三
Wald Test	统计量	11.48
	P 值	0.0000
LM Test	统计量	542.37
	P 值	0.0000
Hausman Test	统计量	15.00
	P 值	0.1322

资料来源：笔者绘制。

本书报告了模型三的 Pesaran 截面相关检验结果，具体如表 4-11 所示。由表4-11 可以看出，模型三在该项检验中的统计量为 3.401，P<0.001，高度拒绝了原假设，说明模型三存在截面相关问题。因此，为规避截面相关问题，表 4-12所报告的标准误是经过聚类稳健调整后的标准误。

表 4-11　模型三的截面相关检验结果

检验对象	模型二
统计量	3.401
P 值	0.0007

资料来源：笔者绘制。

本书报告了模型三的回归分析结果，具体如表4-12所示。

表4-12　模型三的回归分析结果

变量	模型一	模型二	模型三
自变量			
Fau		-1.789^{***} （0.370）	-1.850^{***} （0.369）
调节变量			
Overlap			-0.005 （0.004）
Bcfunc			0.389^{*} （0.200）
交互项			
Fau×Overlap			
Fau×Bcfunc			
控制变量			
Dua	-0.080 （0.114）	-0.060 （0.109）	-0.032 （0.109）
Idratio	-0.558 （0.343）	-0.532^{*} （0.309）	-0.527^{*} （0.305）
Ownership	0.371 （0.272）	0.383 （0.262）	0.397 （0.258）
Firmage	-0.032 （0.031）	-0.024 （0.031）	-0.022 （0.031）
Lnassets	-0.287^{**} （0.131）	-0.208 （0.127）	-0.238^{*} （0.130）
Lnbsize	0.279 （0.394）	0.212 （0.385）	0.240 （0.377）
Bstock	1.233 （0.781）	1.088 （0.707）	1.141 （0.722）
常数项			
Constant	5.687^{*} （2.928）	5.464^{**} （2.749）	6.078^{**} （2.748）

续表

变量	模型一	模型二	模型三
Rho	0.677	0.691	0.687
R^2（overall）	0.108	0.124	0.122
Wald	44.57	75.14	84.84
Prob>χ2	0	0	0

注：＊＊＊表示 $p<0.01$，＊＊表示 $p<0.05$，＊表示 $p<0.1$；括号内为聚类稳健标准误。

资料来源：笔者绘制。

1. 董事会成员交叉任期的调节效应检验

模型四在模型三的基础上加入了董事会断裂带与董事会成员交叉任期的交叉项，以检验董事会成员交叉任期是否对主效应具有调节作用。同上，本书先分别进行了沃尔德 F 检验、拉格朗日乘子检验和 Hausman 检验，以确定模型估计方法，检验结果如表 14-13 所示。由表 4-13 可知，模型四的沃尔德 F 检验统计量为 11.77，P<0.001，高度拒绝了原假设，因此在混合 OLS 模型和固定效应模型之间应选择固定效应模型。模型四的拉格朗日乘子检验统计量为 547.68，P<0.001，高度拒绝了原假设，因此在混合 OLS 模型与随机效应模型之间应选择随机效应模型。模型四的 Hausman 检验统计量为 16.75，P=0.1156，因此应接受原假设，选择随机效应模型。综上，模型四应选择随机效应模型进行估计。

表4-13　模型四的估计模型检验结果

检验方法	检验值	模型四
Wald Test	统计量	11.77
Wald Test	P 值	0.0000
LM Test	统计量	547.68
LM Test	P 值	0.0000
Hausman Test	统计量	16.75
Hausman Test	P 值	0.1156

资料来源：笔者绘制。

本书报告了模型四的 Pesaran 截面相关检验结果，具体如表 4-14 所示。由表 4-14 可以看出，模型四在该项检验中的统计量为 2.535，P<0.05，拒绝了原假

设，说明模型四存在截面相关问题。因此，为规避截面相关问题，表4-15所报告的标准误是经过聚类稳健调整后的标准误。

表4-14 模型四的截面相关检验结果

检验对象	模型四
统计量	2.535
P 值	0.0113

资料来源：笔者绘制。

表4-15 模型四的回归分析结果

变量	模型一	模型二	模型三	模型四
自变量				
Fau		-1.789^{***} （0.370）	-1.850^{***} （0.369）	-1.869^{***} （0.387）
调节变量				
Overlap			-0.005 （0.004）	-0.005 （0.004）
Bcfunc			0.389^{*} （0.200）	0.386^{*} （0.197）
交互项				
Fau×Overlap				0.055^{**} （0.023）
Fau×Bcfunc				
控制变量				
Dua	-0.080 （0.114）	-0.060 （0.109）	-0.032 （0.109）	-0.042 （0.109）
Idratio	-0.558 （0.343）	-0.532^{*} （0.309）	-0.527^{*} （0.305）	-0.513 （0.315）
Ownership	0.371 （0.272）	0.383 （0.262）	0.397 （0.258）	0.353 （0.252）

续表

变量	模型一	模型二	模型三	模型四
Firmage	−0.032 (0.031)	−0.024 (0.031)	−0.022 (0.031)	−0.023 (0.031)
Lnassets	−0.287** (0.131)	−0.208 (0.127)	−0.238* (0.130)	−0.235* (0.129)
Lnbsize	0.279 (0.394)	0.212 (0.385)	0.240 (0.377)	0.175 (0.373)
Bstock	1.233 (0.781)	1.088 (0.707)	1.141 (0.722)	1.196* (0.713)
常数项				
Constant	5.687* (2.928)	5.464** (2.749)	6.078** (2.748)	6.168** (2.732)
Rho	0.677	0.691	0.687	0.692
R^2（overall）	0.108	0.124	0.122	0.121
Wald	44.57	75.14	84.84	81.50
Prob>χ2	0	0	0	0

注：***表示 $p<0.01$，**表示 $p<0.05$，*表示 $p<0.1$；括号内为聚类稳健标准误。

资料来源：笔者绘制。

假设4-2提出，董事会成员交叉任期对董事会断裂带和创业导向之间的关系具有正向调节作用。模型四的回归分析结果显示，在5%的水平上，董事会断裂带（Fau）与董事会成员交叉任期（Overlap）的交叉乘积项（Fau×Overlap）对创业导向具有显著的正向影响（b=0.055，P<0.05），因此假设4-2得到支持。

2. 董事长职能背景广泛性的调节效应检验

模型五在模型三的基础上加入了董事会断裂带与董事会成员交叉任期的交叉项，以检验董事会成员交叉任期是否对主效应具有调节作用。同上，本书先分别进行了沃尔德F检验、拉格朗日乘子检验和 Hausman 检验，以确定模型估计方法，检验结果如表4-16所示。由表4-16可知，模型五的沃尔德F检验统计量为11.54，P<0.001，高度拒绝了原假设，因此在混合 OLS 模型和固定效应模型之间应选择固定效应模型。模型五的拉格朗日乘子检验统计量为542.74，P<

0.001，高度拒绝了原假设，因此在混合 OLS 模型与随机效应模型之间应选择随机效应模型。模型五的 Hausman 检验统计量为 15.65，P = 0.1546，因此应接受原假设，选择随机效应模型。综上，模型五应选择随机效应模型进行估计。

表 4-16 模型五的估计模型检验结果

检验方法	检验值	模型五
Wald Test	统计量	11.54
	P 值	0.0000
LM Test	统计量	542.74
	P 值	0.0000
Hausman Test	统计量	15.65
	P 值	0.1546

资料来源：笔者绘制。

本书报告了模型五的 Pesaran 截面相关检验结果，具体如表 4-17 所示。由表 4-17 可以看出，模型五在该项检验中的统计量为 3.148，P<0.05，拒绝了原假设，说明模型五存在截面相关问题。因此，为规避截面相关问题，表 4-18 所报告的标准误是经过聚类稳健调整后的标准误。

表 4-17 模型五的截面相关检验结果

检验对象	模型四
统计量	3.148
P 值	0.0016

资料来源：笔者绘制。

表 4-18 模型五的回归分析结果

变量	模型一	模型二	模型三	模型五
自变量				
Fau		-1.789^{***}	-1.850^{***}	-2.343^{***}
		(0.370)	(0.369)	(0.438)
调节变量				

续表

变量	模型一	模型二	模型三	模型五
Overlap			−0.005	−0.006
			(0.004)	(0.004)
Bcfunc			0.389*	0.435**
			(0.200)	(0.207)
交互项				
Fau×Overlap				
Fau×Bcfunc				1.578**
				(0.644)
控制变量				
Dua	−0.080	−0.060	−0.032	−0.045
	(0.114)	(0.109)	(0.109)	(0.108)
Idratio	−0.558	−0.532*	−0.527*	−0.468
	(0.343)	(0.309)	(0.305)	(0.330)
Ownership	0.371	0.383	0.397	0.399
	(0.272)	(0.262)	(0.258)	(0.251)
Firmage	−0.032	−0.024	−0.022	−0.020
	(0.031)	(0.031)	(0.031)	(0.031)
Lnassets	−0.287**	−0.208	−0.238*	−0.241*
	(0.131)	(0.127)	(0.130)	(0.128)
Lnbsize	0.279	0.212	0.240	0.310
	(0.394)	(0.385)	(0.377)	(0.372)
Bstock	1.233	1.088	1.141	1.245*
	(0.781)	(0.707)	(0.722)	(0.712)
常数项				
Constant	5.687*	5.464**	6.078**	6.292**
	(2.928)	(2.749)	(2.748)	(2.702)
Rho	0.677	0.691	0.687	0.690
R^2（overall）	0.108	0.124	0.122	0.125
Wald	44.57	75.14	84.84	90.59
Prob>χ2	0	0	0	0

注：＊＊＊表示 $p<0.01$，＊＊表示 $p<0.05$，＊表示 $p<0.1$；括号内为聚类稳健标准误。

资料来源：笔者绘制。

假设4-3提出，董事长职能背景广泛性对董事会断裂带和创业导向之间的关系具有正向调节作用。模型五的回归分析结果显示，在5%的水平上，董事会断裂带（Fau）与董事长职能背景广泛性（Bcfunc）的交叉乘积项（Fau×Bcfunc）对创业导向具有显著的正向影响（b=1.578，P<0.05），因此假设4-3得到支持。

模型六放入了本书中涉及的所有变量，以同时检验三个假设。同上，本书先分别进行了沃尔德F检验、拉格朗日乘子检验和Hausman检验，以确定模型估计方法，检验结果如表4-19所示。由表4-19可知，模型六的沃尔德F检验统计量为11.93，P<0.001，高度拒绝了原假设，因此在混合OLS模型和固定效应模型之间应选择固定效应模型。模型六的拉格朗日乘子检验统计量为547.35，P<0.001，高度拒绝了原假设，因此在混合OLS模型与随机效应模型之间应选择随机效应模型。模型六的Hausman检验统计量为19.12，P=0.0857，因此应接受原假设，选择随机效应模型。综上，模型六应选择随机效应模型进行估计。

表4-19　模型六的估计模型检验结果

检验方法	检验值	模型六
Wald Test	统计量	11.93
	P值	0.0000
LM Test	统计量	547.35
	P值	0.0000
Hausman Test	统计量	19.12
	P值	0.0857

资料来源：笔者绘制。

本书报告了模型六的Pesaran截面相关检验结果，具体如表4-20所示。由表4-20可以看出，模型六在该项检验中的统计量为2.566，P<0.05，拒绝了原假设，说明模型六存在截面相关问题。因此，为规避截面相关问题，表4-21所报告的标准误是经过聚类稳健调整后的标准误。

表4-20　模型六的截面相关检验结果

检验对象	模型六
统计量	2.566
P值	0.0103

资料来源：笔者绘制。

表 4-21　模型六的回归分析结果

变量	模型一	模型二	模型三	模型六
自变量				
Fau		-1.789^{***} （0.370）	-1.850^{***} （0.369）	-2.396^{***} （0.460）
调节变量				
Overlap			-0.005 （0.004）	-0.005 （0.004）
Bcfunc			0.389^{*} （0.200）	0.436^{**} （0.204）
交互项				
Fau×Overlap				0.058^{***} （0.022）
Fau×Bcfunc				1.680^{**} （0.688）
控制变量				
Dua	-0.080 （0.114）	-0.060 （0.109）	-0.032 （0.109）	-0.056 （0.107）
Idratio	-0.558 （0.343）	-0.532^{*} （0.309）	-0.527^{*} （0.305）	-0.450 （0.342）
Ownership	0.371 （0.272）	0.383 （0.262）	0.397 （0.258）	0.352 （0.244）
Firmage	-0.032 （0.031）	-0.024 （0.031）	-0.022 （0.031）	-0.021 （0.031）
Lnassets	-0.287^{**} （0.131）	-0.208 （0.127）	-0.238^{*} （0.130）	-0.237^{*} （0.127）
Lnbsize	0.279 （0.394）	0.212 （0.385）	0.240 （0.377）	0.247 （0.366）
Bstock	1.233 （0.781）	1.088 （0.707）	1.141 （0.722）	1.310^{*} （0.700）
常数项				
Constant	5.687^{*} （2.928）	5.464^{**} （2.749）	6.078^{**} （2.748）	6.397^{**} （2.682）

续表

变量	模型一	模型二	模型三	模型六
Rho	0.677	0.691	0.687	0.696
R^2（overall）	0.108	0.124	0.122	0.125
Wald	44.57	75.14	84.84	87.40
Prob>X2	0	0	0	0

注： ＊＊＊ 表示 p<0.01， ＊＊ 表示 p<0.05， ＊ 表示 p<0.1；括号内为聚类稳健标准误。

资料来源：笔者绘制。

模型六的回归分析结果显示：董事会断裂带（Fau）的回归系数为-2.396，且在1%的水平上显著；董事会断裂带（Fau）与董事会成员交叉任期（Overlap）的交叉乘积项（Fau×Overlap）的回归系数为0.058，且在1%的水平上显著；董事会断裂带（Fau）与董事长职能背景广泛性（Bcfunc）的交叉乘积项（Fau×Bcfunc）的回归系数为1.680，且在5%的水平上显著。上述结果再次支持了本章的三个假设（H4-1、H4-2、H4-3）。

为直观展示董事会成员交叉任期与董事长职能背景广泛性对主效应的调节作用，本书依据模型四和模型五的回归分析结果绘制了调节效应图，具体如图4-3和图4-4所示。

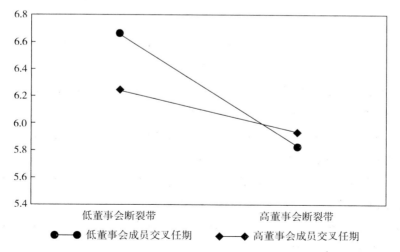

图4-3 董事会成员交叉任期对董事会断裂带与创业导向之间关系的调节作用

资料来源：笔者绘制。

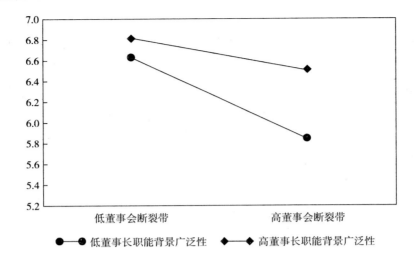

图 4-4　董事长职能背景广泛性对董事会断裂带与创业导向之间关系的调节作用

资料来源：笔者绘制。

四、稳健性检验

为检验上述结果的稳健性，本书根据 Meyer 等（2013）开发的 ASW 指数重新操作董事会断裂带，并替代 Fau 指数进行回归分析，回归分析结果如表 4-22 所示。

假设 4-1 提出，董事会断裂带与创业导向负相关。模型二中，ASW 指数与创业导向在 1% 的水平上负相关（b = -1.697，P < 0.01），因此假设 4-1 得到支持。

假设 4-2 提出，董事会成员交叉任期对董事会断裂带和创业导向之间的关系具有正向调节作用。模型四中，ASW 指数与董事会成员交叉任期（Overlap）的交叉乘积项（ASW×Overlap）对创业导向（EO）具有显著的正向影响（b = 0.050，P < 0.05），因此假设 4-2 得到支持。

假设 4-3 提出，董事长职能背景广泛性对董事会断裂带和创业导向之间的关系具有正向调节作用。模型五中，ASW 指数与董事长职能背景广泛性（Bcfunc）的交叉乘积项（ASW×Bcfunc）对创业导向（EO）具有显著的正向影响（b = 1.866，P < 0.01），因此假设 4-3 得到支持。

由此可见，表 4-22 所展示的检验结果与本章前文所列示的分析结果基本一致，据此本书认为本章的统计结果具有稳健性。

表 4-22 稳健性检验结果

变量	模型一	模型二	模型三	模型四	模型五	模型六
自变量						
ASW		-1.697^{***}	-1.792^{***}	-1.839^{***}	-2.355^{***}	-2.421^{***}
		(0.407)	(0.420)	(0.444)	(0.442)	(0.469)
调节变量						
Overlap			-0.006	-0.005	-0.006	-0.005
			(0.004)	(0.004)	(0.004)	(0.004)
Bcfunc			0.393^{*}	0.395^{**}	0.447^{**}	0.449^{**}
			(0.202)	(0.201)	(0.209)	(0.210)
交互项						
ASW×Overlap				0.050^{**}		0.049^{**}
				(0.022)		(0.020)
ASW×Bcfunc					1.866^{***}	1.852^{**}
					(0.685)	(0.772)
控制变量						
Dua	-0.080	-0.065	-0.035	-0.043	-0.049	-0.057
	(0.114)	(0.110)	(0.109)	(0.109)	(0.108)	(0.107)
Idratio	-0.558	-0.575^{*}	-0.571^{*}	-0.592^{*}	-0.493	-0.515
	(0.343)	(0.308)	(0.305)	(0.306)	(0.341)	(0.342)
Ownership	0.371	0.429^{*}	0.445^{*}	0.411	0.442^{*}	0.408^{*}
	(0.272)	(0.261)	(0.256)	(0.253)	(0.250)	(0.247)
Firmage	-0.032	-0.026	-0.024	-0.025	-0.021	-0.022
	(0.031)	(0.031)	(0.031)	(0.031)	(0.031)	(0.031)
Lnassets	-0.287^{**}	-0.206	-0.235^{*}	-0.226^{*}	-0.245^{*}	-0.236^{*}
	(0.131)	(0.131)	(0.133)	(0.132)	(0.131)	(0.130)
Lnbsize	0.279	0.609	0.657^{*}	0.640	0.730^{*}	0.713^{*}
	(0.394)	(0.402)	(0.395)	(0.391)	(0.392)	(0.387)
Bstock	1.233	1.163^{*}	1.226^{*}	1.292^{*}	1.321^{*}	1.387^{**}
	(0.781)	(0.706)	(0.720)	(0.710)	(0.707)	(0.696)
常数项						
Constant	5.687^{*}	4.256	4.836^{*}	3.321	3.370	3.256
	(2.928)	(2.887)	(2.873)	(2.995)	(2.959)	(2.947)

续表

变量	模型一	模型二	模型三	模型四	模型五	模型六
Rho	0.677	0.691	0.688	0.693	0.692	0.698
R^2（overall）	0.108	0.116	0.112	0.115	0.116	0.119
Wald	44.57	68.56	79.40	74.62	89.49	84.65
Prob>X^2	0	0	0	0	0	0

注：＊＊＊表示 $p<0.01$，＊＊表示 $p<0.05$，＊表示 $p<0.1$；括号内为聚类稳健标准误。

资料来源：笔者绘制。

第四节　讨论与结论

在新一轮技术革命蓬勃兴起和全球化进程快速推进的大背景下，一股强劲的创业浪潮正在席卷全球。中国作为新兴经济体的典型代表，无论是政府还是民间，都对创业活动给予了更加殷切的关注。与之相对应，学术界对创业研究的重视程度也与日俱增。学者们在探索个体创业规律的同时，也将目光集中于企业层面的创业研究，"公司创业"因此成了一个极其重要的研究领域。创业导向作为该领域的核心构念之一，亦成为创业研究领域的学者们热议的话题。创业导向对企业绩效的促进作用，此观点已在学术界基本达成共识，在此背景下，本章综合运用高阶梯队理论和群体断裂带理论对创业导向的前置因素进行了新的探究：首先，通过文献分析明确了理论缺口；其次，围绕董事会断裂带与创业导向的关系，以及两种行为整合机制（董事会成员交叉任期、董事长职能背景广泛性）对"董事会断裂带—创业导向"关系的调节效应构建了理论模型；再次，运用上市公司数据（特别是手动收集的董事会断裂带数据）进行了变量计算和理论模型的实证检验，得到了有意义的结论；最后，针对研究结果展开了讨论，并且陈述了理论贡献、实践启示、研究局限和未来展望等。

一、研究结果讨论

多项研究发现，断裂带与企业的创新创业活动负相关。Tuggle 等（2010）实证研究发现，董事会断裂带所引起的分裂导致了董事会中子群体之间沟通频率和效率的下降，致使董事会减少了创业问题的讨论时间。潘清泉等（2015）研究发现，高管团队中的任务相关断裂带通过制造分歧使得高管团队的信息处理能力大幅下降，因而不利于企业进行国际化战略决策。赵丙艳等（2016）研究发现，高管团队断裂带的存在会放大我国"圈子"文化对组织凝聚力的破坏性作用，导致团队内冲突加剧，进而负向影响企业的创新绩效。与这类研究发现一致，本章的研究结果表明，董事会断裂带对创业导向具有显著的负向影响，说明董事会成员在多个属性维度上的过大差异将直接影响董事会功能的正常发挥，进而导致企业在创业问题上的消极决策。这一发现印证了断裂带不仅会影响群体层面的结果，而且对组织层面的结果变量也存在消极影响（Thatcher and Patel，2012）。

Barkema 和 Shvyrkov（2007）以 25 家荷兰大型企业为样本的实证研究发现，高管团队成员的共事经历有助于增进成员相互间的了解和信任，使得断裂带所导致的子群体间的明确界限变得模糊，子群体间的信息分享和合作行为逐渐增多，最终有利于企业在地理范围上进行更积极的拓展。Chen 等（2017）研究发现，董事会成员的共事经历有助于更好地整合董事会的人力资本和社会资本，进而能够推动企业的国际化进程。与此结论基本一致，本书的实证研究结果显示，董事会成员的交叉任期能够正向调节董事会断裂带与创业导向之间的关系，验证了以共事经历为基础的人际互动有利于增强团队凝聚力、整合董事会资本这一观点的合理性（Chen and Nadkarni，2017）。

李小青和周建（2014）以我国沪深 300 成分股上市公司为样本的实证研究发现，职业经历丰富的"多面手"董事长能够作为纽带联结起隶属不同子群体的董事会成员，促进董事会战略决策资源的整合，弱化群体断裂带对企业战略绩效的消极影响。与之类似，本书的实证结果表明，董事长职能背景广泛性能够正向调节董事会断裂带与创业导向之间的关系。这一发现表明，职能背景除了能够通过塑造高管认知模式直接影响企业的战略选择（Menz，2012），还可以作为重要的情境变量调节董事会构成特征与企业战略导向之间的关系。

二、理论贡献

本章的理论贡献主要包括以下五个方面：

第一，本章从一个崭新的视角——董事会断裂带揭示了创业导向的动力机制，丰富了创业导向前因的研究。以往有关创业导向的研究聚焦于组织层面和个体层面因素的影响，对团队层面因素特别是董事会断裂带与创业导向之间关系的探讨还不多见（Wincent et al.，2014）。在屈指可数的相关文献中，研究者通常聚焦于董事会成员的某一维度，而不考虑不同维度之间的交互影响，进而得出冲突的结论（王海珍等，2009）。本书强调用群体断裂带概念，突破了以往研究只检验单一特征异质性的做法，综合考虑了四个与战略任务高度相关的人员特征，构造了断裂带指数并用其预测企业的创业导向，得到了有意义的结论和发现。这在创业导向前因的研究中具有创新意义。

第二，本章通过将群体断裂带理论延伸到创业导向领域，扩大了这一理论的解释范围和应用范围。回顾以往的文献，前人对断裂带影响效应的研究大都集中在企业绩效或团队绩效上，而较少关注断裂带对企业决策和行为的影响。在少数研究断裂带与企业决策和行为之间关系的文献中，与创业相关，尤其是公司创业相关的文献则更加稀少。在仅有的几项关于创业的研究中，学者们主要以创新绩效（赵丙艳等，2016）、创新战略（卫武、易志伟，2017）、跨国并购（李维安等，2014）、董事会对创业问题的讨论（Tuggle et al.，2010）等较为笼统的概念作为因变量，因此未能从群体断裂带视角对创业问题进行深入分析。本书以公司创业领域的重要概念之一———创业导向作为主要研究对象，探索了群体断裂带与创业导向这一具体的战略决策之间的关系，有效弥补了相关研究的不足。

第三，本章在分析检验董事会断裂带与创业导向之间关系的基础上，还对影响这一关系的具体情境进行了初步探索。前人在断裂带相关研究中大多将注意力集中于主效应的分析上，对重要的情境变量考虑较少（韩立丰等，2010）。本章则分别从董事长个人特征以及董事会成员任期特征两个角度识别影响董事会断裂带与创业导向关系的重要调节变量，探索了理论的边界条件，有助于形成对董事会断裂带与创业导向两者关系更为全面的认识。

第四，本章还通过具体探讨行为整合的实现机制丰富了高阶梯队理论。以往的高管团队研究主要基于心理学结合群体研究的理论成果考察高管或董事会成员间的异质性对一系列结果变量的影响。在探索主效应的基础上，后续研究进一步探讨高管的工作压力、自主裁量和行为整合等情境因素对主效应的调节效应，然而有关上述因素的具体实现形式还缺乏充分的讨论。本章围绕行为整合的核心意义，选择并验证了董事成员的交叉任期和董事长的职能背景广泛性两个具体的行为整合机制，从而丰富了高阶梯队理论，对未来研究具有一定的参考价值。

第五，本章采用新的测量方式对创业导向进行量化操作，是对创业导向传统的问卷测量方式的有益补充。目前，学者们测量企业创业导向的主流方法仍然是采用 Covin 和 Slevin 于 1989 年开发的量表，即以少数企业高管人员为调查对象，通过问卷调查的方法对创业导向进行量化。在该量表被提出之后的近三十年中，不断有学者对其适用性提出质疑（Covin and Miller，2014）。例如，Wiklund（1999）发现，该量表中同时包括了测量企业过往行为的条目和当前管理态度的条目，而这或许正是学者们在"是否存在不同类型的创业导向构念"这一问题上无法达成共识的原因。再如，Brown 等（2001）指出，Covin 和 Slevin 的量表同时对态度和自我报告的过往行为进行测量是不恰当的。因此，一些学者提议采用新的、更加客观的方法测量创业导向（Anderson et al.，2015；Gupta and Wales，2017）。为响应以上号召，本章参考 Miller 和 Le Breton-Miller（2011）利用二手数据测量创业导向的方法，结合我国上市公司特定的信息披露特点，选取了能够反映企业实际经营状况的财务指标对创业导向的三个维度进行量化，为后续学者在中国情境下测量创业导向提供了新的思路。

三、实践启示

本章也具有重要的实践启示。就公司治理结构而言，董事会不仅承担着提供创造性思维、分配战略资源和建立外部联系的任务，而且对企业的战略决策具有决定性作用（汪丽等，2006）。董事会功能是否能够正常发挥将对企业的战略导向产生十分重要的影响。本章研究结果对企业通过调整董事会进而提升创业导向具有重要的指导意义。

首先，由于断裂带在一定程度上能够预测董事会的分裂，而董事会的分裂又会导致企业呈现较低程度的创业导向，因此企业所有者、高管人员应对董事会断裂带的破坏性作用保持警惕，力求将董事会断裂带维持在较低的水平。这就要求企业在组建董事会或进行董事会换届选举之前，必须更加全面地考察董事会的人员构成，在提名董事会成员时，不仅要考虑候选人的能力，还要关注他们其他方面的特征。例如，从本章的实证结果来看，董事会成员的职能背景、任期、法定来源、受教育程度有可能构成强度很大的断裂带，进而对公司创业导向产生消极影响。除此之外，考虑到一些研究在测量董事会断裂带或高管团队断裂带时，选取了其他的属性特征进行操作化处理并得出了与本章类似的结论，股东在提名董事时还应将性别、年龄、籍贯、学缘、军队背景、政党身份等诸多因素纳入考察范围。股东应综合权衡各候选人在上述特征上的差异程度，避免董事会内部形成过度同质的小团体，力求在获得董事会成员多元化正面效应的同时最大化地形成董事会作为一个整体的凝聚力。

其次，董事会断裂带的负面作用并非一成不变的，而是会随着董事会成员共事时间的增加而减弱。共事时间越长，相互之间的接触和互动越多，相互之间的了解越深入，董事会断裂带所引起的社会分类越可能被弱化。这时，董事会中的每个成员依据特定的属性特征对其他人所进行的身份界定将变得模糊，大家更倾向于将董事会视为一个拥有共同目标的整体。因此，应尽量保持董事会的稳定性，避免频繁更换董事，以增加董事会成员间沟通交流的机会，减弱断裂带的负面影响。

最后，当董事会断裂带过高进而阻碍创业导向的提升时，也可以通过一些方法来消弭断裂带的不良影响。董事会断裂带能够负向影响创业导向，主要是因为不同子群体中的董事会成员会根据显性的个人特征对自己和他人进行社会分类，进而使不同子群体间产生偏见，加剧了董事会内部产生的关系冲突、任务冲突和过程冲突，最终使得创业决策无法在董事会内部达成共识，创业活动也难以有效展开。因此，必须通过各种整合机制破除来自晕轮效应的不当偏见，提升董事会成员对于董事会作为一个整体的认同感，增强董事会的凝聚力。本章的实证结果显示，董事长职能背景的广泛性对董事会断裂带和创业导向之间的负相关关系具有正向调节作用。这提示企业所有者和决策者可以通过任命具有多种职能背景的董事长来充当不同子群体间的"黏合剂"，促进这些子群体在创业问题上的沟通与协作。

四、研究局限

不可避免地，本章中的研究也存在一些不足之处，这些不足之处也为未来研究指明了方向。

第一，研究样本取自单一行业的上市公司，因此相关研究结论对其他行业的企业以及非上市企业是否具有普适性，仍有待未来研究进一步验证。后续研究可针对某一类型企业，如大型企业、中小型企业、跨国企业、家族企业等，进行具体分析。

第二，研究数据主要是二手数据，因此采用这些数据对董事会断裂带和创业导向进行测量具有一定的局限性。首先，本章以上市公司年报中的董事个人信息为基础对董事会断裂带进行了量化处理，受信息来源所限，无法对一些可能构成断裂带的主观层面的个人属性（如个人能力、心理特征、性格特征等）进行测量。未来研究可结合问卷调查法，进一步探讨不同构成的断裂带对公司创业导向的影响。其次，本章采取相应的企业财务数据对创业导向进行了测量，虽然比问卷调查的数据搜集方法更加客观、准确，但是只能反映企业过往经营活动所反映出的创业倾向性，无法直接考察决策层对创业活动的态度，也无法对企业的创业导向进行动态预测。后续研究可采用文本分析方法——CATA（Computer-Aided Textual Analysis），并结合相关软件对创业导向进行测量。

第三，本章对影响董事会断裂带与创业导向二者关系的权变因素的探索仅限于个体层面和组织层面，未来研究可在更高的研究层面（如行业竞争环境和制度环境）上展开研究。此外，有学者指出，创业导向在企业内的推行是一个贯穿于高层管理者、中层管理者和基层员工各个管理层级的过程（Wales et al.，2011）。因此，未来研究也有必要将研究对象拓展到高管团队或董事会以外的管理层级。

五、研究展望

关于董事会断裂带和创业导向，还有很多值得思考的理论问题有待后续学者继续深入探索。

第一，深入探究构成群体断裂带的属性特征。Lau 和 Murnighan（2005）对断裂带的概念描述虽然是很明确的，但其具体构成却有着很大的灵活性。早期的群体断裂带研究者主要关注的是群体成员的人口统计特征，如性别、年龄、种族、民族等，但由这些最表层的特征所构成的断裂带是否能够在企业的实际工作环境中导致成员间产生隔阂，也就是说，这些特征构成的断裂带是否能反映群体成员真实的聚合状态，无疑是值得商榷的。因此，一些学者在对群体断裂带进行测量时，在上述某些人口统计特征的基础上加入了团队任期、教育水平、职能背景、奖金结构等个人特征（Bezrukova and Jehn，2002；Gibson and Vermeulen，2003），希望从不同角度捕捉到成员多方面的属性以准确刻画群体断裂带的强度。同样地，这些不限于人口统计特征的断裂带也难以保证能够对群体内的社会分类过程做出最恰当的描述。毕竟，人类的认知和社会交往都要经历一个极其复杂的过程。此外，还有学者根据构造断裂带的不同特征对断裂带进行了分类（详情见第三章群体断裂带文献综述部分）。针对这种研究思路，笔者持怀疑观点。断裂带是根据多个属性特征构造出的潜在的群体分割线，虽然能够在一定程度上预测群体的分裂状况，但并不代表群体的实际分裂状况。然而大多数学者对断裂带与群体产出之间关系所做的假设正是断裂带能够在一定程度上反映群体的实际分裂状况，更进一步地，这种实际的子群体划分导致了冲突、偏见等消极后果，最终对群体产生不良影响。因此，能够在多大程度上反映群体的实际状态，决定了一种断裂带测量方式的有效性。换言之，对于构造断裂带属性特征的选取是衡量断裂带测量效度的关键因素。若采取按照某种方式首先对个人的属性特征进行分类，再利用不同类型的特征构造断裂带的做法，很可能将一些真正能够对子群体划分产生关键作用的特征排除在断裂带的量化过程之外，因此得到的不同类型的断裂带必然要面临效度是否足够的质疑。

此外，在特定情境下，是否有某些或某个属性特征相较于其他特征对断裂带的构造起到更为关键的作用，也是应当特别注意的问题。例如，跨国团队中的国籍，家族企业高管团队中的家族成员身份，对各自研究情境中断裂带的构造都具有远远大于其他特征的重要性。因此，在特定研究情境中，研究者必须首先识别出这些关键特征，进而充分考虑这些特征在量化断裂带时的权重问题。

综上所述，后续研究者需要根据具体情况对群体断裂带这一概念进行最恰当的操作化处理，以切合实际的研究情境。

第二，进一步探索前置因素作用于创业导向的发生机制。在探明创业导向影响因素的基础上，仍有必要进一步揭示这些因素作用于创业导向的具体机理。通过在研究情境中加入中介变量，我们可以对现有的研究或理论进行整合，进而完整呈现影响因素、中介机制和创业导向之间的因果链条，从而加深我们对创业导向发生机制的理解。然而，目前的研究大多采用"黑箱法"，即识别并检验了影响创业导向的诸多因素，但并未对其作用于创业导向的内在机理进行详细说明。由于大多数创业研究的研究对象都是非实验状态下自然发生的现象，中介效应模型是唯一能够检验创业导向及其驱动因素之间因果链条的手段（Wales et al.，2013a），因此，后续研究有必要在构建理论模型时加入中介变量，对影响因素与创业导向之间的关系做出更详尽的解释，以打开二者之间的"黑箱"。

具体到董事会断裂带与创业导向，笔者认为，特别有必要以团队信任和群体冲突为中介变量，对上述二者间的关系进行深入探究。团队信任是团队成员通过人际互动构建起来的相互信任的认知和体验。作为一种重要的社会资本，团队信任代表了成员对团队和其他成员的肯定程度，是团队合作的基础，对团队成员的态度和行为具有深刻影响。断裂带的存在极有可能会破坏董事会成员间的相互信任，进而负向影响创业导向。群体冲突可划分为关系冲突、任务冲突和过程冲突。其中，关系冲突通常是最具破坏性的，而任务冲突和过程冲突则可能是建设性的。但当董事会存在较强的断裂带时，即使是建设性的冲突也可能会因为子群体间的偏见而转化成破坏性的关系冲突，从而不利于创业导向的提升。总而言之，未来研究有必要充分挖掘具体的作用机制，对董事会断裂带和创业导向的关系作出更细致的解释。

第三，深入探索断裂带对创业导向的动态影响。Lau 和 Murnighan（2005）认为，群体形成初期的断裂带往往由显性化的人口统计特征所构成。断裂带的存在导致群体自然分化成多个子群体，影响成员之间的早期互动。随着群体任务的不断推进，成员间的交流和互动逐渐增多，原来由人口统计特征所构成的断裂带对群体效能的消极作用会逐渐减弱甚至消解，而由更深层的价值倾向特征所构成的断裂带则开始浮现并发生作用。本章的结论也部分地证实了这一观点。此外，群体中新成员的加入和老成员的离开也会对断裂带的构成和作用机制产生很大影响。首先，若新成员人数较多，则新群体中很可能以成员加入时间为基础产生新的断裂带。其次，若新成员人数相较群体总人数只占少数，则新成员会迫于社交压力而加入某一与自己特征相近的子群体（Jackson et al.，1992）。因此，新成员的加入和老成员的离开都会改变子群体的原有规模，进而引起群体内部权力的重新调整。进一步地，随着新成员的加入和老成员的离开，原有断裂带可能不再起到划分子群体的作用，取而代之的是依据构成先前断裂带的属性特征或新的属性特征所划分的新断裂带。

总之，在群体形成和发展的过程中，断裂带的内在构成也因群体成员间的不断互动和群体成员的变化而具有了相当程度的动态性。那么，企业的创业导向是否会随断裂带的不断演化而发生变化？如果会，这样的变化究竟会表现为怎样的具体形式？具体的发生机制又是怎样的？后续研究可围绕这些问题进一步展开探索。

第四，深入探索群体断裂带与其他公司层面创业构念之间的关系。事实上，公司创业领域的多个构念——公司创业、创业导向、战略创业——虽然概念上较为接近，但具体意涵却存在显著的差异，它们指的是公司创业活动的不同方面。公司创业描述的是广泛的企业层面的创业活动，创业导向刻画的是企业对创业活动的偏好与倾向，而战略创业关注的是企业同时以搜寻创业机会和追求竞争优势为目的的创业行为。本章探究了群体断裂带与创业导向之间的关系，但群体断裂带与公司创业、战略创业是否存在联系这一话题至今还未进入相关学者的视线。

因此，有必要分别探讨群体断裂带是否对这些变量具有不同的影响，尤其是近年来逐渐兴起的战略创业研究，还鲜有学者涉足。战略创业研究开始于信息技术革命之后的复杂多变的商业环境中，它将创业和战略管理两个管理学的重要研究领域整合在一起，具有重要的实践和理论意义。战略创业作为企业的重要战略选择，与企业的决策层天然相关，而反映企业决策层内部构成的高管断裂带或董事会断裂带则极有可能会对战略创业行为产生影响。二者之间的关系有待后续研究探明。

在创新驱动和转型升级的背景下，公司创业已成为创业和战略管理领域的重要话题。本章基于高阶梯队理论和断裂带理论，以信息传输、软件和信息技术服务业的 125 家 A 股上市公司为样本，通过对 2012～2015 年面板数据进行分析，从理论上建构并验证了董事会断裂带对创业导向的不利影响（负向影响），以及两种行为整合机制（即董事会成员交叉任期和董事长职能背景广泛性）对二者关系的缓和作用（正向调节效应）。本章通过探讨特定行为整合机制下董事会断裂带与创业导向之间的关系，丰富了有关创业导向前因的研究，通过提出，验证交叉任期和董事长职能背景广泛性这两个具体的行为整合机制，丰富了高阶梯队理论，对企业通过董事会建设提升创业导向具有重要的实践指导意义。

后金融危机时代，我国企业面临严峻的内外竞争环境，而公司创业活动是获取持续竞争优势的重要途径。鉴于创业活动对企业绩效的促进作用已在学界基本达成共识，如何提升企业的创业导向成为理论界和实务界关注的焦点。本章整合了断裂带理论和高阶梯队理论，通过实证研究发现，董事会中出现的断裂带会阻碍企业创业导向的提升，而董事会成员交叉任期和董事长职能背景广泛性作为重要的行为整合机制，能够有效弥合董事会内部的罅隙，并减弱董事会断裂带对创业导向的破坏性作用。本章有助于丰富创业导向、断裂带理论以及高阶梯队理论等文献，对董事会治理和公司创业实践具有实践启示意义。相关学者可在本章的基础上，继续探索不同属性构成的断裂带对创业导向的影响、断裂带作用于创业导向的发生机制、断裂带与创业导向关系的动态演化，以及断裂带与其他公司创业构念的关系，进一步揭示群体断裂带与公司创业的关联关系。

第五章 转型经济背景下民营企业家角色身份、政策注意力与创业导向

第一节 理论分析与假设

一、企业家角色身份与创业导向

有学者认为，创业导向是企业积极参与组织或市场变革的行为倾向（Voss et al.，2005）。Cao 等（2015）提出，我们可以从产品或服务创新、利用超前行动寻求新机会、承担在不确定情况下的投资决策与战略行动的风险三个方面来衡量企业创业意愿的强度（Cao et al.，2015）。关注创业导向的前因研究，尤其是关注有关企业家个体层面的影响因素，有助于理解企业决策主体差异对企业层面创业导向的预测作用。Miller 和 Le Breton-Miller（2011）已从上市企业 CEO 的创始人身份角度探究过创业导向的影响机制，即创始人所有或管理的企业、创始人不在位的家族企业、创始人依旧在位的家族企业中，企业 CEO 不同的创始人身份与公司创业导向的关系（Miller and Le Breton-Miller，2011）。

Miller 和 Le Breton-Miller 这一基于身份理论的开创性研究，对深化创业导向的前因研究具有重要的借鉴意义。此后，创业研究领域的学者逐渐开始关注企业家身份的影响研究。企业家的身份会强烈地塑造其行为（Cardon et al.，2009；Hoang and Gimeno，2010）、其在工作中获得的意义以及企业的特点和战略（Fauchart and Gruber，2011；Powell and Baker，2014）。Cardon 等（2009）认为，创业

激情源自于企业家从事对其而言有意义且与显著自我身份相关的活动，他们基于对创业活动的分类，识别出了发明者和开发者角色身份，并且指出，拥有发明者角色身份的企业家更有动力从事机会识别相关的活动，拥有开发者角色身份的企业家则更愿意从事企业成长和价值创造相关的活动。

本书认为，发明者和开发者两种角色身份均会对公司创业导向产生积极影响。

身份理论强调，由于个体身份或自我认知对其价值观、情感和信仰具有重要影响，在特定情境下，个体的活动和行为遵循其认为适合自己的方式，会努力以符合其身份所固有意义的方式行动（Hogg and Terry，2000）。因此，身份理论能够在企业家身份和其创业行为之间建立重要的理论联系（Gruber and MacMillan，2017）。作为企业家核心的、自我定义的和持久的自我特质，身份是行为的动力来源，这些独特且突出的角色身份激励企业家参与与其身份相关的活动，这种行为能够带来自我意义的社会验证，并且能够解释参与行为所唤起的积极情感体验（Cardon et al.，2009），从而激励企业家遵循特定角色身份内含的行为预期采取积极行动。

当企业家承担发明者角色身份时，其身份的验证和确认来自机会识别的有效性，这类企业家更愿意参与创造性的识别、发明等活动并且愿意探索新的机会或市场利基（Wilson and Stokes，2005）。在验证企业家自我身份的过程中，拥有发明者角色身份的企业家需要在市场颠覆性的创新思想中找到自我的意义，因此更加有动力自发地从事涉及寻求新想法、改进新产品的开发或扫描环境以寻找颠覆性市场机会的活动（Cardon et al.，2009）。与发明者身份相关的强烈积极情绪同时也能够调动企业家的创业意愿和行为，激励其投入更多的精力在新机会的识别和探索上，从而利于企业迅速有效地捕捉转瞬即逝的创业机会，进而推动企业引入新产品或进入新市场等创业决策的执行。

当企业家承担开发者角色身份时，其身份的验证和确认来自培育、发展和扩大企业规模的过程，这类企业家更愿意从事与市场开发（如吸引新客户）和经济增长（如价值创造）相关的活动。一方面，从企业成长有效性的角度而言，企业家更有动力持续开发新产品和新市场，使企业更具竞争力。在遵循这一行为方式的过程中，承担开发者角色身份的企业家，更会不断地识别市场中的新创业机会，并积极地进行机会的评价与利用，以尽可能地为企业源源不断地创造价值。另一方面，企业家在培育企业、扩大企业成长规模的过程中，往往有机会接触到新一轮的机会识别及机会利用，角色身份越集中，企业家在创业活动中所投入的时间和精力就越多（Murnieks et al.，2014）。同时，受到身份相关积极情感的激励，承担开发者角色身份的企业家更有热情积极从事持续性的机会识别和机会评估过程，并且更有信心获取资源以应对环境的不确定性和创业阻力，这有利于推动企业的创业进程。

基于此，本书提出以下假设：

H5-1a：企业家发明者角色身份正向影响创业导向。

H5-1b：企业家开发者角色身份正向影响创业导向。

二、政策注意力与创业导向

为促进民营企业发展，国家和政府经常会出台一系列诸如放松对某些行业的管制、刺激自由市场等利好性的政策法规。例如，国务院颁布的《国务院关于鼓励支持和引导个体私营等非公有制经济发展的若干意见》，不仅突出了平等准入，放宽了民营企业进入法律未禁入的领域，而且为加快垄断行业改革，进一步引入了市场竞争机制，允许民营企业进入垄断行业及领域。因此，这类政策条例能够成为转型经济背景下，中国民营企业的重要机会来源。已有学者开始从企业家认知层面，即从企业家对政府政策的注意力角度来解释公司创业行为。政策注意力能够表征个体在政府以及相关部门出台的政策法规方面配置注意力的程度（Dai and Liao，2019；Dai et al.，2018）。例如，民营企业家对政府发布的信号和信息保持敏感，通过将注意力集中在政府机构出台的相关法规和政策上，能更有效地对其中涉及的业务和相关创业机会加以识别和评估，进而形成机会信念并促使企业更积极地利用政策性机会（Dai et al.，2018）。企业家认知（如感知到的制度环境以及对政府政策的注意力）是企业对再投资活动进行决策的重要预测变量。转型经济体中，正式制度的不断完善，如国家管制放松能够为企业带来市场的某些创业机会，企业家增加对这类政府政策的注意力配置能够促进企业的再投资行为（Dai and Liao，2019）。

通过有选择地关注某些信息并有效配置自身有限的注意力，有助于管理者提高自身的信息处理能力，从而做出正确的决策，这是注意力理论研究的中心问题。既有对企业家认知的研究也表明，企业家的心理过程，特别是其注意力的分配，是企业家决策的微观基础（Shepherd et al.，2017）。

本书进一步预测，对政府出台的政策条例保持高度关注的民营企业家，更可能识别出创业机会并使企业先动地从事创造性和风险性的创业活动，最终提升创业导向。

第一，创业的本质是机会的识别和利用，而诸如管制放松等相关的政府政策法规往往就能为民营企业提供所需的各种有价值的发展机会（Dai and Liao，2019）。注意力基础观当中的"注意力聚焦原则"认为，企业决策者的注意力决定了企业的行为，决策者思考的问题引导了其后续的行动（Ocasio，1997）。企业家政策注意力对战略决策的影响过程可以分为三步：第一步，企业家有选择地关注和筛选与创业相关的信息；第二步，企业家解释信息，并赋予其意义；第三步，在被赋予意义的信息的直接影响下做出战略决策（Daft and Weick，1984；Ocasio，1997）。因此，企业家对政府政策的关注使企业能够迅速有效地编码新政策规定，更准确地解释其内在的含义，并对政策性机会形成创业信念（Shepherd et al.，2017）。创业信念一旦形成，政策注意力就能够引导企业家和企业集中时间与精力进一步抓住新机会（Dai and Liao，2019；Shepherd et al.，2017），从而更积极地探索具有创新性的解决方案。

第二，决策者有选择地分配注意力能够提高其获得信息的速度和准确性，而这些信息能够帮助企业进行判断和采取行动。企业家聚焦注意力能够提高注意力的持续性，进而为企业进行战略决策提供便利。有研究强调，准备是注意力处理的主要表现之一（LaBerge，1995），企业家在对政府利好政策保持高度关注的同时，也会对环境中的特定刺激进行有意识的准备并投入精力，由于企业行为是注意力处理和决策的输出（Ocasio，1997），企业家在政策上分配的注意力能够促进其感知政策性机会和采取行动的速度与准确性，进而使得企业更迅速且有效地利用超前行动来积极创业。

第三，除了放宽行业准入相关的政策，我国在促进民营企业成长时日益重视在改进民营企业信贷管理、加大出口信贷优惠等各方面提高民营企业金融服务水平，并出台了一系列政策法规，以不断完善私有财产保护制度、维护民营企业合法权益，这些措施能够帮助民营企业在创业及拓宽业务的过程中降低成本、减轻负担。企业家对政府出台的利好性政策条例保持高度敏感，能够更有效地识别出政策中蕴含的对民营企业有利的信号，如减轻民营企业在从事创业活动过程中可能遭遇的资金短缺等负担，从而激发企业对资源投入的高度承诺，提升企业积极创业的信心，使其更愿意做出大胆行动，并在高度不确定的环境中进行创业活动。

基于此，本书提出以下假设：

H5-2：企业家政策注意力正向影响创业导向。

三、企业家角色身份与政策注意力

现阶段的政策注意力研究多集中在讨论其对企业的作用，以及这一作用存在的边界条件（Dai and Liao，2019；Dai et al.，2018）。在其前置因素的研究方面，既有研究尝试从企业家过往经验着手进行探究，研究发现，企业家独特的个人经历和社会互动形成的烙印能够塑造企业家的认知框架，进而引导企业家注意力的配置。Dai 等（2018）认为，具有社会主义烙印的民营企业家更会对政府政策保持高度关注（Dai et al.，2018）。

在注意力基础观当中，注意力的配置被定义为决策者投入时间、精力于关注、编码、解释组织的议题（Issues）和答案（Answer）（Ocasio，1997）。其中，议题包括诸如机会、威胁等基于环境需要解决的问题，答案则指相应的行动集合，如提议、规划、流程等。注意力基础观当中的"注意力聚焦原则"认为，决策者做出的决策取决于其关注的议题和答案是什么。对于拥有某一角色身份的企业家而言，角色定位赋予企业家独特的社会动机、自我信念和自我价值的来源（Ren and Guo，2011），能够将企业家的注意力引向与特定角色身份相关的具有挑战性的目标上（Cardon et al.，2009），并指导其关注相应的解决方案。因此，本书认为，企业家特定角色身份会对注意力的配置产生重要影响。

具体地，Wry 和 York（2017）研究指出，身份涉及的行为预期能够起到"感知过滤"（Perceptual Filter）的作用，从而增加个体对特定线索的敏感度（Wry and York，2017）。一方面，与身份相关的知识能使行为者的注意力集中在与身份一致的刺激上（Stryker and Burke，2000）。因此，人们更善于理解他们认为与其身份一致的问题和信息。另一方面，与身份相关的社会关系有选择地将特定类型的信息传递给身份持有人（Stryker and Serpe，1994），通过行业网络和专业联系传递给企业家的信息也能够引导企业家对特定类型机会的注意力（Ardichvili et al.，2003）。Cardon 等（2009）也指出，特定角色身份下的内在动机能够引导企业家把认知集中在实现与身份相关的目标上，并对环境刺激采取适应性方法，从而调节其注意力与动力，抑制针对无关身份活动的资源和干扰（Locke and Latham，2002）。在转型经济情境下，为解决民营企业发展的实际问题，党中央、国务院及地方党委政府出台了一系列政策措施，以积极改善民营企业营商环境，为民营企业提供更多创业机会。民营企业家承担的发明者和开发者两种角色身份，能够在激励企业家满足相应的行为预期过程中，刺激个体对创业机会的敏感度，从而提高企业家对政策性机会的载体——政府政策法规的关注度。

承担发明者角色身份的企业家，需要面对机会识别这一主要目标，因而机会识别的有效性则构成了发明者角色身份的企业家在企业议程中所关注的关键议题。这类企业家常常面临的挑战在于，能够识别新的市场机会，同时要使机会与其自身人力资本和技能相容，并确保对潜在市场具有创新性、对企业盈利具有可行性。因此，企业家会对有效识别机会的问题予以积极的响应和处理。一方面，发明者角色身份能够为行为者提供用来识别对应领域内的市场空白和用于评估机会的知识（Fauchart and Gruber, 2011; Short et al. , 2009）。另一方面，在转型经济背景下的中国，诸如"非公经济36条"等国务院和有关部门出台的相关政策放宽了政府对非公有制经济的市场准入，允许非公有制经济进入垄断、公用事业和基础设施、社会事业、金融服务等行业或领域，这无疑为民营企业识别和探索新机会提供了大量政策性资源。因此，为满足机会识别的有效性，发明者角色身份能够激发企业家对政府发布的信号和信息保持敏感，也即在政府政策上配置更多注意力，以应对遇到的挑战或问题，识别可能被忽视或未曾开发的机会和解决方式（Cardon et al. , 2009）。

承担开发者角色身份的企业家，其目标追求会被规范为企业成长的有效性。企业在成长过程中会遇到的挑战包括：应对来自不断变化的客户需求和竞争行为造成的市场混乱与模糊（Schindehutte et al. , 2006）。同时，成长的劣势（Liability of Growth）对民营企业家提出了挑战，这些挑战包括企业保持快速增长的同时维持结构层级的稳定，以及需要同时监测不断变化的市场和环境条件等（Slevin and Covin, 1997）。这些挑战更加需要企业家对企业利润、市场和规模增长相关的环境刺激保持敏感，以便有效地应对企业成长与发展过程中涉及的过渡和变化。近年来，我国相关政府部门发布的政策法规中不乏关注民营企业成长的若干指导意见，如着力营造良好的发展环境，出台一系列支持民营企业发展的金融政策，多举措支持民营企业开拓国内外市场、提升自身开拓市场的能力等。为有效处理企业成长过程中的问题，承担开发者角色身份的企业家更有可能专注对待相关利好性政策法规，以尽量避免环境不确定性的干扰（Jelinek and Litterer,

1995），并在政策法规中寻找企业新一轮市场扩张和价值创造所需的潜在机会。因此，这类企业家更愿意集中注意力关注对市场增长活动有益的政府政策法规。

基于此，本书提出以下假设：

H5-3a：发明者角色身份正向影响企业家政策注意力。

H5-3b：开发者角色身份正向影响企业家政策注意力。

四、政策注意力的中介作用

依据社会比较和自我类化，互动过程中他人表达的一系列行为准则和期望定义了企业家角色身份。创业导向是一种组织层面上的战略决策过程，本书认为，企业家角色身份对创业导向的影响需要通过其在注意力上的配置得以实现。既有创业领域的研究已经开始关注企业家身份通过注意力聚焦进而影响创业行为的问题。

一方面，Miller 和 Le Breton-Miller（2011）已从 CEO 的创始人身份角度探究过创业导向的影响机制，研究发现，CEO 的创业者身份、家族养育者身份和混合身份会对公司创业导向水平有着不同程度的影响。其中，家族养育者身份促使家族成员将更多注意力放在家族财务安全、家族声誉以及后代职业延续上，并由于关注股息收入的稳定而避免承担风险，因此不愿意配置足够的资源从事创新活动，进而促使企业表现出较低的创业导向；拥有创业者身份和混合身份的 CEO 则与商业利益相关者有更密切的合作，群体身份会促使企业更关注公司创业活动，使企业表现出较高的创业导向水平。Stewart 等（2016）在探索专业服务型企业所有者的双重身份（创业者角色身份和专业角色身份）对公司创业导向的影响时，从所有者的注意力焦点角度对内在的作用机制进行了解释（Stewart et al.，2016）。但现有实证研究并没有量化注意力在角色身份与创业导向间的作用机制。

另一方面，Mathias 和 Williams（2017）提出，承担特定角色身份的企业家可以使用选择启发法（Selection Heuristics）来调整其关注的机会范围（Mathias and Williams，2017）。选择启发式的功能如同过滤器，将关注的机会限制在一系列可能追求的范围中（Bingham et al.，2007），并促使企业家注意与其拥有的信息密切相关的信号和信息，因此，企业家会在他们所关注的范围内选择创业机会（Shane，2000）。此外，角色身份会促使企业家关注不同的机会特征，并通过影响机会的考量和选择来引导企业家做出相应的决策。因此，角色身份对企业家认知有着重要的情境影响（Situated Influence）（Mathias and Williams，2017），表现在政策注意力上的企业家认知会帮助企业家识别源于政策法规的创业机遇，进而对企业创业模式和创业行为产生作用，也即影响公司创业导向。

无论是拥有发明者角色身份还是开发者角色身份，在追求角色对应的创业有效性过程中，这两种角色身份都能对企业家认知和创业行为起到重要的预测作用。Cardon等（2009）从自我调节过程（Self-Regulation Processes）的角度将角色身份及其后果联系起来，并关注角色身份如何通过目标相关的认知来间接影响创业行为（Cardon et al.，2009）。承担某一角色身份的企业家需要进行自我身份的验证，并努力满足身份赋予的行为期望，在这一过程中企业家会受到积极情感的激励，进而更加适应环境刺激，更容易激发注意力与精力去应对相应的企业议题与挑战，以找出潜在的解决方案。民营企业家的注意力配置，尤其是转型经济背景下的政策注意力能够成为角色身份影响公司创业导向的"桥梁"。当民营企业家的特定身份被激活（如发明者）时，验证自我意义的内在动机能够调动企业家的自我调节过程，这一过程旨在实现相应的创业目标（如机会识别）。关注政府相关部门陆续出台的一系列支持性政策与法规，在相关政策中寻求对应的机会和资源（如市场准入政策中的新机会），能够使得民营企业家形成强烈的创业信念，进而促进企业更及时地抓住创业机会，提出更具创新性的解决方案，更愿意接受高不确定性的创业方案，也即提高公司创业导向。同样，承担开发者角色身份的企业家，其角色身份内含的自我验证动机能够调节其注意力，将其注意力焦点置于能够解决特定目标相关的环境刺激与机会上。在计划经济向市场经济转变的过程中，来自政治市场的机会和资源能够有效地减轻民营企业成长与发展中的负担，民营企业家高度关注这些机会和资源的载体——支持性政策法规，能够提升民营企业积极从事创业活动的信心。

基于此，本书提出以下假设：

H5-4a：政策注意力在发明者角色身份和创业导向间起中介作用。

H5-4b：政策注意力在开发者角色身份和创业导向间起中介作用。

本章的理论模型如图5-1所示。

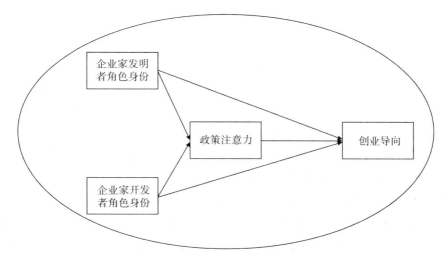

研究情境：中国私营企业
理论视角：角色身份理论、注意力基础观

图 5-1 本章的理论模型

资料来源：笔者绘制。

第二节 研究设计

一、样本与数据

本书的数据来源于"第十次全国民营企业调查"，该调查由中共中央统战部、中华全国工商业联合会、国家工商行政管理总局和中国民（私）营经济研究会联合完成。该调查针对中国境内 31 个省、直辖市、自治区（不含港澳台）的各个行业各类型的民营企业，调查目的是收集中国民营企业家的意见和想法，协助中央政府调整现行政策和颁布有关民营企业的新政策（Zhao and Lu, 2016）。为了在全国各地选择具有代表性的民营企业，调查小组首先采用多阶段分层抽样技术，在各省份和行业中进行了大量的企业随机抽样；其次，调查小组随后编制了调查问卷，其中涵盖与企业家背景和企业特定信息有关的各类问题；最后，调查小组耗时一年对样本中每个企业的企业家进行面对面访谈以成功收集数据。这些程序产生的可靠数据已多次被高质量研究所采用（Jia and Mayer，2017；Zhao and Lu，2016）。

此数据适用于本书的原因主要包括三个方面：第一，此调查中的样本是企业家主导的民营企业，在这样的企业中企业家发挥着最重要的决策作用（Zhao and Lu，2016），企业行为往往能够反映企业家的个体特征。第二，此调查能够提供具有代表性的中国民营企业的关键信息。第三，全国民营企业调查的最初目的仅仅是收集有关民营企业经营状况、生存环境以及企业行为的信息，而不是调查企业家身份及其对政府政策的关注如何影响公司创业行为。因此，使用此数据不太可能引入调查者偏差的风险（Interviewer Induced Bias）。综上，此样本数据适合本书的研究目的，即能够检验企业家拥有的角色身份、注意力配置与公司创业导向之间的关系。

本书以该数据库为原始数据样本，由于有些企业的财务数据（如净利润中用于投资的比例等）不详，本书首先剔除了创业导向、角色身份数据严重缺失的样本，再对所有连续变量进行了1%的缩尾处理（Barnett and Lewis，1994），最终得到了820个样本观测值。

二、变量测量

（一）因变量

创业导向（EO）：本书借鉴 Miller 和 Le Breton-Miller（2011）的做法，将创新性、先动性和风险承担性三个维度进行标准化并通过求和来测量创业导向。

创新性表示企业支持新想法的程度，表现为新产品的研发、新市场的进入等。本书参考以往学者使用研发（R&D）强度表征的做法（Miller and Le Breton-Miller，2011；李华晶、邢晓东，2007），采用研发支出与销售收入的比值来衡量创新性。

先动性是指企业通过开发新机会，对未来需求做出积极反应以取得领先优势的一种倾向，先动性在企业财务上主要表现为大量的投资。借鉴 Miller 和 LeBreton-Miller（2011）利用企业内部年度收益再投资的百分比测量先动性的做法，本书采用企业净利润中用于投资的比例来衡量先动性。

风险承担性是指企业在高度不确定环境中对资源投入的高度承诺，因此企业在具有高不确定性的投资决策上的投入越多，表明企业承担风险的意愿越强。本书采用年度新增投资中投向实体经济领域的，投向股市、期货的，投向民间借贷的，收购、兼并或投向其他企业的投资之和与企业净资产的比值来衡量风险承担性。

（二）自变量

角色身份关注个体在扮演某一特定角色时，其观念和行为会趋向于满足何种相应的角色期望（Stets and Burke，2000）。基于对创业活动的分类，Cardon 等（2009）识别出了发明者和开发者两种角色身份，本书利用二手数据对这两类角色身份加以测量。正如 Cardon 等（2009）所言，发明者、开发者两种角色身份的定义直接与企业参与特定活动有关，企业家通过推动企业进行新机会的探索（成长和扩张）等活动来表达自我的发明者（开发者）身份，企业家角色身份会直接反映在企业行为上。因此，尽管角色身份是个体层面的概念，但可以通过企业层面的决策来表现（Cardon et al.，2009）。同时，中国的民营企业家大多对企业掌握着绝对的控制权，通常是企业核心且唯一的决策主体（Kelly et al.，2000；Schein，1983）。因此，企业行为能够反映民营企业家层面的特征（Dai et al.，2018；Zhao and Lu，2016）。既有研究中也不乏利用企业层面数据测量企业家特征的示范。例如，通过企业收购的数量和价值来表征企业家自恋倾向（Rijsenbilt and Commandeur，2013）。又如，选取企业每股收益进行校准（肖峰雷等，2011）或采用企业并购频率（Doukas and Petmezas，2007），作为管理者过度自信的替代变量。

拥有发明者角色身份（Inven）的企业家更愿意促使企业进行新机会的识别、创造和探索活动。借鉴既有研究中技术、工艺改造驱动新机会创造的观点（毕先萍、张琴，2012；段云龙等，2017），本书利用技术、工艺改造的投入占营业收入的比例来测量发明者角色身份[①]。

拥有开发者角色身份（Devel）的企业家更愿意促使企业进行规模扩大的活动（Cardon et al.，2009）。因此，本书利用扩大原有生产规模的投入占营业收入的比例来测量开发者角色身份。

（三）中介变量

政策注意力（Atten）就是企业家对政府机构动向以及政策法规的关注程度。本书采用 Dai 和 Liao（2019）、Dai 等（2018）的测量方式，利用"第十次全国民营企业调查"中企业家对近年国务院及有关部门出台的五项政策的关注度加以

---

① 特别地，中西方学者均提出新产品研发和技术、工艺改造这二者间的差异。约瑟夫·熊彼特认为，发明是新工具或新方法的发现，创新是新工具或新方法的应用（Schumpeter，1934）。厄特拜克的持续创新过程模型也提出，在企业不同的成长阶段中，工艺改造和产品的研发创新在目的、竞争重点、实现方式等方面均存在差异（Utterback，1996）。国内学者同样提出，技术、工艺改造旨在克服某些重大技术障碍、提高生产效率。新产品研发创新的重点则在于将新的产品构想进行商业化的过程（博家骥，1998）。工艺、生产过程中的改进与新产品的研发创新，在目的、内容和方法等方面均存在界限（周三多等，2014）。此外，在全国民营企业调查中，新产品的研发支出和技术、工艺改造投入分属两类不同的题项。因此，本书分别利用新产品研发支出/销售收入测度创业导向的创新性维度，以及技术、工艺改造上的投入/营业收入来测度发明者角色身份。

测量（Dai and Liao, 2019；Dai et al., 2018）。此调查的目的是收集中国民营企业家的意见和想法，以协助中央政府制定或调整商业政策法规（Zhao and Lu, 2016）。调查中涉及的五项政策包括：①《国务院关于进一步促进中小企业发展的若干意见》；②《国务院关于鼓励和引导民间投资健康发展的若干意见》；③《中国人民银行、银监会、证监会、保监会关于进一步做好中小企业金融服务工作的若干意见》；④工信部《"十二五"中小企业成长规划》；⑤国务院9项支持小型微型企业发展的政策措施。在"第十次全国民营企业调查"中，受访企业家需要对上述五项政策法规的熟悉程度进行评价，本书对五个题项的得分取均值来测度政策注意力。

（四）控制变量

为了剔除其他潜在变量对研究结果的影响，需要控制企业家层面、企业层面和环境层面的以下变量：

企业家层面，本章控制了企业家性别、教育水平、创业前的体制内经历。企业家性别（Gender）会对创业导向产生影响（Lim and Envick, 2013），因此本书将企业家性别以虚拟变量形式加以控制。企业家的教育背景可能会影响其决策过程，特别是拥有本科学历的企业家对创业企业会产生重大影响（Backes-Gellner and Werner, 2007），因此，本书通过企业家是否拥有本科及以上学历（1＝是，0＝否）将企业家教育水平（Edu）作为一个虚拟变量加以控制。在计划经济时期，体制内系统由国有和集体企业、政府机构和非营利性机构等组成，会对个体产生深远影响（Dai et al., 2018），企业家在创业前的体制内工作经历（Simprint）可能有助于其与政府官员建立联系（Wang et al., 2011），这会影响到企业家对政治性机会的获得，影响公司创业行为（戴维奇等，2016）。

企业层面，本章控制了企业年龄、企业家族持股比例、企业正式制度健全程度、企业绩效、资产负债率。具体地，企业年龄（Firmage）与企业战略决策有关（Hamilton, 2012），因此本书将企业成立以来的年限加以控制。家族所有权决定了企业对创业活动的承诺程度（Garcés-Galdeano et al., 2016），因此本书采用当年企业家及其家人所占权益总额的比例测度企业家族占股比例（Famown）。企业正式制度健全程度（Formal）能够体现公司治理制度的完善程度，本书采用企业是否拥有股东会、董事会和监事会来衡量和控制。由于企业绩效（Roe）影响企业闲置资源的可用性，能够促进企业的创新与创业活动（Zahra et al., 2000），因此本章控制了企业绩效，用股本回报率测量。企业的资产负债率（Lev）在一定程度上能够反映企业的风险水平，从而对组织的创新产生影响，本章以企业年末的负债总额与资产总额之比来测量（Blair，2010）。

环境层面，本章控制了制度环境，采用国家经济研究所（NERI）发布的市场化指数来衡量省级层面的地区制度发展水平（Institut）。由于不同行业的企业行为具有显著区别，本章在研究中增加了行业虚拟变量。

本书对本章中各变量名称及测量方法进行了汇总，具体如表5-1所示。

表5-1 各变量及测量方法

变量类型	变量名称	变量符号	变量测量
因变量	创业导向	EO	创新性、先动性和风险承担性三个指标标准化得分之和；创新性，用产品研发支出/销售收入加以衡量；先动性，用净利润中用于投资的总额/年度企业净利润加以衡量；风险承担性，用公式（年度新增投资中投向实体经济领域+投向股市、期货的+投向民间借贷的+收购、兼并或投向其他企业的）/净资产进行衡量
自变量	发明者角色身份	Inven	技术、工艺改造的投入/营业收入
	开发者角色身份	Devel	扩大原有生产规模的投入/营业收入
中介变量	政策注意力	Atten	企业家对近几年国务院和有关部门出台的《国务院关于进一步促进中小企业发展的若干意见》等一系列相关政策的关注度得分取均值
控制变量	企业家性别	Gender	男性企业家取1，女性企业家取0
	企业家教育水平	Edu	企业家有大学及以上学历取1，无则取0
	企业家创业前体制内经历	Simprint	创业前曾在国有、集体企业或机关事业单位工作的取1，否则取0
	企业年龄	Firmage	截至问卷统计日期企业成立的年限
	企业家族占股比例	Famown	问卷统计当年自己和家人所占权益总额比例
	企业正式制度健全程度	Formal	企业是否建立股东会、董事会和监事会，若建立则取值1，否则取0，再取三者平均数
	企业绩效	Roe	权益净利润率
	企业资产负债率	Lev	企业年末负债总额/资产总额
	地区制度发展水平	Institut	问卷统计年份的樊纲市场化指数

资料来源：笔者整理。

三、计量模型设定

(一) 直接效应检验

为检验假设 5-1a，即发明者角色身份与公司创业导向间的正向关系，本章构建了如下模型，如公式（5-1）所示，包括控制变量、自变量发明者角色身份（Inven）和因变量创业导向（EO）。其中，β_0 为截距项，β_1、β_2 为回归系数，Controls_i 代表企业家个体层面、企业层面和环境层面的各控制变量，ε 为随机干扰项。若发明者角色身份的回归系数为正且通过显著性检验，则假设 5-1a 成立。

$$EO = \beta_0 + \beta_1 \text{Controls}_i + \beta_2 \text{Inven} + \varepsilon \tag{5-1}$$

为检验假设 5-1b，即开发者角色身份与公司创业导向间的正向关系，本章构建了如下模型，如公式（5-2）所示，包括控制变量、自变量开发者角色身份（Devel）和因变量创业导向（EO）。若开发者角色身份的回归系数为正且通过显著性检验，则假设 5-1b 成立。

$$EO = \beta_0 + \beta_1 \text{Controls}_i + \beta_2 \text{Devel} + \varepsilon \tag{5-2}$$

为检验假设 5-2，即政策注意力与公司创业导向间的正向关系，本章构建了如下模型，如公式（5-3）所示，包括控制变量、政策注意力（Atten）和因变量创业导向（EO）。若政策注意力的回归系数为正且通过显著性检验，则假设 5-2 成立。

$$EO = \beta_0 + \beta_1 \text{Controls}_i + \beta_2 \text{Atten} + \varepsilon \tag{5-3}$$

(二) 中介效应检验

本章借鉴 Baron 和 Kenny（1986）提出的中介效应检验程序进行检验，具体检验程序为：第一步，将自变量与因变量纳入回归模型，检验回归系数 c 是否显著，即检验主效应是否存在，具体如公式（5-4）所示；第二步，检验自变量对中介变量的回归系数 a 是否显著，也即自变量对中介变量的影响，具体如公式（5-5）所示；第三步，将自变量、中介变量与因变量同时纳入模型进行回归，检验中介变量的回归系数 b 是否显著，同时需检验自变量的回归系数 c' 是否显著，若 c' 不显著，则存在完全中介效应，若 c' 显著，且与回归系数 c 相比显著减少，则存在部分中介效应，具体如公式（5-6）所示。温忠麟等（2004）对此中介效应检验程序进行了总结（温忠麟等，2004），并提炼出了具体的操作步骤，如图 5-2 所示。

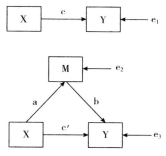

图 5-2　中介变量示意图

资料来源：温忠麟，张雷，侯杰泰，刘红云．中介效应检验程序及其应用［J］．心理学报，2004（5）：614-620.

　　本章已对主效应即分别对发明者身份、开发者身份对因变量创业导向的影响进行了检验，具体如公式（5-1）、公式（5-2）所示，后续需要分别检验发明者身份、开发者身份与中介变量政策注意力间的关系。进一步地，本章将自变量（即发明者身份、开发者身份）、中介变量（即政策注意力）和因变量（即创业导向）同时纳入模型中，参照温忠麟等（2004）提炼总结出来的检验程序分别检验政策注意力的中介效应是否存在，具体的检验流程如图 5-3 所示。

$$Y = i + cX + e_1 \tag{5-4}$$

$$M = i + aX + e_2 \tag{5-5}$$

$$Y = i + c'X + bM + e_3 \tag{5-6}$$

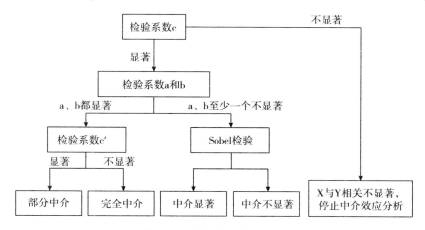

图 5-3　中介效应检验流程

资料来源：温忠麟，张雷，侯杰泰，刘红云．中介效应检验程序及其应用［J］．心理学报，2004（5）：614-620.

为检验假设 5-3a，即发明者角色身份与政策注意力间的正向关系，本章构建了如下模型，如公式（5-7）所示，包括控制变量、自变量发明者角色身份（Inven）和政策注意力（Atten）。其中，β_0 为截距项，β_1、β_2 为回归系数，$Controls_i$ 为企业家个体层面、企业层面和环境层面的各控制变量，ε 为随机干扰项。若发明者角色身份的回归系数为正且通过显著性检验，则假设 5-3a 成立。

$$Atten = \beta_0 + \beta_1 Controls_i + \beta_2 Inven + \varepsilon \tag{5-7}$$

为检验假设 5-3b，即开发者角色身份与政策注意力间的正向关系，本章构建了如下模型，如公式（5-8）所示，包括控制变量、自变量开发者角色身份（Devel）和政策注意力（Atten）。其中，β_0 为截距项，β_1、β_2 为回归系数，$Controls_i$ 代表企业家个体层面、企业层面和环境层面的各控制变量，ε 为随机干扰项。若开发者角色身份的回归系数为正且通过显著性检验，则假设 5-3b 成立。

$$Atten = \beta_0 + \beta_1 Controls_i + \beta_2 Devel + \varepsilon \tag{5-8}$$

为检验假设 5-4a，即政策注意力在发明者角色身份和创业导向间的中介作用，本章构建了如下模型，如公式（5-9）所示，包括控制变量、自变量发明者角色身份（Inven）、中介变量政策注意力（Atten）和因变量创业导向（EO）。其中，β_0 为截距项，β_1、β_2、β_3 为回归系数，$Controls_i$ 为企业家个体层面、企业层面和环境层面的各控制变量，ε 为随机干扰项。若假设 5-1a、假设 5-3a 成立，同时公式（5-9）中政策注意力的回归系数 β_2 为正且通过显著性检验，则假设 5-4a 成立，即政策注意力在发明者角色身份与创业导向间的中介作用成立。此外，若公式（5-9）中自变量发明者角色身份的回归系数 β_3 不显著，则政策注意力起到完全中介作用；若 β_3 显著且小于公式（5-2）中发明者角色身份的回归系数，则政策注意力起到部分中介作用。

$$EO = \beta_0 + \beta_1 Controls_i + \beta_2 Atten + \beta_3 Inven + \varepsilon \tag{5-9}$$

为检验假设 5-4b，即政策注意力在开发者角色身份和创业导向间的中介作用，本章构建了如下模型，如公式（5-10）所示，包括控制变量、自变量开发者角色身份（Devel）、中介变量政策注意力（Atten）与因变量创业导向（EO）。其中，β_0 为截距项，β_1、β_2、β_3 为回归系数，$Controls_i$ 为企业家个体层面、企业层面和环境层面的各控制变量，ε 为随机干扰项。若假设 5-1b、5-3b 成立，同时公式（5-10）中政策注意力的回归系数 β_2 为正且通过显著性检验，则假设 5-4b

成立，即政策注意力在开发者角色身份与创业导向间的中介作用成立。此外，若公式（5-10）中自变量开发者角色身份的回归系数 β_3 不显著，则政策注意力起到完全中介作用；若 β_3 显著且小于公式（5-2）中开发者角色身份的回归系数，则政策注意力起到部分中介作用。

$$EO = \beta_0 + \beta_1 Controls_i + \beta_2 Atten + \beta_3 Devel + \varepsilon \qquad (5-10)$$

本章各变量及测量方法具体如表5-2所示。

表5-2　各变量及测量方法

公式编号	具体设定
（5-1）	$EO = \beta_0 + \beta_1 Controls_i + \beta_2 Inven + \varepsilon$
（5-2）	$EO = \beta_0 + \beta_1 Controls_i + \beta_2 Devel + \varepsilon$
（5-3）	$EO = \beta_0 + \beta_1 Controls_i + \beta_2 Atten + \varepsilon$
（5-7）	$Atten = \beta_0 + \beta_1 Controls_i + \beta_2 Inven + \varepsilon$
（5-8）	$Atten = \beta_0 + \beta_1 Controls_i + \beta_2 Devel + \varepsilon$
（5-9）	$EO = \beta_0 + \beta_1 Controls_i + \beta_2 Atten + \beta_3 Inven + \varepsilon$
（5-10）	$EO = \beta_0 + \beta_1 Controls_i + \beta_2 Atten + \beta_3 Devel + \varepsilon$

资料来源：笔者整理。

第三节　实证检验

本章借助 SPSS20.0 对第四章中提出的各个假设进行实证检验。本章主要内容包括以下分析步骤和结果：各变量的描述性统计分析和相关性分析、企业家角色身份与创业导向间的回归分析、政策注意力与创业导向间的回归分析、企业家角色身份与政策注意力间的回归分析、政策注意力的中介效应分析。另外，本章在最后还对实证检验的结果进行了稳健性检验。

一、描述性统计分析

本章利用民营企业调查数据进行分析，最终样本量为820条观测值。本章不仅对研究的自变量、中介变量、因变量以及各控制变量的最大值、最小值、均值和标准差进行了描述性统计分析（见表5-3），还对企业家的人口统计变量和企业层面基本信息进行了描述性分析（见表5-4、表5-5）。

表5-3 描述性统计

变量	样本量	最小值	最大值	均值	标准差
Inven	820	0.000	0.750	0.012	0.056
Devel	820	0.000	2.262	0.050	0.158
Atten	820	0.000	2.000	1.140	0.565
EO	820	−1.881	9.384	0.009	1.756
Gender	820	0.000	1.000	0.879	0.326
Edu	820	0.000	1.000	0.313	0.464
Simprint	820	0.000	1.000	0.578	0.494
Firmage	820	1.000	23.000	10.240	5.142
Famown	820	0.000	1.000	0.729	0.312
Formal	820	0.000	1.000	0.540	0.333
Roe	820	−2.400	8.000	0.248	0.652
Lev	820	0.000	0.960	0.441	0.223
Institut	820	0.000	9.950	7.590	1.943

资料来源：笔者整理。

表5-4 企业家人口统计变量描述

类别	特征	频数	百分比（%）
性别	男	721	87.9
	女	99	12.1
年龄	小于或等于29岁	16	2.0
	30~39岁	114	13.9
	40~49岁	382	46.6
	50~59岁	241	29.4
	60岁及以上	67	8.2

续表

类别	特征	频数	百分比（%）
学历	小学及以下	7	0.9
	初中	57	7.0
	高中、中专	208	25.4
	大专	299	36.5
	大学	167	20.4
	研究生	82	10.0

资料来源：笔者整理。

表5-5　企业层面基本信息描述性统计

类别	特征	频数	百分比（%）
成立年限	10年及以下	441	53.8
	11~19年	347	42.3
	20年及以上	32	3.9
所处地区	东部	520	63.4
	中部	174	21.2
	西部	126	15.4

资料来源：笔者整理。

由表5-3可知：因变量创业导向（EO）的均值为0.009，标准差为1.756，最小值为-1.881，最大值为9.384，这表明企业的创业导向水平差异较大，而且水平普遍较低；自变量发明者角色身份（Inven）的最小值为0.000，最大值为0.750，均值为0.012，这表明发明者角色身份水平普遍较低；开发者角色身份（Devel）的最小值为0.000，最大值为2.262，均值为0.050，标准差为0.158，这表明相较于发明者角色身份，开发者角色身份水平稍高，企业家之间的差异较大。

本章在研究中对各变量进行了多重共线性诊断，结果如表5-6所示，方差膨胀因子即VIF值均在1左右，因此，不太可能存在较为严重的多重共线性问题。

表 5-6　多重共线性诊断结果

变量	共线性统计量	
	容差	VIF
Inven	0.962	1.039
Devel	0.960	1.042
Atten	0.903	1.107
Gender	0.965	1.036
Edu	0.931	1.074
Simprint	0.910	1.099
Firmage	0.886	1.128
Famown	0.888	1.126
Formal	0.898	1.114
Roe	0.984	1.017
Lev	0.963	1.038
Institut	0.904	1.106

资料来源：笔者整理。

二、相关性分析

本章对研究中涉及的各变量进行了相关性分析，结果如表 5-7 所示。由表 5-7 可知：自变量开发者角色身份（Devel）与因变量创业导向（EO）之间的相关系数为 0.113，并在 1% 的水平上显著；自变量发明者角色身份（Inven）与因变量创业导向（EO）之间的相关系数为 0.056，但未达到显著性水平。上述结果证明了开发者角色身份与创业导向间的正相关关系，为假设 5-1b 提供了初步支持，假设 5-1a 有待进一步验证。

同时，从表 5-7 中的数据还可以发现：自变量发明者角色身份（Inven）与中介变量政策注意力（Atten）之间的相关系数为 0.099，且在 1% 的水平上显著；自变量开发者角色身份（Devel）与中介变量政策注意力（Atten）之间的相关系数为 0.086，且在 5% 的水平上显著。这表明发明者角色身份、开发者角色身份与政策注意力存在正相关关系，假设 5-3a、假设 5-3b 得到了初步支持。此外，中介变量政策注意力（Atten）与因变量创业导向（EO）之间的相关系数为

0.152，且在 0.1% 的水平上显著，表明政策注意力与创业导向间存在正相关关系，为假设 5-2 提供了初步支持。

本章还对企业家性别（Gender）、教育水平（Edu）、创业前体制内经历（Simprin）、企业年龄（Firmage）、企业家族持股比例（Famown）、企业正式制度健全程度（Formal）、企业绩效（Roe）、资产负债率（Lev）、地区制度发展水平（Institut）等变量进行了控制。其中，企业家族占股比例（Famown）、企业正式制度健全程度（Formal）、资产负债率（Lev）、地区制度发展水平（Institut）与因变量创业导向（EO）之间的相关性并不显著，而企业家的性别（Gender）、教育水平（Edu）、过往体制内经历（Simprin），以及企业年龄（Firmage）、企业绩效（Roe）与创业导向（EO）的相关性显著。上述结果表明，本章中的大部分控制变量对因变量创业导向具有显著的影响，本章选取的控制变量是有意义的。

另外，表 5-7 中的各相关系数均小于 0.3，表明研究变量间出现多重共线性问题的可能性较小。结合上述结果，本章各变量间关系基本满足进行回归分析的条件。

三、回归分析

（一）企业家角色身份与创业导向的回归分析

1. 发明者角色身份与创业导向

本章报告了发明者角色身份与创业导向的回归结果，具体如表 5-8 所示，以模型 1 为基准模型，纳入了企业家性别、企业家教育水平、企业家过往体制内经历、企业年龄、家族企业占股比例、企业正式制度健全程度、企业绩效、资产负债率、地区制度发展水平等控制变量，以检验控制变量与因变量创业导向之间的关系。

模型 2 在模型一的基础上加入了自变量发明者角色身份，以检验发明者角色身份与创业导向之间的回归关系。假设 5-1a 提出，企业家发明者角色身份与创业导向正相关，如表 5-8 中模型 2 所示，在 10% 的水平上，发明者角色身份与创业导向间存在显著的正相关关系（b=0.062，P<0.1），假设 5-1a 得到支持。

表 5-7　相关性分析

	Inven	Devel	Atten	EO	Gender	Edu	Simprint	Firmage	Famown	Formal	Roe	Lev	Institut
Inven	1												
Devel	0.156***	1											
Atten	0.099**	0.086*	1										
EO	0.056	0.113**	0.152***	1									
Gender	-0.004	-0.043	0.023	0.119**	1								
Edu	-0.004	0.009	0.167***	0.092**	-0.089*	1							
Simprint	0.042	0.016	0.151***	0.087*	0.055	0.146***	1						
Firmage	-0.036	-0.053	0.179***	0.119**	0.122***	0.008	0.166***	1					
Famown	-0.033	0.026	-0.001	0.043	0.034	-0.131***	-0.093**	0.064	1				
Formal	0.002	0.011	0.105***	0.062	0.058	0.070*	0.125***	0.007	-0.269***	1			
Roe	-0.018	-0.019	0.037	0.118**	0.051	0.004	0.014	0.058	0.001	0.030	1		
Lev	0.010	-0.010	-0.041	-0.032	0.020	-0.022	0.115**	0.006	-0.016	0.025	-0.065	1	
Institut	-0.019	-0.073*	0.038	-0.007	0.065	-0.004	0.017	0.217***	0.157***	-0.109**	0.070*	0.108**	1

注：* 表示 p<0.05，** 表示 p<0.01，*** 表示 p<0.001。

资料来源：笔者整理。

表5-8 发明者角色身份与创业导向回归结果

	模型 1	模型 2
控制变量		
Gender	0.106*** (3.051)	0.106*** (3.055)
Edu	0.096*** (2.737)	0.096*** (2.765)
Simprint	0.053 (1.477)	0.049 (1.393)
Firmage	0.098*** (2.732)	0.100*** (2.802)
Famown	0.073** (2.011)	0.074** (2.064)
Formal	0.055 (1.525)	0.055 (1.547)
Roe	0.105*** (3.063)	0.106*** (3.095)
Lev	−0.026 (−0.759)	−0.027 (−0.767)
Institut	−0.048 (−1.339)	−0.048 (−1.329)
自变量		
Inven		0.062* (1.810)
行业	控制	控制
R^2	0.059	0.063
Adj. R^2	0.048	0.050
F	5.091***	4.939***
N	820	820

注：* 表示 $p<0.10$，** 表示 $p<0.05$，*** 表示 $p<0.01$。

资料来源：笔者整理。

2. 开发者角色身份与创业导向

本章报告了开发者角色身份与企业导向的回归结果，具体如表5-9所示，模型1为基准模型，纳入了企业家性别、企业家教育水平、企业家过往体制内经历、企业年龄、家族企业占股比例、企业正式制度健全程度、企业绩效、资产负债率、地区制度发展水平等控制变量，以检验控制变量与因变量创业导向间的关系。

表 5-9 开发者角色身份与创业导向回归结果

	模型 1	模型 2
控制变量		
Gender	0.106***	0.110***
	(3.051)	(3.193)
Edu	0.096***	0.095***
	(2.737)	(2.731)
Simprint	0.053	0.049
	(1.477)	(1.392)
Firmage	0.098***	0.103***
	(2.732)	(2.887)
Famown	0.073**	0.067*
	(2.011)	(1.867)
Formal	0.055	0.053
	(1.525)	(1.484)
Roe	0.105***	0.107***
	(3.063)	(3.123)
Lev	−0.026	−0.026
	(−0.759)	(−0.745)
Institut	−0.048	−0.040
	(−1.339)	(−1.129)
自变量		
Devel		0.118***
		(3.473)
行业	控制	控制
R^2	0.059	0.073
Adj. R^2	0.048	0.060
F	5.091***	5.788***
N	820	820

注: * 表示 $p<0.10$，** 表示 $p<0.05$，*** 表示 $p<0.01$。

资料来源: 笔者整理。

模型 2 在模型 1 的基础上加入了自变量开发者角色身份，以检验开发者角色身份与创业导向间的回归关系。假设 5-1b 提出，企业家开发者角色身份与创业导向正相关，如表 5-9 中模型 2 所示，在 1% 的水平上，开发者角色身份与创业导向间存在显著的正相关关系（b=0.118，P<0.01），假设 5-1b 得到支持。

（二）政策注意力与创业导向的回归分析

本章报告了政策注意力与创业导向的回归结果，具体如表 5-10 所示，模型 1 为基准模型，纳入了企业家性别、企业家教育水平、企业家过往体制内经历、企业年龄、家族企业占股比例、企业正式制度健全程度、企业绩效、资产负债率、地区制度发展水平等控制变量，以检验控制变量与因变量创业导向间的关系。

表 5-10　政策注意力与创业导向回归结果

	模型 1	模型 2
控制变量		
Gender	0.106*** (3.051)	0.105*** (3.054)
Edu	0.096*** (2.737)	0.079** (2.260)
Simprint	0.053 (1.477)	0.042 (1.169)
Firmage	0.098*** (2.732)	0.081** (2.252)
Famown	0.073** (2.011)	0.068* (1.897)
Formal	0.055 (1.525)	0.045 (1.244)
Roe	0.105*** (3.063)	0.103*** (3.018)
Lev	-0.026 (-0.759)	-0.021 (-0.597)
Institut	-0.048 (-1.339)	-0.049 (-1.381)

	模型1	模型2
中介变量		
Atten		0.109*** (3.071)
行业	控制	控制
R^2	0.059	0.070
Adj. R^2	0.048	0.057
F	5.091***	5.534***
N	820	820

注：* 表示 $p<0.10$，** 表示 $p<0.05$，*** 表示 $p<0.01$。

资料来源：笔者整理。

模型2在模型1的基础上加入了中介变量政策注意力，以检验政策注意力与创业导向间的回归关系。假设5-2提出，企业家政策注意力与公司创业导向正相关，如表5-10中模型2所示，在1%的水平上，政策注意力与创业导向间存在显著的正相关关系（$b=0.109$，$P<0.01$），假设5-2得到支持。

（三）企业家角色身份与政策注意力的回归分析

1. 发明者角色身份与政策注意力

本章报告了发明者角色身份与政策注意力的回归结果，具体如表5-11所示，模型1为基准模型，纳入了企业家性别、企业家教育水平、企业家过往体制内经历、企业年龄、家族企业占股比例、企业正式制度健全程度、企业绩效、资产负债率、地区制度发展水平等控制变量，以检验控制变量与中介变量政策注意力间的关系。

表5-11 发明者角色身份与政策注意力回归结果

	模型1	模型2
控制变量		
Gender	0.004 (0.120)	0.004 (0.120)
Edu	0.149*** (4.306)	0.150*** (4.369)

续表

	模型 1	模型 2
Simprint	0.101*** (2.876)	0.096*** (2.742)
Firmage	0.153*** (4.337)	0.157*** (4.474)
Famown	0.041 (1.141)	0.044 (1.234)
Formal	0.093*** (2.626)	0.094*** (2.674)
Roe	0.019 (0.559)	0.021 (0.609)
Lev	−0.052 (−1.525)	−0.053 (−1.545)
Institut	0.011 (0.317)	0.012 (0.339)
自变量		
Inven		0.104*** (3.093)
行业	控制	控制
R^2	0.081	0.091
Adj. R^2	0.069	0.079
F	7.088***	7.381***
N	820	820

注：* 表示 $p<0.10$，** 表示 <0.05，*** 表示 $p<0.01$。

资料来源：笔者整理。

模型 2 在模型 1 的基础上加入了自变量发明者角色身份，以检验发明者角色身份与政策注意力间的回归关系。假设 5-3a 提出，企业家发明者角色身份与政策注意力正相关，如表 5-11 中模型 2 所示，在 1% 的水平上，发明者角色身份与政策注意力间存在显著的正相关关系（$b=0.104$，$P<0.01$），假设 5-3a 得到支持。

2. 开发者角色身份与政策注意力

本章报告了开发者角色身份与政策注意力的回归结果，具体如表 5-12 所示，模型 1 为基准模型，纳入了企业家性别、企业家教育水平、企业家过往体制内经历、企业年龄、家族企业占股比例、企业正式制度健全程度、企业绩效、资产负债率、地区制度发展水平等控制变量，以检验控制变量与中介变量政策注意力间的关系。

表 5-12　开发者角色身份与政策注意力回归结果

	模型 1	模型 2
控制变量		
Gender	0.004 (0.120)	0.007 (0.216)
Edu	0.149 *** (4.306)	0.148 *** (4.303)
Simprint	0.101 *** (2.876)	0.098 *** (2.812)
Firmage	0.153 *** (4.337)	0.157 *** (4.458)
Famown	0.041 (1.141)	0.036 (1.023)
Formal	0.093 *** (2.626)	0.092 ** (2.597)
Roe	0.019 (0.559)	0.020 (0.591)
Lev	−0.052 (−1.525)	−0.052 (−1.516)
Institut	0.011 (0.317)	0.017 (0.485)
自变量		
Devel		0.091 *** (2.681)
行业	控制	控制
R^2	0.081	0.089

	模型 1	模型 2
Adj. R^2	0.069	0.076
F	7.088***	7.146***
N	820	820

注：＊表示 p<0.10，＊＊表示 p<0.05，＊＊＊表示 p<0.01。

资料来源：笔者整理。

模型 2 在模型 1 的基础上加入了自变量开发者角色身份，以检验开发者角色身份与政策注意力间的回归关系。假设 5-3b 提出，企业家开发者角色身份与政策注意力正相关，如表 5-12 中模型 2 所示，在 1% 的水平上，开发者角色身份与政策注意力间存在显著的正相关关系（b=0.091，P<0.01），假设 5-3b 得到支持。

（四）政策注意力的中介效应分析

本章采用 Preacher 等（2007）、Hayes 和 Scharkow（2013）所使用的中介效应检验方法进行检验。此外，本章基于 Baron 和 Kenny（1986）的研究，将检验过程分为三步：第一步，对自变量发明者角色身份、开发者角色身份与因变量创业导向进行回归分析，并检验主效应回归系数的显著性；第二步，对自变量发明者角色身份、开发者角色身份与中介变量政策注意力进行回归分析；第三步，将发明者角色身份、开发者角色身份、政策注意力与创业导向同时纳入回归模型，并检验政策注意力回归系数的显著性。与此同时，若自变量的回归系数不显著，则为完全中介效应，若自变量的回归系数仍显著且回归系数减小，则为部分中介效应。

1. 政策注意力在发明者角色身份与创业导向间的中介效应分析

本章报告了政策注意力在发明者角色身份与创业导向间的中介效应分析结果，具体如表 5-13 所示，模型 1 为基准模型，纳入了企业家性别、企业家教育水平、企业家过往体制内经历、企业年龄、家族企业占股比例、企业正式制度健全程度、企业绩效、资产负债率、地区制度发展水平等控制变量，以检验控制变量与因变量创业导向间的关系。模型 2 在模型 1 的基础上加入了自变量发明者角色身份，以检验发明者角色身份与创业导向间的关系。

表 5-13 政策注意力在发明者角色身份与创业导向间的中介效应分析

	模型 1	模型 2	模型 3
控制变量			
Gender	0.106 ***	0.106 ***	0.105 ***
	(3.051)	(3.055)	(3.056)
Edu	0.096 ***	0.096 ***	0.081 **
	(2.737)	(2.765)	(2.305)
Simprint	0.053	0.049	0.040
	(1.477)	(1.393)	(1.115)
Firmage	0.098 ***	0.100 ***	0.084 **
	(2.732)	(2.802)	(2.331)
Famown	0.073 **	0.074 **	0.070 *
	(2.011)	(2.064)	(1.946)
Formal	0.055	0.055	0.046
	(1.525)	(1.547)	(1.276)
Roe	0.105 ***	0.106 ***	0.104 ***
	(3.063)	(3.095)	(3.046)
Lev	-0.026	-0.027	-0.021
	(-0.759)	(-0.767)	(-0.612)
Institut	-0.048	-0.048	-0.049
	(-1.339)	(-1.329)	(-1.370)
自变量			
Inven		0.062 *	0.051
		(1.810)	(1.494)
中介变量			
Atten			0.103 ***
			(2.894)
行业	控制	控制	控制
R^2	0.059	0.063	0.073
Adj. R^2	0.048	0.050	0.059
F	5.091 ***	4.939 ***	5.266 ***
N	820	820	820

注：* 表示 $p<0.10$，** 表示 $p<0.05$，*** 表示 $p<0.01$。

资料来源：笔者整理。

模型3在模型2的基础上加入了中介变量政策注意力。假设5-4a提出，企业家政策注意力在发明者角色身份与公司创业导向之间起到中介作用，如表5-13中模型3所示，在控制了自变量发明者角色身份之后，中介变量政策注意力与因变量创业导向存在显著的正相关关系（b=0.103，P<0.01）。比较表5-13中的模型2和模型3，控制了中介变量之后，自变量发明者角色身份与创业导向间的正相关关系强度有所降低（模型2中b=0.062；模型3中b=0.051），而且控制中介变量政策注意力之后自变量发明者角色身份与因变量创业导向间的正向关系不显著。因此，政策注意力在发明者角色身份与创业导向间起到中介作用，且为完全中介，假设5-4a得到支持。

　　2. 政策注意力在开发者角色身份与创业导向间的中介效应分析

　　本章报告了政策注意力在开发者角色身份与创业导向间的中介效应分析结果，具体如表5-14所示，模型1为基准模型，纳入了企业家性别、企业家教育水平、企业家过往体制内经历、企业年龄、家族企业占股比例、企业正式制度健全程度、企业绩效、资产负债率、地区制度发展水平等控制变量，以检验控制变量与因变量创业导向间的关系。模型2在模型一的基础上加入了自变量开发者角色身份，以检验开发者角色身份与创业导向间的关系。

　　模型3在模型2的基础上加入了中介变量政策注意力。假设5-4b提出，企业家政策注意力在开发者角色身份与公司创业导向之间起到中介作用，如表5-14中模型3所示，在控制了自变量开发者角色身份之后，中介变量政策注意力与因变量存在显著的正相关关系（b=0.098，P<0.01）。比较表5-14中的模型2和模型3，控制了中介变量之后，自变量开发者角色身份与创业导向间的正相关关系强度有所降低（b=0.118，P<0.01；b=0.109，P<0.01）。因此，政策注意力在开发者角色身份与创业导向间起到中介作用，且为部分中介，假设5-4b得到支持。

表5-14　政策注意力在开发者角色身份与创业导向间的中介效应分析

	模型1	模型2	模型3
控制变量			
Gender	0.106*** (3.051)	0.110*** (3.193)	0.109*** (3.185)

续表

	模型 1	模型 2	模型 3
Edu	0.096 ***	0.095 ***	0.080 **
	(2.737)	(2.731)	(2.296)
Simprint	0.053	0.049	0.040
	(1.477)	(1.392)	(1.118)
Firmage	0.098 ***	0.103 ***	0.087 **
	(2.732)	(2.887)	(2.435)
Famown	0.073 **	0.067 *	0.063 *
	(2.011)	(1.867)	(1.773)
Formal	0.055	0.053	0.044
	(1.525)	(1.484)	(1.232)
Roe	0.105 ***	0.107 ***	0.105 ***
	(3.063)	(3.123)	(3.077)
Lev	−0.026	−0.026	−0.021
	(−0.759)	(−0.745)	(−0.599)
Institut	−0.048	−0.040	−0.042
	(−1.339)	(−1.129)	(−1.181)
自变量			
Devel		0.118 ***	0.109 ***
		(3.473)	(3.212)
中介变量			
Atten			0.098 ***
			(2.773)
行业	控制	控制	控制
R^2	0.059	0.073	0.082
Adj. R^2	0.048	0.060	0.068
F	5.091 ***	5.788 ***	5.990 ***
N	820	820	820

注：* 表示 $p<0.10$，** 表示 $p<0.05$，*** 表示 $p<0.01$。

资料来源：笔者整理。

四、稳健性检验

为验证上述回归结果的稳健性和有效性，本章将依次采用两种方法进行稳健性检验：一是替换自变量企业家角色身份的衡量指标进行直接效应的稳健性检验；二是采用 Bootstrap 法对中介效应进行稳健性检验。

（一）替换自变量测量的稳健性检验

本章借鉴赵红丹和周君（2017）的做法，保持分析模型不变，将自变量发明者角色身份、开发者角色身份两个连续变量按各自的中位数分为大、小两个水平，将自变量转换为虚拟变量代入上述模型进行回归分析（赵红丹、周君，2017），具体的稳健性检验的回归结果如表 5-15~表 5-18 所示。从以上各表中呈现的数据来看，稳健性检验结果进一步支持了本章的假设。

表 5-15　发明者角色身份与创业导向的稳健性检验

	模型 1	模型 2
控制变量		
Gender	0.106*** (3.051)	0.096*** (2.866)
Edu	0.096*** (2.737)	0.086** (2.562)
Simprint	0.053 (1.477)	0.045 (1.309)
Firmage	0.098*** (2.732)	0.070** (2.011)
Famown	0.073** (2.011)	0.097*** (2.785)
Formal	0.055 (1.525)	0.020 (0.564)
Roe	0.105*** (3.063)	0.085** (2.547)
Lev	-0.026 (-0.759)	-0.013 (-0.392)

续表

	模型 1	模型 2
Institut	−0.048 (−1.339)	−0.063* (−1.830)
自变量		
re_ inven		0.267*** (7.871)
行业	控制	控制
R^2	0.059	0.126
Adj. R^2	0.048	0.114
F	5.091***	10.608***
N	820	820

注: * 表示 $p<0.10$, ** 表示 $p<0.05$, *** 表示 $p<0.01$。

资料来源: 笔者整理。

表 5-16 开发者角色身份与创业导向的稳健性检验

	模型 1	模型 2
控制变量		
Gender	0.106*** (3.051)	0.084** (2.548)
Edu	0.096*** (2.737)	0.090*** (2.724)
Simprint	0.053 (1.477)	0.047 (1.411)
Firmage	0.098*** (2.732)	0.085** (2.507)
Famown	0.073** (2.011)	0.071** (2.075)
Formal	0.055 (1.525)	0.030 (0.890)
Roe	0.105*** (3.063)	0.085*** (2.620)

续表

	模型1	模型2
Lev	-0.026	-0.010
	(-0.759)	(-0.298)
Institut	-0.048	-0.074**
	(-1.339)	(-2.166)
自变量		
re_devel		0.320***
		(9.764)
行业	控制	控制
R^2	0.059	0.158
Adj. R^2	0.048	0.147
F	5.091***	13.835***
N	820	820

注: *表示 $p<0.10$，**表示 $p<0.05$，***表示 $p<0.01$。

资料来源：笔者整理。

表5-17 发明者角色身份与政策注意力的稳健性检验

	模型1	模型2
控制变量		
Gender	0.004	-0.001
	(0.120)	(-0.007)
Edu	0.149***	0.145***
	(4.306)	(4.212)
Simprint	0.101***	0.098***
	(2.876)	(2.796)
Firmage	0.153***	0.141***
	(4.337)	(3.992)
Famown	0.041	0.052
	(1.141)	(1.451)
Formal	0.093***	0.078**
	(2.626)	(2.185)

续表

	模型 1	模型 2
Roe	0.019 (0.559)	0.010 (0.291)
Lev	−0.052 (−1.525)	−0.046 (−1.363)
Institut	0.011 (0.317)	0.004 (0.126)
自变量		
re_ inven		0.118*** (3.419)
行业	控制	控制
R^2	0.081	0.094
Adj. R^2	0.069	0.081
F	7.088***	7.591***
N	820	820

注：* 表示 $p<0.10$，** 表示 $p<0.05$，*** 表示 $p<0.01$。

资料来源：笔者整理。

表 5-18　开发者角色身份与政策注意力的稳健性检验

	模型 1	模型 2
控制变量		
Gender	0.004 (0.120)	−0.006 (−0.182)
Edu	0.149*** (4.306)	0.146*** (4.278)
Simprint	0.101*** (2.876)	0.099*** (2.840)
Firmage	0.153*** (4.337)	0.147*** (4.212)
Famown	0.041 (1.141)	0.040 (1.131)

续表

	模型 1	模型 2
Formal	0.093***	0.082**
	(2.626)	(2.324)
Roe	0.019	0.010
	(0.559)	(0.287)
Lev	−0.052	−0.045
	(−1.525)	(−1.313)
Institut	0.011	−0.001
	(0.317)	(−0.022)
自变量		
re_ devel		0.150***
		(4.430)
行业	控制	控制
R^2	0.081	0.102
Adj. R^2	0.069	0.090
F	7.088***	8.375***
N	820	820

注：* 表示 p<0.10，** 表示 p<0.05，*** 表示 p<0.01。

资料来源：笔者整理。

（二）基于 Bootstrap 法的中介效应检验

为验证上述中介效应回归结果的稳健性和有效性，本章将采用 Bootstrap 法对中介效应进行进一步稳健性检验。以往国内外涉及中介效应检验的学术研究多采用 Baron 和 Kenny（1986）的因果逐步回归分析法（Causal Step Regression）（Baron and Kenny，1986），而近年来此方法在有效性和合理性上受到了一些学者的质疑（Hayes，2009；Preacher and Hayes，2004；Zhao et al.，2010）。本章参照 Zhao 等（2010）的中介效应检验程序（见图5-4），并采用 Preacher 和 Hayes（2004）提出的 Bootstrap 法，在 SPSS20.0 中通过 Process3.3 插件进行中介效应的检验。本章分别设置自变量为发明者角色身份和开发者角色身份，政策注意力为中介变量，创业导向为因变量，企业家性别、社会身份、过往体制内经历、企业家族占股比例、企业绩效、企业规模为控制变量，选定模型4，选择5000的样本量，取样方法为偏差校正的非参数百分位法（Bias Corrected）。

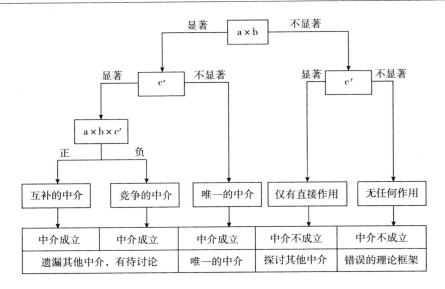

图 5-4　中介效应检验和分析程序

资料来源：Zhao X., Lynch J. G., and Chen Q. Reconsidering baron and kenny: Myths and truths about mediation analysis [J]. Journal of Consumer Research, 2010, 37（2）：197-206.

本章报告了发明者角色身份、政策注意力与创业导向的中介效应检验结果（基于 Bootstrap 法），具体如表 5-19 所示，政策注意力在发明者角色身份和创业导向间的中介作用显著，置信区间（BootLLCI = 0.074，BootULCI = 0.702）不包含 0，中介效应的大小即中介路径的效应为 0.333。此外，直接效应的大小为 1.591，置信区间包含 0（BootLLCI = -0.499，BootULCI = 3.680），直接效应不显著，即控制了中介变量政策注意力后，自变量发明者角色身份对因变量创业导向的影响不显著。因此，政策注意力在发明者角色身份对创业导向的影响中起到中介作用，且为完全中介作用。

表 5-19　发明者角色身份、政策注意力与创业导向（Bootstrap 法）

	Atten		EO	
	coeff	t	coeff	t
自变量				
Inven	0.104***	3.093	0.051	1.494
中介变量				

续表

	Atten		EO	
	coeff	t	coeff	t
Atten			0.103 ***	2.894
控制变量				
Gender	0.004	0.120	0.105 ***	3.056
Edu	0.150 ***	4.370	0.081 **	2.305
Simprint	0.096 ***	2.742	0.040	1.115
Firmage	0.157 ***	4.474	0.084 **	2.331
Famown	0.044	1.234	0.070 *	1.946
Formal	0.094 ***	2.674	0.046	1.276
Roe	0.021	0.609	0.104 ***	3.046
Lev	−0.053	−1.545	−0.021	−0.612
Institut	0.012	0.340	−0.049	−1.370
R^2	0.091		0.073	
F	7.381 ***		5.266 ***	
	Effect	BootSE	BootLLCI	BootULCI
直接效应	1.591	1.065	−0.499	3.680
间接效应	0.333	0.159	0.074	0.702

注：* 表示 $p<0.10$，** 表示 $p<0.05$，*** 表示 $p<0.01$。

资料来源：笔者整理。

本章报告了开发者角色身份、政策注意力与创业导向的中介效应检验结果（基于 Bootstrap 法），具体如表 5-20 所示，政策注意力在开发者角色身份和创业导向间的中介作用显著，置信区间（BootLLCI = 0.021，BootULCI = 0.218）不包含 0，中介效应的大小即中介路径的效应为 0.099。此外，直接效应的大小为 1.220，且置信区间不包含 0（BootLLCI = 0.474，BootULCI = 1.965），直接效应显著，即控制了中介变量政策注意力后，自变量开发者角色身份对因变量创业导向的影响显著且直接效应为 1.220。因此，政策注意力在开发者角色身份对创业导向的影响中起到中介作用，且为部分中介作用。

表 5-20　开发者角色身份、政策注意力与创业导向（Bootstrap 法）

	Atten		EO	
	coeff	t	coeff	t
自变量				
Devel	0.091***	2.681	0.109***	3.212
中介变量				
Atten			0.098***	2.773
控制变量				
Gender	0.007	0.216	0.109***	3.185
Edu	0.148***	4.303	0.080**	2.296
Simprint	0.099***	2.812	0.040	1.118
Firmage	0.157***	4.458	0.087**	2.435
Famown	0.036	1.023	0.063*	1.773
Formal	0.092**	2.597	0.044	1.232
Roe	0.020	0.591	0.105***	3.077
Lev	−0.052	−1.516	−0.021	−0.599
Institut	0.017	0.485	−0.042	−1.181
R²	0.089		0.082	
F	7.146***		5.991***	
	Effect	BootSE	BootLLCI	BootULCI
直接效应	1.220	0.380	0.474	1.965
间接效应	0.099	0.051	0.021	0.218

注：*表示 p<0.10，**表示 p<0.05，***表示 p<0.01。

资料来源：笔者整理。

综上，本章所有假设的实证检验结果如表 5-21 所示。

表 5-21　假设检验结果汇总

假设	假设内容	检验结果
H5-1a	企业家发明者角色身份正向影响创业导向	支持
H5-1b	企业家开发者角色身份正向影响创业导向	支持
H5-2	企业家政策注意力正向影响创业导向	支持
H5-3a	发明者角色身份正向影响企业家政策注意力	支持

假设	假设内容	检验结果
H5-3b	开发者角色身份正向影响企业家政策注意力	支持
H5-4a	政策注意力在发明者角色身份和创业导向间起中介作用	支持
H5-4b	政策注意力在开发者角色身份和创业导向间起中介作用	支持

资料来源：笔者整理。

第四节　讨论与结论

一、研究结论

企业要在动态的市场环境中获取竞争优势，必须通过创业活动先动性地追逐市场机会（Messersmith and Wales，2013）。创业导向作为公司创业领域中衡量企业对创业活动偏好的重要构念，长期以来都是学术界关注的热点。鉴于创业导向对企业获取竞争优势和增强活力的重要性（Messersmith and Wales，2013；王重鸣等，2006），有必要探究影响创业导向产生的前置因素。民营企业作为我国创业就业的重要主体、国家税收的重要来源，为我国社会主义市场经济发展贡献了重要力量。民营企业家作为企业最重要的决策主体，能够在企业的创业决策中发挥重要的核心作用。因此，本章聚焦民营企业家，探讨其对公司创业行为的影响。

长期以来，诸多学者关注企业家与其他经济个体间的显著差异，如风险倾向（Stewart and Roth，2004）、动机（Stewart and Roth，2007）、个性（Begley and Boyd，1987）等。有研究发现，企业家与其他经济个体在认知偏差和启发式方法（Heuristics）（Busenitz and Barney，1997；Simon et al.，2000）、能力（Alvarez and Busenitz，2001）等方面会存在差异。有学者认为，企业家与非企业家（如管理者）的思维模式（Baron，2000）会存在重要差异。最新的研究则开始关注企业家这一群体内部的差异问题（Cardon et al.，2009；Fauchart and Gruber，2011），如激情、动机和不同的身份导致企业家这一群体在行为上产生差异。企业家对成为一名创业者（being an entrepreneur）过程中的诸多方面（如机会识别或企业成长）会充满激情，这种表现在创业激情上的差异反映了企业家潜在的角色身份（即发明者角色身份或开发者角色身份），这些角色身份能够引发不同的创业行为（如问题解决、创业持久性或专注性）（Cardon et al., 2009）。尽管并非所有的企业家都以相同的方式进行思考和行动，但企业家的决策都与其潜在身份相符（Mathias and Williams, 2017）。企业家和大多数组织成员一样，戴着许多"帽子"，即扮演着诸多不同的角色，承担着不同的角色身份（Teoh and Foo, 1997）。例如，从追求商业战略到新的创业机会，企业家在识别、评估和利用新机遇时会扮演不同的角色（Eckhardt and Shane, 2003）。然而现有实证研究尚未充分考虑较为广泛的角色身份类型，以及这些角色身份类型对企业家想法和行为的影响（Powell and Baker, 2014）。

出于对公司创业行为和政策注意力研究主题的考虑，本章聚焦发明者与开发者两种角色身份，通过民营企业调查的问卷数据，对民营企业家不同的角色身份与创业导向间的关系分别进行实证检验。实证检验结果显示，企业家两类角色身份，即发明者角色身份、开发者角色身份与创业导向间具有显著的正向关系，即企业家承担的机会识别和企业发展相关的角色身份程度越高，企业越会倾向于积极从事公司创业活动。这一研究结论印证了企业家身份影响创业行为的观点（Gruber and MacMillan, 2017）。

另外，为深入剖析角色身份影响创业导向的内在作用过程，本章结合中国转型经济情境和民营企业的创业问题，提出政策注意力在其中起到中介作用。创业的本质在于机会的识别和利用，由于改革以及各种经济、社会和政治的变革，转型经济体中蕴含的创业机会比比皆是（Xu and Meyer, 2013）。正如 Bruton 等（2008）所说，新兴市场下的企业家不仅需要精通企业经营，还要精通搜索和解读政策转变的信号（Bruton et al., 2008）。企业家对政府法规保持高度的注意力有利于政策性机会的选择和企业的再投资活动（Dai and Liao, 2019；Dai et al., 2018），而承担特定角色身份的企业家，在受到内在动机的影响履行相应行为预期的过程中，身份能够起到感知过滤的作用，从而引导企业家注意到与身份一致的刺激（Wry and York, 2017）。因此，企业家身份能够通过影响个体认知进而推进企业创业决策。

基于此，本章整合了角色身份理论和注意力基础观，并在中国转型经济体背景下探讨民营企业家身份影响企业战略决策的内在作用机制，从企业家政策注意力角度，打开企业家身份—创业导向之间的"黑箱"，建立"身份—认知（注意力）—创业导向"的框架。通过实证检验，本章得出了以下结论：

一是企业家政策注意力与创业导向之间存在着显著的正相关关系。这一结果验证了认知因素在解释创业行为中的重要性。相较于信息本身，处理信息的能力是企业更为稀缺的资源，企业决策的成败往往取决于决策者把有限的注意力聚焦于何处。在中国转型经济背景下，为了促进民营企业的发展，政府往往会解除对某些行业的管制，通过颁布利好性的规章或政策来扩大民营企业在这些行业中的参与，因此，这类政策法规中蕴含了大量有利于民营企业的创业机会。企业家对此类政策法规予以高度关注，则意味着能够更准确、更迅速地解读政策，进而更有效地利用制度规则推进企业的创业活动。

二是企业家发明者角色身份和开发者角色身份与政策注意力间存在显著的正相关关系。这验证了企业家层面的特定身份对认知的积极影响（Mathias and Williams，2017），即企业家承担的发明者角色身份和开发者角色身份程度越高，出于验证自我意义的需要，企业家越会将其注意力配置到政府政策法规上。转型经济体中的相当一部分资源和机会仍由政府所控制（Wang et al.，2011），当企业家面临机会的识别和企业规模扩大的目标时，更会将其有限的注意力配置到政府及相关部门出台的利好性政策法规上，以更及时、高效地通过政策性机会满足其身份相关的目标，如识别出政策中的创业机会，在企业规模扩大的过程中不断地进行创业机会的识别等。

三是政策注意力在企业家发明者角色身份、开发者角色身份与创业导向间均存在中介作用，且在发明者角色身份—创业导向间起到完全中介作用，在开发者角色身份—创业导向间起到部分中介作用。这表明，当企业家更有动力从事机会识别相关的活动时，转型经济体中的政策中会蕴含更多未被充分识别和开发的新机会，因此发明者角色身份提升公司创业导向的政策效应明显；而在企业家关注企业发展的时期，可能还会存在着其他的因素影响企业的创业意愿。政策注意力在开发者角色身份—创业导向间起到部分中介作用，这表明承担开发者角色身份的企业家更关注企业的价值创造和规模扩大，这一过程往往会涉及机会的持续再识别和再利用。此时，对来自"政治舞台"的政策性机会保持高度敏感有助于公司创业导向的提升，同时，企业家对产品市场中机会的关注也可能有利于提升企业的创业意愿并推进创业决策的实施。因此，企业家开发者角色身份影响创业导向的内在作用机制，不仅包括企业家的政策注意力，还有可能包含企业家对市场的注意力。

二、理论贡献

本章的理论贡献主要有以下三点：

第一，本章结合中国转型经济背景，通过整合角色身份理论和注意力基础观，打开了民营企业家角色身份与创业导向间的"黑箱"。以往宏观层面的创业导向前因研究，多集中于企业外部市场环境或制度环境的影响（Engelen et al.，2015b），微观层面已有研究关注高管团队（Diánez-González and Camelo-Ordaz，2016）、董事会特征（Wincent et al.，2014）以及企业家个体特质（Khedhaouria et al.，2015）的作用，然而从企业家身份角度思考创业导向影响因素的研究并不多见。本章挑战了长期以来企业家研究中的固有观点，即企业家与其他经济主体之间的差异主要来自天生特质，如性格与个性差异。本章则强调角色身份是创业决策制定的一个极为关键但仍未被充分考虑的因素。既有研究中，Miller 和 Le Breton-Miller（2011）利用上市企业所有者不同的身份来预测公司创业导向和绩效，这一研究是将个体身份引入创业导向前因研究的第一次尝试。此项研究利用企业的组织结构特征对创业导向加以预测，虽然依据企业所有者—管理者的不同关系提出了三种身份类型，但仅停留在基于身份视角的理论解释阶段，而并未对各身份类型及其作用直接进行测量和验证。Stewart 等（2016）的研究在此基础上加以推进，探讨特殊研究情境下的角色身份特性与创业导向间的关系，对专业型企业创始人双重角色身份的重要性与中心性进行了测量，并结合注意力的观点解释了角色身份对创业导向影响的内在机制。然而，现有的实证研究中能基于更广泛的角色身份类型，讨论其与创业间关系的文献并不多见，且"角色身份—创业导向"间的作用机制目前仍处于"黑箱"状态。本章整合了角色身份理论和注意力基础观，并结合中国转型经济背景预测创业导向，构建了"企业家角色身份（发明者、开发者）—政策注意力—创业导向"的研究框架，强调微观层面的企业家特征（即角色身份）、企业家认知（即注意力）对创业导向的促进作用。本章通过强调企业战略决策的微观基础，揭示企业家发明者、开发者两种角色身份对创业导向的积极作用，为公司创业导向的动因研究提供了新的解释机制。同时，本章结合中国转型经济情境，深入解构民营企业家角色身份影响创业导向的内在作用机制，揭示政策注意力在其中的中介作用，打开了民营企业家身份与创业导向间关系的理论"黑箱"。

第二，本章对注意力基础观有两条重要的理论贡献。首先，本章从角色身份视角出发进行研究，丰富了企业家注意力配置的前因研究。出于有限理性，个体无法关注所有的环境刺激，为了解释个体为何注意某些因素而忽略另一些因素，以往注意力的前因研究大多聚焦于环境因素的特征，如美国航空业放松管制所反映的产业环境对管理者注意力配置的影响（Cho and Hambrick，2006），然而对环境刺激的接受者，即决策者特征的关注较少。注意力基础观认为，决策者的特性在企业行为模型中，对于企业行为也会起到不容忽视的作用（Ocasio，1997）。因此，关于决策者自身特征如何影响其注意力配置的方向，以及决策者自身所感知的环境刺激的研究，对于推进注意力配置的研究、注意力基础观的发展有着不可忽视的重要意义。本章结合角色身份理论，揭示了两类角色身份（发明者、开发者）能够引导企业家将其注意力配置于特定领域（即政府政策法规），有助于民营企业更有效地识别和利用支持性政策中蕴含的机会，这为微观层面的注意力配置动因研究提供了一个全新的思路。其次，本章揭示了政策注意力对创业导向的促进作用，为解释宏观政策法规如何影响公司创业活动奠定了微观基础，丰富了注意力基础观在转型经济背景下的情境化运用。随着中国从计划经济向市场经济的过渡，中央和地方政府不断出台和实施支持性政策法规以促进民营企业的发展，既有研究多聚焦区域层面正式制度（如管制放松）对创业的影响，而关注企业重要决策主体——企业家及其对政府政策感知的研究并不多见（Zhou，2011）。本章基于注意力基础观，并结合中国转型经济背景，将企业家对政府政策的关注程度进行概念化，揭示了民营企业家对政策法规的高度关注，能够助力企业更有效地识别和评估来自政治市场的创业机会，从而形成机会信念，使其更有信心且更有效率地进行公司创业活动。这对于创业领域的注意力后果研究，以及注意力基础观的情境化运用具有重要的理论意义。

第三，本章为发明者、开发者两种角色身份的测量和实证研究做出有益示范，并且丰富了创业领域的企业家角色身份研究。本章响应 Spedale 和 Watson（2014）"对创业行为的研究可以从关键的社会学因素的考虑中获益"的呼吁，从一个新的视角即企业家角色身份的角度，探索影响创业导向的企业家个体层面因素。作为身份理论在社会学上的分支，尽管近年来角色身份理论与创业领域相关现象的研究的结合日益密切，但是由于缺乏较为成熟权威的特定身份的测量工具，这一脉络的研究大多基于定性的案例研究方法，而采用定量的实证方法的研究则十分欠缺。此外，尽管有学者尝试依据企业家所处的不同社会情境，从企业家不同的身份角度，解构不同的所有者—管理者类型对公司创业导向的异质性影响，但既有研究并未对其中的企业家身份直接加以表征（Miller and Le Breton-Miller，2011）。在公司创业领域，也鲜有实证研究直接将企业家身份纳入模型进行验证，这使得该领域内学者难以对角色身份的作用获得更深入、明晰的理解。本章出于对公司创业行为和政策性机会识别这一研究主题的考量，选定内涵符合研究需要的角色身份，聚焦发明者、开发者两类角色身份，利用全国民营企业调查问卷数据来表征两类身份，强调两类角色身份及其内含的自我验证倾向能够对公司创业活动起到预测作用。这是角色身份理论在公司创业领域中进行定量研究的一次具有创新意义的尝试，为之后的创业领域角色身份的测量和实证研究做出有益的示范，有助于为未来公司创业学者进行角色身份研究奠定实证基础（Gruber and MacMillan，2017）。

三、实践启示

依据实证分析结果，本章针对民营企业、企业家和政策制定者提出的实践启示主要体现在以下三个方面：

第一，本章为民营企业如何提升创业意愿提供了解答。本章从民营企业家身份出发，通过身份影响企业家认知、引导注意力配置，进而促进公司创业导向，建立了一个较为完整的公司创业导向提升框架，这为更深入地探索创业导向的动因，更有效地推动民营企业创业，从而推动国民经济发展具有重要意义。民营企业作为市场经济中最富活力、最具潜力、最有创造力的部分，是推动国民经济发展的重要力量。然而受到国内外市场环境高不确定性、高动态性和高风险性的冲击，民营企业家往往缺乏扩大经营的信心，继而促使企业战略更趋于保守以维持现状，使企业具有较高的风险规避性。本章聚焦影响创业导向的企业家层面因素，深入讨论了创业导向提升过程中的内在机理，这能够为更好地推动企业打破现状、积极进行创新创业提供建议。无论是提醒民营企业重视企业家的身份构建，还是提醒政策推行者强化企业家对政府政策法规的关注度，归根结底都在于帮助民营企业提升创业导向，促进民营企业从事公司创业活动，进而推动国民经济发展和产业转型升级。

第二，本章揭示了民营企业家关注政府政策法规的重要性，同时对于如何有效配置注意力的问题也做出了解答，提醒民营企业重视企业家身份的构建。本章揭示了影响创业导向的企业家层面因素以及内在作用机制，实证检验了企业家角色身份与政策注意力对创业导向的促进作用。因此，企业在建设过程中必须重视对核心决策主体，即民营企业家的角色身份的构建。本章指出，民营企业家会依赖自己的个人视角来理解自身所处的环境和自身在环境中的位置，并据此来理解目标、机会、威胁、选择和可能的结果。本章检验了民营企业家的角色身份（发明者、开发者）会通过引导对政策注意力的配置进而促进企业对创业导向的追求。面对当前复杂的国内外经济形势，创业战略是企业得以生存、发展的重要举措。作为市场经济中最为灵活的市场主体——民营企业，应当重视创业对企业的重要价值，并且要看到民营企业家及其特质（特别是民营企业家的角色身份）对公司创业导向的重要意义。企业在经营决策中要注重发挥企业家角色身份对企业创业的积极影响，注重构建企业家的角色身份，并及时识别和利用环境中的机会，助力企业长青发展。进一步地，本章验证了民营企业家的角色身份（发明者、开发者）会对企业的创业导向起到促进作用，但不同的民营企业家角色身份对公司创业导向的积极作用并不一致，且存在不同的影响路径。由于企业所面临的环境是多变的，蕴含机会的领域也是多样的，所以企业要有针对性地识别、利用某些特定领域（如政治市场）的创业机会。因此，本章对于重视民营企业的核心决策者——民营企业家、重视民营企业家的身份构建、重视承担不同角色身份的企业家对不同领域创业机会的关注和识别，以及进一步实施创业战略具有重要的实践启示。

　　第三，本章启示政策制定者在政策法规推行的过程中要积极引导民营企业家加强对政策的关注。创业的本质在于机会的识别，企业家的注意力对于识别创业机会至关重要（Shepherd et al.，2017）。对转型经济体下的民营企业家而言，不仅要关注产品市场（如消费者、供应商和竞争对手）中蕴含的机会，来自政治市场的机会同样值得关注。实际上，转型经济体中的中央和地方政府仍然掌控着大量的资源和机会（Wang et al.，2011），政府相继放开把控的相关行业，并出台了一系列刺激自由市场、信贷融资支持等利好性政策，旨在促进民营企业的健康发展。然而，本书强调企业家对客观政策环境的主观认知的重要性，这是因为，只有企业家注意到相关政策法规的推出，才能切实做到对政策的解读和利用，从而真正将政策落实并切实感受到政府政策的红利，进而增强企业利用政策性机会从事创业活动的信心。因此，一方面，正如 Yang（2004）所言，中国的企业家应该能够对政府的新政策保持敏感并有效地利用制度规则（Yang，2004），以识别出政策性机会进而推进企业创业活动。另一方面，政府颁布有利于民营企业成长的政策固然重要，而提高企业对相关政策法规的注意力同样重要，这会促进民营企业积极从事创业活动，进而发挥民营企业在振兴国民经济、推动社会生产力发展中的重要作用。因此，政策制定者在推行政策法规的过程中，应当思考如何提高和强化企业对这类政策的关注度，从而切实推进政策在民营企业中的顺利落实。

四、局限与展望

尽管本章有着以上的理论与实践意义，仍不可避免地存在着一些不足之处，这些不足之处为未来研究提供了方向。

第一，囿于数据的限制，本章选择了截面数据来检验模型，而这不利于探索企业家角色身份、注意力分配与公司创业导向之间的因果关系。因此，未来研究可以采用时间序列数据和相应的研究设计，进一步探索这些变量之间的关系。作为一项探索性的研究，本章采用代理变量测量企业家发明者和开发者两种角色身份，在这一测量方式下本章得出了符合理论预期的实证结果，但未来研究有必要通过其他测量技术的运用对企业家持有身份的类型和程度予以直接测量。具体地，未来研究可开发适用的角色身份测量工具，结合问卷调查法深入讨论企业家角色身份的作用。

第二，本章的实证检验结果表明，政策注意力在开发者角色身份和创业导向间起到部分中介作用，这说明还存在着其他的作用机制能够传递开发者角色身份对创业导向的影响。例如，当开发者企业家应对"成长的劣势"等挑战时，不仅可以在政策法规中寻求有利的资源和机会，也可能会在产品市场中进行新一轮潜在机会的识别和利用，从而对产品市场中的环境刺激保持高敏感性。又如，特定角色身份有可能通过影响企业家的目标认知（Seo et al.，2004），进而促进公司创业活动。同样由于所用数据的局限，本章未能对上述机制进行直接的检验。未来研究可基于角色身份理论，探讨除政策注意力之外的其他作用机制，如市场注意力、目标认知等，以进一步揭示企业家开发者角色身份如何影响企业的战略选择。

第三，本章假定企业家拥有单一角色身份，并在此假定成立的基础上研究企业家个体间的差异，然而现实中还会存在同一个体承担多种角色身份的情况，此时企业家并非根据某单一身份做出决策，而是在多种身份之间的协调过程中进行个体决策（Ashforth et al.，2008；Leavitt et al.，2012）。了解角色身份变化如何影响企业家的思维和行为仍然是一个关键但仍未得到充分解答的问题。在创业领域中，学者们也大多基于某一企业家拥有单一身份的假定进行研究（Hoang and Gimeno，2010；Navis and Glynn，2011；Fauchart and Gruber，2011；Cardon et al.，2009），虽然这些研究有些支持"企业家可能具有多重身份"的观点（Cardon et al.，2009），但并未解释个体内部角色身份变化是如何影响企业战略决策的。正如 Mathias 和 Williams（2017）强调的，个体拥有多重身份，在特定情境下，个体会受到某一特定身份或多重身份的共同刺激，进而做出相应决策（Mathias and Williams，2017）。未来研究可以进一步揭示个体内部身份与公司创业行为之间的关系。例如，在创业的初期阶段，企业家可能会同时拥有发明者和创立者身份，并参与涉及这两类身份的活动，如向潜在的风险投资者提出自己的创新性想法。此外，未来研究可以思考企业家受到多重身份冲突的挑战时，企业家的注意力可能会被分散或削弱的问题（Cardon et al.，2009）。

第六章 民营企业家新政感知影响
创业导向吗？

第一节 理论分析与假设

一、政策感知与创业导向

公司创业作为动态环境下企业获取持续性竞争优势、取得高绩效水平的有效路径，已获得许多研究者的认同（Covin and Miles, 1999; Zhao et al., 2011; Rosenbusch et al., 2013）。基于此，企业在多大程度上介入公司创业活动即创业导向的高低成为企业重要的战略选择（Wiklund, 1999; Voss et al., 2005）。创业导向代表企业开创新事业、积极参与组织或市场变革、响应环境变化的一种特定心智模式和行为倾向（Wiklund, 1999; Voss et al., 2005），主要包括创新性、风险承担性和先动性三个维度（Miller, 1983）。

Child（1972）提出的"战略选择理论"认为，企业在进行战略决策时需考虑三个关键因素：战略选择代理人与选择的本质、环境的本质、战略选择代理人与环境关系的本质。其中，战略选择代理人通常是指组织内部权力持有者。由于环境因素需经过战略选择代理人的"主观过滤与释义"后才对组织决策产生影响（Child, 1972, 1997; 戴维奇、魏江, 2015），因而权力持有者是决定组织战略选择的直接因素（Child, 1972, 1997）。然而，许多理论模型并未充分重视企业内部权力持有者的作用（戴维奇、魏江, 2015）。基于此，创业导向作为企业战略选择的结果，在分析其影响因素时忽略权力持有者是不恰当的。因此，不同于以往研究只关注宏观环境而忽视企业家的做法，本书将企业家及其政策环境认知作为创业导向战略选择的重要影响因素。

North 和 Douglass 曾在《西方世界的兴起》中指出，环境对个人、组织的创新性和投资活动具有重要作用。在国家"非公36条"颁布前，私营企业的发展受到诸多制约。而"非公36条"颁布后，国家从企业融资、市场准入等七大方面为非公有制企业予以政策支持，改善企业所处的政策环境。经过企业家的主观评价和解读，能使其感知到政策环境的"利好"，进而降低可被感知到的创业风险，有效激发企业家从事创业活动的勇气，使得企业更加自信地介入具有创新性、风险性和先动性的创业行为。这种政策所释放出来的利好，降低了企业家可感知到的创业风险，强化了未来创业取得成功的自信心。基于此，本书提出以下假设：

H6-1：民营企业家对政策的感知会对创业导向产生影响，企业家越是感到政策环境有所改善，企业越可能采用积极的创业导向。

企业家新政感知与创业导向之间的关系如图6-1所示。

图6-1 主效应示意图

资料来源：笔者绘制。

二、地区制度发展水平的调节作用

制度是约束经济行为主体的博弈规则，影响着企业在市场交易过程中的风险与不确定性（North，1990）。North（1990）提出，制度环境由正式制度（宪法、法律、财产权利）和非正式制度（制裁、禁忌、风俗、传统和行为守则）共同构成。因此，本书也主要从正式制度和非正式制度两个维度来加以分析。

正式制度对于市场经济的发展有着重要的影响，正式制度越完善，市场对资源配置的作用越明显（宋渊洋、刘飔，2015），因此，市场化水平在很大程度上反映了正式制度的完善程度。本书参照何轩等（2014）、蔡地等（2016）的做法，用市场化水平来刻画正式制度。正如前文所述，转型中的国家的区域制度发展水平参差不齐，不同区域之间的制度环境的效率和市场化程度差异较大（陈凌、王昊，2013）。例如，在我国改革开放和市场经济体制改革的过程中，一些地区尤其是东部沿海地区利用自身在经济基础、地理位置、交通等方面的优势，持续获得了国家大量的制度供给，形成了较为完善的制度体系，因而这些地区市场发展水平相对较高。然而另一些地区，如西部地区，在获得制度供给的数量和速度上低于东部地区，使得该地区制度建设缓慢，市场化水平相对较低。由此，我国各个不同地区在制度发展水平上差异明显。

在一些制度发展水平较高的地区，长期形成的开放经济环境和积极的价值观有效地促进了该地区对新政策和新制度的积极接纳（安蕊、雷晓明，2004），同时较为完善的制度发展环境也促进了该地区对新制度和新政策的高效吸收与整合，使得制度发展水平较高的地区在政策和制度的落实与执行上具有更大的优势，进而又推动了该地区环境的持续改善。因此，在地区制度发展水平较高的区域，新政的颁布往往更能有效降低企业家的风险感知，增强其信心，最终推动创业活动。基于此，本书提出以下假设：

H6-2：在地区制度发展水平较高的地区，企业家新政感知对创业导向的促进作用更显著。

地区制度发展水平调节效应如图6-2所示。

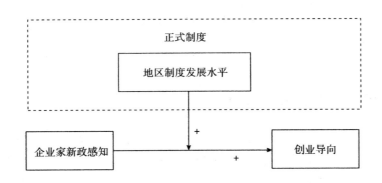

图6-2　地区制度发展水平调节效应示意图

资料来源：笔者绘制。

三、信贷分配市场化水平的调节作用

鉴于财税金融发展状况和私有财产保护水平能有效地反映我国经济体制中市场发挥作用的程度，本书进一步选取了信贷分配市场化水平和私有财产保护这两个指标来刻画正式制度，探讨在信贷分配市场化水平和私有财产保护水平不同的地区，企业家新政感知对创业导向影响的异同之处。

目前，信贷融资约束已成为制约我国中小企业持续发展的重要因素。在我国信贷分配市场化水平较低的地区，金融机构仍是以国家控制的银行为主（刘晓曙，2015），其"重公轻私""重大轻小"的观念根深蒂固。虽然在国家的大力改革下，这些银行已对非国有企业开放了贷款业务，但由于我国大多数民营企业发展规模较小，实力较为薄弱，银行在向民营企业放贷过程中通常需要承担较大的风险。因此，这些银行为了避免承担过高风险，一般更倾向于将资金投给那些规模较大的国有企业或集体企业，而在放贷政策上也主要采取先满足国有经济需求再给予非国有经济一定支持的策略（纪敏、王新华，2009），从而控制银行放贷风险。除此之外，这些机构在向民营企业发放贷款时通常会提出更为严苛的条件，致使企业在贷款时不得不再三衡量贷款所带来的高额成本和巨大风险，由此也造成了中国民营企业贷款难的局面。在此背景下，民营企业通常对风险投资和创新严重缺乏信心，无法理性判断创业风险，因此，即使感知到环境有所改善，企业也不敢大胆行动。

反之，在信贷分配市场化水平较高的地区，其对市场经济的制度安排有着强烈的自发性需求（安蕊、雷晓明，2004），对市场经济的接受能力更强，融资环境和观念也更为开放和先进，因而更能接纳和吸收新政策、新制度，在信贷政策供给和落实上具有更大优势。这有助于促进该地区信贷分配水平的提高和信贷环境的持续完善。同时，处于信贷水平较高地区的民营企业对外部信贷环境的评价一般更为积极，这进一步使得处于该地区的民营企业对创业风险的判断更为理性，企业家具有更高的控制风险的信心。在此情境下，新政所带来的种种利好与企业家固有的信心相结合，使得企业在感知到环境改善时，更有自信采取大胆行动，进行创新创业。基于此，本书提出以下假设：

H6-3：在信贷分配市场化水平较高的地区，企业家新政感知对创业导向的促进作用更显著。

信贷分配市场化水平调节效应如图6-3所示。

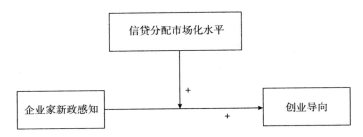

图 6-3 信贷分配市场化水平调节效应示意图

资料来源：笔者绘制。

本书对上述假设进一步进行了汇总整理，具体如表 6-1 所示。

表 6-1 假设汇总

假设	内容
H6-1	民营企业家对政策的感知会对创业导向产生影响，企业家越是感到政策环境有所改善，企业越可能采用积极的创业导向
H6-2	在地区制度发展水平较高的地区，企业家新政感知对创业导向的促进作用更显著
H6-3	在信贷分配市场化水平较高的地区，企业家新政感知对创业导向的促进作用更显著

资料来源：笔者绘制。

四、理论研究模型

本章的研究模型如图 6-4 所示。

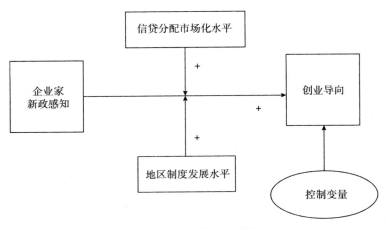

图 6-4 本章的研究模型

资料来源：笔者绘制。

第二节 研究设计

一、样本与数据

本书样本来自中共中央统战部、中华全国工商业联合会、原国家工商行政管理总局、中国民（私）营经济研究会 2006 年组织的"全国民营企业家调查"。为保证样本具有代表性，该调查采用按比例随机抽样的方式进行样本的采集，并联合工商局协同进行。该调查共收回 3837 份样本，样本有效回收率高达 80%。参照何轩等（2014）的做法，本书先是剔除了数据严重缺失的样本，然后对连续变量进行了缩尾处理，最终得到 941 个样本观测值。

二、变量测量

（一）因变量

创业导向：本书主要参考借鉴 Miller（1983）提出的创业导向"三维度"的观点，即创新性、先动性和风险承担性，在操作方法上，主要参照 Miller 和 Le Breton-Miller（2011）的做法，采用以上三个维度的标准化得分之和作为创业导向的测量指标，用于正文检验；同时，提取这三个指标的主成分用于稳健性检验。具体操作如下：

创新性是指引进新产品（服务）、新技术，建设新生产线，寻找新市场的机会的倾向，往往表现为企业的研发投入。目前，许多学者（Miller and Le Breton-Miller, 2011；Lin et al., 2011）借助研发强度（研发投入/营业收入）这一指标来衡量企业的创新性。本书参考该方法，用企业的研发费用/企业的销售额来衡量创新性。

先动性是指企业积极预测未来需求、寻找创业机会，取得领先优势的倾向。企业的先动性在财务上主要表现为企业的大量投资。Miller 和 Le Breton-Miller（2011）提出，可以采用企业内部年度收益再投资百分比来衡量企业的先动性。本书参照该方法，用纯利润中用于投资的百分比来测量先动性。

风险承担性是指企业对结果未知的决策所愿意做出的最大资源投入。在环境未知的状态下，企业用于发展的资金投入越大，表明企业愿意承担的风险越高。本书主要采用企业发展资金需求量/企业净资产的方式来衡量企业的风险承担性。

（二）自变量

企业家新政感知（Penp）：是指民营企业家对新政有效性的看法，即新政策是否促进了政策环境的改善。本书中的变量测量基于"非公36条"出台后，民营企业家对9个环境指标改善情况的评价（鉴于第10个题项主要是对前9个题项的概括，因而将其剔除）。本书参照何轩等（2014）的处理方法，对新政感知采用求平均值和主成分提取两种计算方式，其中主成分法用于稳健性检验。为使统计结果更加通俗易懂，我们对问卷中企业家新政感知部分的题项做了反向赋值，即1表示"倒退"，4表示"明显改进"。

（三）调节变量

地区制度发展水平（Institution）：依据2006年度中国各省、自治区、直辖市市场化相对进程年度报告中的市场化指数进行测量（樊纲等，2007）。正式制度对市场经济的发展有着重要的影响，正式制度越完善，市场对资源的配置作用越明显，因此，市场化水平在很大程度上反映了正式制度的完善程度。

信贷分配市场化水平（Mdocd）：依据2006年度中国各省、自治区、直辖市市场化相对进程年度报告中的信贷资金分配的市场化水平指数进行测量（樊纲等，2007）。

（四）控制变量

为了排除其他可能解释，我们控制了个体和企业层面的多个变量。

在个体层面，本书控制了企业家年龄（Age）、受教育水平（Edu）两个变量。相关研究发现，企业家的年龄越大，其创业热情越低（Levesque and Minniti，2006），因此需加以控制。具体而言，企业家年龄用2005减去企业家出生年份得到的差来测量。企业家的受教育水平（Edu）也会影响企业家行为（Hamilton，2012），因此，本书使用虚拟变量来判断企业家是否有大学以上学历（1=有，0=没有），进而控制企业家受教育水平（Edu）。

在企业层面，本书控制了企业年龄（His）、企业规模（Lnemploy）、企业绩效（Roe）、资产负债率（Lev）、家族成员持股比例（Famown）等变量。由于初创企业的新进入缺陷，企业往往只能获得较少的创业资源和机会（Acs and Audretsch，1988；Hannan and Freeman，1989），进而影响创业。因此，本书对企业年龄（His）进行控制，并以公司成立的年数进行测量。公司规模（Lnemploy）对公司战略行为具有重要影响，本书采用员工总数取对数（Lnemploy）的方式来测量企业规模，进而加以控制。企业绩效（Roe）通过增加松散资源的可利用性能有效地促进企业的创新和风险投资活动（Zahra et al.，2000），据此本书通过测量企业的权益收益率来对企业绩效进行控制。公司资产负债率（Lev）会影响企业获取外部资源的能力，外部资源反过来又会限制企业的投资和创业活动（Cull and Xu，2005），因此本书对资产负债率（Lev）也进行了控制，并以本年度企业银行贷款额除以销售收入得到的商进行测量（Du，2015）。本书用企业家及其家人的持股比例来衡量家族成员持股比例（Famown），从而对家族成员持股比例（Famown）进行控制。

　　本章中的变量定义及测量方法具体如表6-2所示。

表6-2　变量定义与测量

变量类型	变量名称	符号	测量
因变量	创业导向	EO	创新性、先动性和风险承担性三个指标标准化得分之和
	创新性		研发费用/企业的销售额
	先动性		纯利润中用于投资的百分比
	风险承担性		企业发展资金需求量/企业净资产
自变量	企业家新政感知	Penp	9个环境指标得分的平均值
调节变量	地区制度发展水平	Institution	中国市场化指数
	信贷分配市场化水平	Mdocd	信贷资金分配市场化水平指数
控制变量	企业家年龄	Age	根据企业家出生年份进行测量
	受教育水平	Edu	企业家是否有大学以上学历（1=有，0=没有）
	企业年龄	His	公司成立的年数
	企业规模	Lnemploy	员工总数取对数
	企业绩效	Roe	企业的权益收益率
	资产负债率	Lev	本年度企业银行贷款额/销售收入
	家族成员持股比例	Famown	企业家及其家人的持股比例

资料来源：笔者绘制。

三、计量模型设定

（一）主效应检验模型

1. 模型一

模型一主要包括因变量创业导向（EO）和控制变量：

$$EO_i = \beta_0 + \beta_1 Controls_i + \gamma_i + \varepsilon_i$$

其中，β_0 为截距项，$Controls_i$ 代表所有控制变量，包括企业家年龄（Age）、受教育水平（Edu）、企业年龄（His）、企业规模（Lnemploy）、企业绩效（Roe）、资产负债率（Lev）、家族成员持股比例（Famown），β_1 为控制变量的回归系数，ε_i 为随机干扰项。

2. 模型二

本书以企业为分析单位，通过设定模型二来检验假设 6-1，即自变量新政感知（Penp）与创业导向（EO）的关系：

$$EO_i = \beta_0 + \beta_1 Controls_i + \beta_2 Penp_i + \gamma_i + \varepsilon_i$$

其中，β_0 为截距项，β_1、β_2 为回归系数，$Controls_i$ 代表所有控制变量，ε_i 为随机干扰项。

（二）调节效应检验模型

1. 模型三

本书设定模型三来检验假设 6-2，即地区制度发展水平（Institution）对企业家新政感知（Penp）和创业导向（EO）的调节作用。模型三中包括企业家新政感知（Penp）、地区制度发展水平（Institution）、新政感知与地区制度发展水平的交互项（Penp×Institution）、控制变量：

$$EO_i = \beta_0 + \beta_1 Controls_i + \beta_2 Penp_i + \beta_3 Institution_i + \beta_4 Penp_i \times Institution_i + \gamma_i + \varepsilon_i$$

其中，β_0 为截距项，β_1、β_2、β_3、β_4 为回归系数，$Controls_i$ 代表所有控制变量，ε_i 为随机干扰项。

2. 模型四

本书设定模型四来检验 H6-2，即信贷分配市场化水平（Mdocd）对企业家新政感知（Penp）和创业导向（EO）的调节作用。该模型包括企业家新政感知（Penp）、信贷分配市场化水平（Mdocd）、企业家新政感知与信贷分配市场化水平的交互项（Penp×Mdocd）、控制变量：

$$EO_i = \beta_0 + \beta_1 Controls_i + \beta_2 Penp_i + \beta_3 Mdocd_i + \beta_4 Penp_i \times Mdocd_i + \gamma_i + \varepsilon_i$$

其中，β_0 为截距项，β_1、β_2、β_3、β_4 为回归系数，$Controls_i$ 代表所有控制变量，ε_i 为随机干扰项。

本书对以上 4 个模型进行整理归纳，具体如表 6-3 所示。

表 6-3　计量模型设定

模型类型	模型编号	具体设定
主效应检验模型	模型一	$EO_i = \beta_0 + \beta_1 Controls_i + \gamma_i + \varepsilon_i$
	模型二	$EO_i = \beta_0 + \beta_1 Controls_i + \beta_2 Penp_i + \gamma_i + \varepsilon_i$
调节效应检验模型	模型三	$EO_i = \beta_0 + \beta_1 Controls_i + \beta_2 Penp_i + \beta_3 Institution_i + \beta_4 Penp_i \times Institution_i + \gamma_i + \varepsilon_i$
	模型四	$EO_i = \beta_0 + \beta_1 Controls_i + \beta_2 Penp_i + \beta_3 Mdocd_i + \beta_4 Penp_i \times Mdocd_i + \gamma_i + \varepsilon_i$

资料来源：笔者绘制。

第三节　实证检验

本章借助 SPSS22.0 对全国民营企业调查数据进行分析，以检验第三章所提出的假设，具体内容包括：主要变量的描述性统计、相关性分析、企业家新政感知与创业导向关系的主效应分析、正式制度（地区制度发展水平、信贷分配市场化水平、私有财产保护水平）和非正式制度（政治联系）的调节效应分析、稳健性检验。

一、描述性统计

本书对关键变量的最大值、最小值、均值和标准差进行了描述性统计分析（见表 6-4），从统计结果来看：因变量创业导向的均值为 -0.2122，标准差为 0.08189，最小值为 -0.45，最大值为 0.04，创业导向水平普遍较低；自变量新政感知均值为 2.9315，标准差为 0.45265，最小值为 1.89，最大值为 4.00。本书对企业家基本信息进行了描述性统计，具体如表 6-5 所示。

表 6-4　描述性统计

变量	样本数量	最小值	最大值	平均值	标准差
EO	941	-0.45	0.04	-0.2122	0.08189
Penp	941	1.89	4.00	2.9315	0.45265
Institution	941	3.84	10.41	8.1944	1.73414

变量	样本数量	最小值	最大值	平均值	标准差
Mdocd	941	2.69	12.22	9.5740	2.12054
Edu	941	0	1	0.15	0.354
Age	941	24	80	44.9979	7.88710
His	941	1	21	7.17	4.223
Lnemploy	941	0.00	9.16	3.9948	1.59738
Roe	941	-1.08	19.00	0.2950	0.77630
Lev	941	0.00	50.00	0.2007	1.68825
Famown	941	0.00	100.00	69.1382	26.38778

资料来源：笔者绘制。

表6-5 企业家基本信息描述性统计

类别	特征	频数	百分比（%）
性别	男	833	88.5
	女	108	11.5
年龄	小于及等于29岁	16	1.7
	30~39岁	216	23.0
	40~49岁	439	46.7
	50~59岁	240	25.5
	60岁及以上	30	3.2
受教育程度	大学以下学历	803	85.3
	大学以上学历	138	14.7
所有者权益总额	50万元及以下	201	21.4
	51万~200万元	247	26.2
	201万~500万元	149	15.8
	501万~1000万元	116	12.3
	1001万元及以上	228	24.2
税后净利润	50万元及以下	595	63.2
	51万~200万元	185	19.7
	201万~500万元	81	8.6
	501万~1000万元	44	4.7
	1001万元及以上	36	3.8

续表

类别	特征	频数	百分比（%）
家族成员持股比例	10%及以下	20	2.1
	11%~20%	32	3.4
	21%~50%	203	21.6
	51%~80%	346	36.8
	81%及以上	340	36.1

资料来源：笔者绘制。

二、相关性分析

本书在进行回归分析前，对各变量之间的关系进行了相关性分析，并详细展示了自变量、因变量以及控制变量之间的相关系数（见表6-6）。从表6-6中可以看到，自变量新政感知（Penp）与因变量创业导向（EO）之间的相关系数为0.081，在5%的水平上显著，证明了企业家新政感知与创业导向的相关性。

同时，本书也分析了地区制度发展水平（Institution）、信贷分配市场化水平（Mdocd）等调节变量与因变量创业导向的相关关系。其中，地区制度发展水平（Institution）与创业导向（EO）之间的相关系数为-0.019，不显著；信贷分配市场化水平（Mdocd）与创业导向之间的相关系数为-0.018，也不显著。

为了更好地排除其他干扰因素，本书同时选取了企业家年龄（Age）、受教育水平（Edu）、企业年龄（His）、企业规模（Lnemploy）、企业绩效（Roe）、资产负债率（Lev）、家族成员持股比例（Famown）等多个变量作为控制变量。其中，企业家年龄（Age）、企业家受教育水平（Edu）、企业绩效（Roe）、资产负债率（Lev）、家族成员持股比例（Famown）与因变量创业导向（EO）的相关系数均不显著，而企业年龄（His）、企业规模（Lnemploy）与创业导向之间的相关系数分别为0.151、0.199，都在1%的水平上显著。

表6-6 相关性分析

	EO	Penp	Pltctie	Institution	Mdocd	Popr	Edu	Age	His	Lnemploy	Roe	Lev	Famown
创业导向（EO）	1												
企业家薪政感知（Penp）	0.081*	1											
地区制度发展水平（Institution）	-0.019	-0.034	-0.136**	1									
信贷分配市场化水平（Mdocd）	-0.018	-0.053	-0.090**	0.708**	1								
企业家受教育水平（Edu）	0.022	0.046	0.102**	-0.047	-0.143**	-0.037	1						
企业家年龄（Age）	0.036	-0.027	0.171**	0.040	0.000	0.060	-0.097**	1					
企业年龄（His）	0.151**	-0.026	0.283**	0.069*	0.071*	0.067*	-0.028	0.194**	1				
企业规模（Lnemploy）	0.199**	0.037	0.414**	-0.032	0.014	-0.040	0.166**	0.140**	0.267**	1			
企业绩效（Roe）	-0.034	-0.011	0.034	0.053	0.022	0.038	0.025	-0.022	-0.013	0.058	1		
资产负债率（Lev）	0.050	-0.023	-0.022	-0.005	0.009	0.001	-0.007	-0.035	0.001	-0.006	-0.013	1	
家族成员持股比例（Famown）	0.054	-0.003	-0.021	0.090**	0.103**	0.074*	-0.143**	-0.057	0.106**	-0.191**	0.029	-0.004	1

注：* 表示 p<0.05，** 表示 p<0.01，*** 表示 p<0.001。

三、回归分析

（一）主效应回归分析

本书运用统计分析软件 SPSS22.0 对变量进行了回归，以验证上述假设。以模型一为基准模型，放入了所有控制变量与因变量，用于检验控制变量和因变量创业导向之间的关系。本书展示了模型一的回归结果（见表6-7），在不加入自变量企业家新政感知的情况下，企业年龄、企业规模、家族成员持股比例对因变量创业导向都有显著的正向影响（b=0.090，P<0.01；b=0.193，P<0.01；b=0.084，P<0.05），而其他控制变量都不显著。

表6-7 基准模型回归分析

	模型一
企业家新政感知	
企业家受教育水平	0.006 (0.187)
企业家年龄	−0.002 (−0.069)
企业年龄	0.090*** (2.659)
企业规模	0.193*** (5.595)
企业绩效	−0.046 (−1.450)
资产负债率	0.051 (1.596)
家族成员持股比例	0.084** (2.535)
Adj. R^2	0.054
F	8.603
N	941

注：*表示 p<0.10，**表示 p<0.05，***表示 p<0.01。

模型二用于主效应检验，其在模型一的基础上加入了自变量企业家新政感知。本书报告了企业家新政感知与创业导向之间的回归结果（见表6-8），从表6-8可以看出，在5%的水平上，企业家新政感知对创业导向有显著的正向影响，因而假设6-1得到证实，即民营企业家越是感到政策环境有所改善，企业越可能采用积极的创业导向。

表6-8 新政感知与创业导向

	模型一	模型二
企业家新政感知		0.077 ** (2.440)
企业家受教育水平	0.006 (0.187)	0.003 (0.101)
企业家年龄	−0.002 (−0.069)	0.001 (0.017)
企业年龄	0.090 *** (2.659)	0.093 *** (2.741)
企业规模	0.193 *** (5.595)	0.189 *** (5.501)
企业绩效	−0.046 (−1.450)	−0.045 (−1.413)
资产负债率	0.051 (1.596)	0.053 * (1.658)
家族成员持股比例	0.084 ** (2.535)	0.083 ** (2.506)
Adj. R^2	0.054	0.059
F	8.603	8.312
N	941	941

注：* 表示 $p<0.10$，** 表示 $p<0.05$，*** 表示 $p<0.01$。

（二）调节效应回归分析

1. 地区制度发展水平的调节效应检验

为了检验地区制度发展水平对主效应是否具有调节作用，模型三在模型二的基础上增加了地区制度发展水平、地区制度发展水平与企业家新政感知的交互项。本书报告了该调节效应的回归结果（见表6-9），在模型三中，地区制度发展水平与企业家新政感知的交叉乘积项（Penp×Institution）与创业导向具有显著的正向关系（b=0.054，P<0.1），因此假设6-2得到验证，即在地区制度发展水平较高的地区，企业家新政感知对创业导向的促进作用更显著。

表6-9 地区制度发展水平调节效应检验

	模型一	模型二	模型三
企业家新政感知		0.077 ** (2.440)	0.082 *** (2.576)
地区制度发展水平			-0.023 (-0.729)
信贷分配市场化水平			
企业家新政感知× 地区制度发展水平			0.054 * (1.673)
企业家新政感知× 信贷分配市场化水平			
企业家受教育水平	0.006 (0.187)	0.003 (0.101)	0.003 (0.089)
企业家年龄	-0.002 (-0.069)	0.001 (0.017)	0.001 (0.029)
企业年龄	0.090 *** (2.659)	0.093 *** (2.741)	0.091 *** (2.690)
企业规模	0.193 *** (5.595)	0.189 *** (5.501)	0.185 *** (5.385)
企业绩效	-0.046 (-1.450)	-0.045 (-1.413)	-0.041 (-1.304)
资产负债率	0.051 (1.596)	0.053 * (1.658)	0.052 (1.636)
家族成员持股比例	0.084 ** (2.535)	0.083 ** (2.506)	0.087 *** (2.637)
Adj. R^2	0.054	0.059	0.060
F	8.603	8.312	6.987
N	941	941	941

注：* 表示 p<0.10，** 表示 p<0.05，*** 表示 p<0.01。

2. 信贷分配市场化水平的调节效应检验

为了检验信贷分配市场化水平对主效应是否具有调节作用，模型四在模型二的基础上进一步增加了信贷分配市场水平、信贷分配市场化水平与企业家新政感知的交叉乘积项（Penp×Mdocd）。本书报告了信贷分配市场化水平调节效应的检验结果（见表6-10），该回归结果显示，信贷分配市场化水平与企业新政感知的交叉乘积项对创业导向具有显著的正向影响（b=0.076，P<0.05），在5%的水平上显著。因此，H6-2也得到支持，即在信贷分配市场化水平较高的地区，企业家新政感知对创业导向的促进作用更显著。

表6-10　信贷分配市场化水平调节效应检验

	模型一	模型二	模型四
企业家新政感知		0.077** (2.440)	0.082*** (2.590)
地区制度发展水平			
信贷分配市场化水平			-0.041 (-1.263)
企业家新政感知× 地区制度发展水平			
企业家新政感知× 信贷分配市场化水平			0.076** (2.347)
企业家受教育水平	0.006 (0.187)	0.003 (0.101)	-0.004 (-0.107)
企业家年龄	-0.002 (-0.069)	0.001 (0.017)	-0.003 (-0.100)
企业年龄	0.090*** (2.659)	0.093*** (2.741)	0.092*** (2.733)
企业规模	0.193*** (5.595)	0.189*** (5.501)	0.185*** (5.357)
企业绩效	-0.046 (-1.450)	-0.045 (-1.413)	-0.044 (-1.393)
资产负债率	0.051 (1.596)	0.053* (1.658)	0.053* (1.664)
家族成员持股比例	0.084** (2.535)	0.083** (2.506)	0.088*** (2.666)
Adj. R^2	0.054	0.059	0.063

续表

	模型一	模型二	模型四
F	8.603	8.312	7.327
N	941	941	941

注：＊表示 p<0.10，＊＊表示 p<0.05，＊＊＊表示 p<0.01。

四、稳健性检验

为验证企业家新政感知与创业导向之间的关系是否具有稳健性，本书首先对因变量创业导向和自变量企业家新政感知分别提取了主成分，提取结果如表 6-11 和表 6-12 所示。表 6-11 中的提取结果显示，创业导向的第一个主成分的特征值为 1.283，解释了 42.753% 的总方差，而其他的成分特征值小于 1，因此本书选取第一个主成分作为创业导向的替代测量。同样地，表 6-12 中提取的结果显示，在企业家新政感知的主成分提取中，第一个主成分的特征值为 4.834，解释了 53.707% 的总方差，其他的成分特征值均小于 1，因而本书选择第一个主成分作为企业家新政感知的替代测量。

表 6-11　创业导向提取主成分

成分	初始特征值			提取平方和载入		
	合计	方差（%）	累计方差贡献率（%）	合计	方差（%）	累计方差贡献率（%）
1	1.283	42.753	42.753	1.283	42.753	42.753
2	0.868	28.944	71.697			
3	0.849	28.303	100.000			

资料来源：笔者绘制。

表 6-12　企业家新政感知提取主成分

成分	初始特征值			提取平方和载入		
	合计	方差（%）	累计方差贡献率（%）	合计	方差（%）	累计方差贡献率（%）
1	4.834	53.707	53.707	4.834	53.707	53.707
2	0.775	8.608	62.315			
3	0.698	7.755	70.070			

成分	初始特征值			提取平方和载入		
	合计	方差（%）	累计方差贡献率（%）	合计	方差（%）	累计方差贡献率（%）
4	0.598	6.646	76.716			
5	0.541	6.013	82.729			
6	0.474	5.263	87.992			
7	0.418	4.644	92.635			
8	0.355	3.942	96.578			
9	0.308	3.422	100.000			

资料来源：笔者绘制。

在对企业家新政感知和创业导向分别提取了主成分后，本书将所提取的主成分再次放入模型进行回归，以检验上述结果是否稳健，回归结果如表6-13和表6-14所示。本书对创业导向和新政感知采用不同方式进行重新测量后，回归结果仍与原结论一致：企业家新政感知对创业导向有着显著的正向影响，民营企业家越是感到政策环境有所改善，企业越可能采用积极的创业导向；在地区制度发展水平较高的地区，企业家新政感知对创业导向的促进作用更显著；在信贷分配市场化水平较高的地区，企业家新政感知对创业导向的促进作用更显著；私有财产保护水平较高的地区的企业对环境的评价更为积极，企业家新政感知对创业导向的促进作用也更显著；而对于存在政治联系的企业来说，企业家新政感知与创业导向的正向关系较弱。因此，稳健性检验结果进一步证明了正文结果的正确性。

表6-13　创业导向采用主成分法的回归

	（1）EO（主成分法）	（2）EO（主成分法）	（3）EO（主成分法）
企业家新政感知		0.085***（2.702）	0.091***（2.876）
地区制度发展水平			−0.019（−0.589）
信贷分配市场化水平			

续表

	（1） EO（主成分法）	（2） EO（主成分法）	（3） EO（主成分法）
企业家新政感知× 地区制度发展水平			0.064** （2.013）
企业家新政感知× 信贷分配市场化水平			
企业家受教育水平	0.024 （0.753）	0.021 （0.658）	0.021 （0.653）
企业家年龄	0.009 （0.277）	0.011 （0.339）	0.012 （0.381）
企业年龄	0.084** （2.513）	0.087*** （2.608）	0.085** （2.530）
企业规模	0.245*** （7.174）	0.241*** （7.076）	0.236*** （6.951）
企业绩效	−0.052 （−1.640）	−0.050 （−1.602）	−0.047 （−1.485）
资产负债率	0.022 （0.699）	0.024 （0.765）	0.023 （0.740）
家族成员持股比例	0.055* （1.683）	0.054* （1.652）	0.059* （1.791）
Adj. R^2	0.074	0.081	0.083
F	11.795	11.302	9.500
N	941	941	941

	（4） EO（主成分法）	（5） EO（主成分法）	（6） EO（主成分法）
企业家新政感知	0.090*** （2.848）	0.092*** （2.918）	0.159*** （4.001）
地区制度发展水平			
信贷分配市场化水平	−0.031 （−0.979）		
企业家新政感知× 地区制度发展水平			

续表

	（4） EO（主成分法）	（5） EO（主成分法）	（6） EO（主成分法）
企业家新政感知× 信贷分配市场化水平	0.069** （2.183）		
企业家受教育水平	0.016 （0.488）	0.023 （0.711）	0.015 （0.471）
企业家年龄	0.009 （0.264）	0.014 （0.424）	-0.002 （-0.073）
企业年龄	0.087*** （2.587）	0.084** （2.498）	0.075** （2.226）
企业规模	0.236*** （6.928）	0.232*** （6.824）	0.213*** （5.911）
企业绩效	-0.050 （-1.585）	-0.046 （-1.460）	-0.052* （-1.652）
资产负债率	0.024 （0.768）	0.023 （0.748）	0.024 （0.785）
家族成员持股比例	0.058* （1.782）	0.058* （1.768）	0.049 （1.526）
Adj. R^2	0.084	0.086	0.093
F	9.600	9.802	10.612
N	941	941	941

注：* 表示 $p<0.10$，** 表示 $p<0.05$，*** 表示 $p<0.01$。

表6-14　企业家新政感知采用主成分法的回归

	（1） EO	（2） EO	（3） EO	（4） EO	（5） EO	（6） EO
企业家新政感知 （主成分法）		0.079*** （2.484）	0.083*** （2.619）	0.084** （2.632）	0.087*** （2.721）	0.153*** （3.808）
地区制度发展水平			-0.023 （-0.724）			
信贷分配市场化水平				-0.041 （-1.252）		

续表

	（1） EO	（2） EO	（3） EO	（4） EO	（5） EO	（6） EO
企业家新政感知× 地区制度发展水平			0.054* （1.686）			
企业家新政感知× 信贷分配市场化水平				0.076** （2.354）		
企业家受教育水平	0.006 （0.187）	0.003 （0.095）	0.003 （0.086）	−0.004 （−0.107）	0.005 （0.155）	0.001 （0.026）
企业家年龄	−0.002 （−0.069）	0.000 （−0.012）	0.001 （0.029）	−0.003 （−0.099）	0.001 （0.032）	−0.008 （−0.236）
企业年龄	0.090*** （2.659）	0.093*** （2.746）	0.091*** （2.692）	0.093*** （2.736）	0.088*** （2.597）	0.091*** （2.658）
企业规模	0.193*** （5.595）	0.189*** （5.495）	0.185*** （5.383）	0.185*** （5.358）	0.182*** （5.286）	0.182*** （4.991）
企业绩效	−0.046 （−1.450）	−0.045 （−1.412）	−0.041 （−1.301）	−0.044 （−1.390）	−0.041 （−1.297）	−0.045 （−1.428）
资产负债率	0.051 （1.596）	0.053 （1.659）	0.052 （1.635）	0.053* （1.664）	0.052 （1.641）	0.052* （1.651）
家族成员持股比例	0.084** （2.535）	0.083** （2.507）	0.087*** （2.635）	0.088*** （2.664）	0.085*** （2.583）	0.081** （2.458）
Adj. R^2	0.054	0.059	0.060	0.063	0.063	0.066
F	8.603	8.341	7.014	7.353	7.360	7.653
N	941	941	941	941	941	941

注：*表示 $p<0.10$，**表示 $p<0.05$，***表示 $p<0.01$。

本章对以上实证研究结果进行了汇总，具体如表6-15所示。

表6-15 假设检验结果汇总

假设	内容	结论
H6-1	民营企业家对政策的感知会对创业导向产生影响，企业家越是感到政策环境有所改善，企业越可能采用积极的创业导向	接受
H6-2	在地区制度发展水平较高的地区，企业家新政感知对创业导向的促进作用更显著	接受

续表

假设	内容	结论
H6-3	在信贷分配市场化水平较高的地区，企业家新政感知对创业导向的促进作用更显著	接受

资料来源：笔者绘制。

第四节　讨论与结论

一、研究结论

在 2015 年的两会政府报告中，李克强总理指出，"把亿万人民的聪明才智调动起来，就一定能够迎来万众创新的新浪潮"。由此，全国掀起了"大众创业、万众创新"的新浪潮，不管是相关政府部门、企业还是个人都对创新创业活动给予了殷切的关注。与此同时，创业的蓬勃发展也激发了学术界研究和探索的热情，相关学者试图剖析创业行为背后的理论逻辑，从不同视角解释创业行为的驱动因素以及创业产生的社会或经济价值。目前，学术界根据创业主体的不同，主要形成了个体创业和公司创业两种研究思路，而"创业导向"作为公司创业的核心构念，引起了学者的极大关注和热议。

鉴于目前学术界关于创业导向对企业绩效促进效应的研究较为成熟和充分，本章试图从战略选择和制度理论角度分析创业导向的前置因素，探究什么因素会影响公司创业导向战略的选择。首先，本章选取民营企业作为研究对象，之所以选取民营企业这一主体，主要是因为：一方面，成长迅速的民营企业作为我国经济增长的重要支柱，在国民经济中占据着重要位置，已成为经济管理领域的重要研究对象；另一方面，民营企业往往在创业行为上呈现出较大差距，这主要体现在一些民营企业生命周期极其短暂，无法持续发展、做大做强，而一些企业却能实现跨越式和持续性发展，如海尔集团和阿里巴巴。其次，本章根据战略选择理论，从企业家环境感知角度探究企业家对外部环境的判断是否会影响公司创业导向战略的选择，是否会影响企业的创业行为。战略选择理论认为，组织权力持有者才是组织战略决策的直接决定因素，外部环境对组织的影响往往需要通过他们的主观释义才能发挥影响（戴维奇、魏江，2015）。在我国，鉴于民营企业特殊的成长背景，其自身对外部政策环境的感知往往有着高度敏感性和依赖性，企业家随时都在体察着外部政策环境的水温（何轩等，2014），他们对外部政策环境的评价在很大程度上影响着企业的决策以及企业的发展。因此，了解企业家的政策环境感知是深入剖析我国民营企业战略选择的重要切入点。最后，本章将战略选择理论与制度理论相结合，以期能有效分析在我国不同的制度情境下公司创业导向的战略选择有何异同。本章在通过问卷调查获得民营企业调查相关数据后，对研究中的变量和以上理论模型进行了测量和实证检验，并获得了以下检验结果：

一方面，检验结果显示，企业家新政感知与创业导向之间具有显著的正向关系——当企业家感知到新政带来了环境的改善时，企业会更加倾向于采用积极的创业导向。这与我们的理论分析相吻合，也就是说，在我国这种具有高不确定性和动态性的政策环境中，当对环境极为敏感的企业家感知到外部环境的"利好"时，能有效降低企业家因不确定性环境所带来的高创业风险感知，从而激发其从事创业活动的勇气，使得企业能更加自信地介入具有创新性、风险性和先动性的创业行为。Ge 等（2017）在研究制度环境恶化与创业投资关系的文章中指出，不同企业家对同一制度环境的评价往往存在差异性，这使得企业对环境做出的反应也可能有所不同。因此，研究者应该更加细致地分析企业对制度环境的感知是如何影响企业的创业再投资的，而不是像以往的研究一样仅仅聚焦于上市公司和宏观制度指标的影响（Banalieva et al.，2015；Peng and Jiang，2010）。同样地，Dai 和 Liao（2019）在研究放松管制与公司创业的关系时提出，企业家不同的注意力分配状况影响着企业对管制放松所带来的机会的反应。但以往的研究往往只是关注区域或省级层面制度（如放松管制）对公司创业的直接影响，忽略了企业家这一重要主体，因此，不能准确判断创业者或企业主体是否能有效利用管制放松来促进创业。Dai 和 Liao（2019）进一步指出，管制放松作为制度环境的有益改变，对那些能有效感知和注意到这一积极改变的企业家而言，他们通常更能抓住放松管制所带来的机会，进行创业活动，再投资作为公司创业的重要形式，当然也就会得到促进。以上两个相关研究都印证了企业家政策环境感知对创业的重要影响。

另一方面，实证结果也验证了制度环境对创业导向战略选择具有重要的影响。在地区制度发展水平、信贷分配市场化水平、知识产权保护水平较高的地区，企业家越是感知到环境的改善，越有利于企业采用积极的创业导向。同样正如本章假设所推导出来的结论那样，在地区制度发展水平较高的地区，长时间形成的开放的价值观念和发展环境，使得政策的落实与执行更加彻底，因而外部政策环境的完善程度和速度都要优于地区制度发展水平较为落后的地区，进而使得处于该地区的企业对外部信贷环境的评价更为积极，有效地降低了民营企业的风险感知，增强了民营企业创业的信心。

二、理论贡献

综观本章研究结果，其理论贡献主要体现在以下四个方面：

第一，本章从新的理论视角——战略选择理论探讨民营企业创业导向的前因。目前，学界有关创业导向与绩效关系的相关研究较为成熟，但对创业导向前因的研究较为缺乏（Wales et al.，2013），且大多从高阶梯队理论、资源基础理论、身份认同理论（Boling et al.，2016；Swoboda and Olejnik，2016；Miller and Breton-Miller，2011）等理论视角切入，需进一步丰富相关研究。赵丽缦（2014）曾在有关社会创业者国际化战略研究中，运用战略选择理论，从创业者、创业环境、创业者与创业环境之间三方面因素，分别探讨了创业者的亲社会行为、人格特质、国际创业导向、国际环境的友好性对社会创业者国际化战略的影响，较为深入地剖析了创业者战略选择的影响因素及其作用机制。在该研究思路的启发下，本章调用战略选择理论来研究企业家在创业导向战略选择中的重要作用。同时，鉴于环境往往通过企业权力持有者的感知起作用，本章直接从企业家环境感知角度探讨其对创业导向的影响。

第二，本章将制度环境作为创业导向研究的情境因素，探讨了企业家新政感知与创业导向关系的边界条件。以往学者虽对创业导向的情境有所考虑，但基本上都是将环境动荡性、技术变动性以及民族文化特征作为情境变量（Simsek et al.，2010；Li et al.，2008；Engelen et al.，2014），将制度环境作为情境变量的研究还不多见。作为中国最重要的情境因素之一，制度环境对中国企业的投资活动、战略行为都有着深刻的影响（Zhou，2013，2017；Arnoldi and Muratova，2019）。North（1990）提出，产权制度是最基本的制度，只有当企业认为它们能保护自己的投资成果时，企业才会投资。Baumol（1990）认为，不同的制度会对企业的投资活动产生不同的影响，会影响企业创业投资的回报率。考虑到中国情境下制度因素的重要性，本章基于不同的制度环境分析企业家政策环境感知对创业导向的影响，有助于更全面地认识二者的关系，同时也是对创业导向研究情境的进一步丰富。

第三，本章通过整合制度理论在一定程度上完善了战略选择理论。根据Child（1972）提出的战略选择理论可知，其基本逻辑为：环境—认知—组织战略，其中，环境更多是指任务环境（复杂性、变化性、不自由性）、技术环境、产业环境（Child，1972）。本章在此基础上，进一步整合了制度理论，探讨了在不同制度环境下环境—认知—组织战略的逻辑关系，分析了战略选择理论的研究边界，对未来战略选择理论的发展具有启示意义。

第四，本章为探索政府政策的影响效应提供了新的研究思路。以往的研究通常直接考虑政府的新政策对创业行为的影响（George and Prabhu，2003；Cumming，2007；Wagner and Sternberg，2004；Woolley and Rottner，2008）。例如，George 和 Prabhu（2003）直接探讨了针对公共开发金融机构的技术支持政策对其技术创业的作用，Cumming（2007）也同样直接探讨了政府基金支持政策对创业活动的影响，鲜有研究考虑企业家对这些政策的感知与评价及其对创业行为的影响。然而，本章则通过研究国家颁布"非公36条"后的企业家环境感知来剖析这一关系，阐明了创业政策对创业行为的影响一般是经过创业者的主观释义后发挥作用，为评估政策的影响效应提供了一个新的思路。

三、实践启示

本章的实践启示具体表现为以下两个方面：

第一，本章揭示了影响民营企业创业导向选择的重要影响因素，有助于进一步提高公司创业导向。本章的实证研究发现，企业家越是能感知到环境的改善，越是会采用积极的创业导向战略。因此，这启示企业一定要关注企业权力所有者的主观认知对企业战略选择的影响，在企业的建设中，一定要注重对企业核心决策层的构建。在我国，民营企业的发展起步较晚，企业的规模往往较小、正式制度不健全、管理模式落后，企业权力所有者拥有绝对权威，承担着核心甚至是唯一决策者的角色，因此，他们的认知和判断往往会直接影响和决定企业的发展战略和方向。但是由于受到企业家自身认知能力和水平的限制，企业家通常很难对外部环境做出客观的评价。另外，本章通过对问卷的分析进一步发现，就算是同一个地区的企业，由于企业家自身文化水平、工作经历、社会关系等背景因素的不同，他们对外部环境的评价也有着较大差异。因此，本章的实证研究结果启示企业一定要注意提高企业家对外部环境评价的客观性和准确性，要寻找更多途径，如建立和完善企业的治理结构、建立高效的决策机制和机构等，降低企业权力所有者"误判"环境特别是政策的可能性，使其对制度环境做出更加全面、客观的评价，进而最终做出正确的战略选择。

第二，本章对政策制定者具有重要的启发意义。首先，以往研究一般是直接探讨客观环境指标对企业创业的影响（刘伟等，2014），而本章则是从企业家对环境的主观认知的角度，思考影响企业战略行为的关键因素，且实证结果也证明了企业家对环境的主观评价和认知对公司创业导向战略的选择有重要的影响。研究视角的转变有利于提醒政策制定者要注意客观政策与主观认知之间存在的"鸿沟"，政府适时颁布相关政策，改善外部环境固然重要，但将政策落实到每个企业，使各个企业都能切实感受到政策带来的红利，增强它们对政策环境的信心同样非常关键。因此，政府在颁布一些政策法规之后，应该加强和深化对于政策的解读，着力从认知层面影响企业决策者。其次，本章发现在区域制度发展水平越高的地区，企业家新政感知对公司创业导向的促进作用越显著，这启示政府应该根据制度发展水平的差异，有差别地颁布政策，加强对制度落后地区的政策供给和制度建设，尤其是金融体系和产权保护制度建设，增强企业长期发展的信心。我国幅员辽阔、东西跨度大，多重因素共同影响，造成了我国地区制度发展水平参差不齐的现状。随着改革的深入，这种发展不平衡的局面并未得到彻底改变。一方面，长期以来东部尤其是东部沿海地区依托自己优越的地理位置受到中央政府的重视和扶持，获得源源不断的政策供给，制度迅速得到发展和完善，并在这一过程中形成了开放的市场观念和较强的政策吸收能力，而后者又反过来推动了国家政策的落实和制度的建设。在这种良性循环下，这些地区的企业通常更为激进和大胆。另一方面，中西部地区则受地理环境、人文因素等诸多限制，制度发展缓慢，市场观念和政策吸收能力也相对较弱，这使得好的政策无法得到有效的落实。在这种经营环境下，企业则往往表现得更为保守和谨慎。基于此，本章提出，不管是地方政府还是中央政府都应关注和思考"如何更好地建立制度落后地区的企业的信心"这一重要问题。这对改变企业安于现状的消极心态、促进企业积极参与市场竞争具有重要的意义。在这一过程中，政府亟须解决的就是中小企业融资难和权益难以保障的问题，政府应切实针对现阶段民营企业面临的这两大问题，加快推进金融体系市场化改革、加大私有财产保护力度，充分发挥政府的监督、服务职能。

四、研究局限

本章虽有以上的理论与实践意义，但不可避免地仍存在以下几方面的不足之处，这些不足之处为未来研究指引了方向：

第一，本章囿于截面数据的限制，无法准确地推断因果关系。本章的数据主要来源于"全国民营企业家调查"。该调查数据虽具有较高的代表性，但仍只是截面数据，因此不能很好地推测变量间的因果关系。未来研究可进行纵向研究，采用面板数据加以验证。

第二，本章的制度环境主要考虑的是信贷分配市场化水平等正式或非正式制度因素，其他可能会对企业战略选择起到调节作用的正式、非正式制度因素在本章中尚未涉及，有待后续研究进一步探索。除此之外，本章对企业家新政感知与创业导向的权变因素的分析主要集中在制度层面（包括正式制度、非正式制度），未来的相关研究可以在此基础上纳入不同层面的情境变量，如个人、组织和行业层面因素，进行多层次分析，进而构建一个更加系统、更加全面的权变理论模型。

第三，囿于所用数据的特殊性，本章创业导向的测量存在一定的局限性，后续研究可进一步完善测量方式。创业导向在一定程度上反映的是企业家的创业意愿和倾向，而本章对创业导向的测量主要采用的是二手数据测量方法。在这种情况下，基于客观数据的测量可能无法全面地反映出企业家的创业意向，因此未来的研究可以进一步采用主客观两种测量方法对创业导向进行测量，并对理论模型进行检验。

第七章 企业家行政环境感知、企业竞争地位与创业导向关系研究

第一节 理论分析与假设

一、企业家行政环境感知与变革态度

行政环境感知描述了企业家对政府干预强度、公共服务质量、政府公正程度等的评价（王小鲁，2019），不仅体现了当地政府的行政服务水平，也体现了当地政府的交易成本，对企业是否采取变革行为具有显著影响（Whitley，1999）。现实实践中，民营企业是数量较大的企业群体，也是解决社会就业的重要力量，对经济社会发展具有重要的支撑作用，是我国经济韧性的重要保障。为此，政府相继出台了一系列政策，优化行政环境，促进民营企业创新创业，助力企业蓬勃发展。

良好的行政环境有助于降低变革活动的成本、提升企业经营效率，从而增强变革可行性感知（Lim et al.，2010），促进变革活动。由于个体对外部环境的感知将影响其态度（Chang at al.，2009），因而总体上本书认为，企业家的行政环境感知会对其变革态度产生积极影响。

首先，企业家的行政环境感知会影响企业家对交易成本的预估。行政环境不仅反映了当地的行政服务水平，也体现了创业环境的交易成本（李志军，2019），对企业是否采取变革行为具有显著影响（Whitley，1999）。当感知到行政环境较

好时，政府服务效率较高，政府治理效能、政商关系等有所改善，企业家预计各项变革活动的事前成本与事后成本都有所降低，从而增强变革的积极性。反之，若感知到行政环境较差，企业推进一项变革需要与各部门进行漫长的博弈，交易成本高，那么就会降低企业家变革的动力。

其次，企业家对行政环境的感知会影响个体对创业风险的判断。创业活动具有高风险的特征，因为公司创业本身以一种创新和先动的姿态行事，通过风险承担来寻求新的产品、市场与业务机会（Zahra and Garvis，2000；戴维奇，2015）。然而，风险所带来的不确定性会影响企业的最终业绩，企业家会尽可能避免环境所带来的风险。如果企业家感知到行政环境较为完善，如产权保护制度完备、企业融资便利、市场准入门槛清晰，那么就会降低可感知到的创新风险（Simon et al.，2000；谷晨等，2019），强化未来变革的信心，增强企业家的变革态度。

最后，企业家的行政环境感知会影响其注意力的分配。战略选择理论认为，企业家会对其所处环境进行主观描述，从而得到一个评估现状和做出战略选择的视角（Daft and Weick，1984）。正是企业家的这些主观认知而非客观环境，直接影响了企业战略的优先级，并推动决策制定（Wiersema and Bantel，1992）。当感知到行政环境较差时，企业家会把较多的注意力和精力分配到非生产性活动甚至是投机活动中去，而分配到创新与变革中的注意力则自然相对减少，进而抑制企业家推动未来变革的念头。反之，若企业家感知到行政环境较好，则对未来变革更具信心，亦更愿意将注意力分配至变革活动中去，从而对变革持积极态度。

综上，企业家若感知到行政环境较好，则会认为当下变革活动的交易成本和风险都较低，因而促使其将更多的注意力分配至变革活动中，对变革持积极态度。基于此，本书提出以下研究假设：

H7-1：行政环境感知与变革态度之间存在正相关关系。

企业家行政环境感知与变革态度关系如图7-1所示。

图7-1 企业家行政环境感知与变革态度关系示意图

资料来源：笔者绘制。

二、企业家变革态度与企业创业导向

创业导向指的是一个组织的属性，描述的是该组织支持并表现出持续创业行为的程度，反映了组织对待新进入（New Entry）事件的主动性（Covin and Wales，2019）。特别地，创业导向代表了一种总体战略姿态，这种姿态反映在企业中反复出现的创业行为中（Covin and Wales，2019；Wales，2016）。经过四十年左右的发展，创业导向已逐渐形成一个比较成熟的理论体系，成为公司创业领域中使用最频繁的构念之一（Anderson et al.，2015；Ireland et al.，2009；Lumpkin，2011）。一般而言，具有创业导向的企业往往更加具有风险承担的意愿、创新意识，同时在面对机会和环境变化时也能够主动谋变并积极行动。

企业提高创业导向并非一蹴而就，而是需要企业家在管理过程中不断地做出有利于公司创业的决策，日积月累以提高企业的创业导向。此外，企业家的态度会影响其决策和行动，而企业的创业活动是企业家要面对的重要决策，因而企业家的态度会决定企业从事创业活动的频率进而决定企业的创业导向（Corbett et al.，2018）。本书认为，企业家自身的变革态度有利于企业创业意愿的激发和形成，进而有利于提升创业导向。

一方面，对变革持积极态度的管理者通常要求组织更加具有创业精神（王永伟等，2021），会在经营管理实践中表现出勇于开拓、承担风险和采取超前行动等。这类企业家在管理过程中，积极营造创新氛围，对失败、风险的包容程度也更高，以鼓励整个组织范围内的创业活动（Schwartz et al.，2012）。企业家对变革的态度越积极，则越认为维持组织的现状并非最优的选择，而应致力于根据企业所处的内外部环境变化打破组织惯性，不断追求组织创新和战略变革，在组织中更加乐于接受和支持新模式、新产品、新服务、新流程以及新的商业规则，并通过鼓励探索、容忍失败，在企业内部营造积极的创新氛围，从而提高企业的创业导向。

另一方面，对变革持积极态度的管理者更愿意构建创业愿景，通过持续探索和更新理念以引导创业活动（Musteen et al.，2006）。当企业家对变革持积极态度时，往往会设立一个共同的愿景供组织内成员追求，尊重知识并激发创新思维，不断支持新产品、新业务和新市场的开发，保障创业活动的资源供给和智力支持。此外，当企业家对变革持积极态度时，其不仅是创业愿景的创建者，更是创业愿景的执行者和实践者，会在战略选择中强调创业的重要性，以提高企业的

创业导向，实现创业愿景。

　　综上，对变革持积极态度的管理者通常要求组织更加具有创业精神，会在经营管理实践中表现出勇于开拓、承担风险和采取超前行动等。同时，企业家会通过持续探索和更新理念以引导创业活动。当企业家对变革持积极态度时，往往会在战略决策中追求组织创新和创业，从而提高企业的创业导向。基于此，本书提出以下研究假设：

　　H7-2：变革态度与创业导向之间存在正相关关系。

　　企业家变革态度与企业创业导向关系如图7-2所示。

图7-2　企业家变革态度与企业创业导向关系示意图

资料来源：笔者绘制。

三、企业家行政环境感知、变革态度与企业创业导向

（一）企业家行政环境感知与企业创业导向

　　战略选择理论认为，组织决策者对环境的主观理解和认知，才是影响组织战略决策的最直接因素（Child，1997）。该理论毫不避讳营商环境对企业战略选择的影响和约束（郑琴琴、陆亚东，2018），认为企业正是在充分感知外部营商环境的影响之后，从而做出更科学、更合理的战略决策，以此最大化整体绩效。Hitt 和 Tyler（1991）认为，企业的战略选择会受制于外部环境，因此企业需要充分考虑环境因素，只有这样才能有效制定战略决策。据此逻辑，组织决策者对制度环境的感知在很大程度上决定了企业的战略决策。开展创业活动对企业而言是一个重要的战略选择，而行政环境是制度环境的重要组成部分。因此，组织决策者对行政环境的感知在较大程度上左右了企业的创业决策。

　　一方面，良好的行政环境有利于降低企业的交易成本，使原本复杂的创业项目更具可行性，同时也能提高实施的效率。企业重要创业项目的开展无一不处于行政环境之中（Audretsch et al.，2020），若企业家感知到的行政环境较差，行政效率低，必将提高企业的交易成本预期。若预期成本增加，则不利于推进创业项目，最终成为创业活动无形的阻碍。此外，若企业家感知到行政环境优化，则创业环境会得到改善，产品质量监督体系不断健全，会遏制竞争对手的不良"粉饰"行为（王兰芳等，2019），缓解"逆向选择"困难，尤其是创新产品的投入将会减少，会节约企业的创新成本。同时，企业的知识产权保护得到加强，企业会减少创业过程中的成本投入（Krasniqi，2009），进而使创业项目更具可行性，企业的创业导向会提高。

另一方面，企业家对行政环境的评估也会影响其创业决策。依据战略选择理论，企业的战略受到外部环境变化的影响（崔维军等，2021）。从企业家的角度来说，行政环境是一种较强的影响因素（Hemmert，2004），良好的行政环境是一种保障。若企业家感知到行政环境较好，有明确的法律保障且政府执法有力时，其推进创新创业的动力更强，后者促使企业家更愿意将资金与注意力分配至新的创业项目上去，最终提高企业的创业导向。反之，若企业家感知到行政环境较差，则会寻求非正式制度的庇佑或者采取投机行为，后者会间接地减少创新创业活力，最终引发企业创业导向的下降。

综上，行政环境感知较高意味着企业意识到创业的交易成本降低，原本复杂的创业项目更具可行性，实施效率亦得到加强，这一评估结果会深刻地影响企业的创业决策。当企业家认为有明确的法律保障且政府执法有力时，其推进创新创业的动力更强，促使企业家更愿意将资金与注意力分配至新的创业项目上去，最终提高企业的创业导向。由此，本书提出以下假设：

H7-3：行政环境感知与创业导向之间存在正相关关系。

行政环境感知与创业导向关系如图7-3所示。

图 7-3 行政环境感知与创业导向关系示意图

资料来源：笔者绘制。

（二）变革态度在行政环境感知与创业导向之间的中介作用

国内外已有研究从企业家的认知角度出发探讨企业创业导向的前因，研究企业家认知与企业创业导向之间的关系（Dai and Si，2018）。然而较为遗憾的是，鲜有研究从战略选择理论的角度挖掘上述两者之间的作用机制。本书基于战略选择理论，从微观层面出发，将行政环境感知、变革态度和创业导向纳入同一研究范畴，认为企业家的行政环境感知通过影响自身的变革态度，进而间接影响企业的创业导向。

一方面，行政环境感知是对环境变化做出的评估，对企业家的变革态度具有积极影响（Grosanu et al.，2015）。较高的行政环境感知意味着企业家预估地方行政审批制度较为完善，政务服务能力稳步提升，部门间协作成本较低，行政审批中制度性障碍较少，市场中的交易成本在可接受的范围之内（张一林等，2019）。此外，企业家亦会认为当下政府透明，政府与企业之间存在"风清气正"的政企关系，企业办事程序规范，市场中新产品收益提高（廖福崇，2020），增强了企业家对变革的信心，从而提高变革态度。

另一方面，在企业的战略选择过程中，变革态度发挥着关键作用，影响企业有关创业的战略决策（王永伟等，2021），进而改变企业的创业导向。当企业家对变革持积极态度时，其对积极主动承担风险持赞同态度，并能接受错误的发生（Snell，2001）。企业家的变革态度越高，其在组织中越不满足于现状，越会不断追求组织创新和战略变革，乐于接受和支持新模式、新产品、新服务、新流程以及新的商业规则，并通过鼓励探索、容忍失败，在企业内部营造积极的创新氛围，从而提高企业的创业导向。

综上，企业家行政环境感知可以促进其变革态度进而提高企业的创业导向。基于此，本书提出以下假设：

H7-4：变革态度在行政环境感知与创业导向之间起中介作用。

企业家行政环境感知、变革态度与企业创业导向关系如图7-4所示。

图7-4 企业家行政环境感知、变革态度与企业创业导向关系示意图

资料来源：笔者绘制。

四、竞争地位的调节作用

竞争地位是企业的一种资产（Podolny，2001）。与低竞争地位的企业相比，具有高竞争地位的企业更容易获得有形资源与无形资源，因而有更多机会获得成功（Merton，1968；Phillips and Zuckerman，2001）。本书认为，企业的竞争地位对于企业家的变革态度与创业导向之间的关系具有倒 U 型的调节作用。

在竞争地位由低水平向中等水平转变的过程中，企业拥有的资源、创业的动力都发生了变化。一方面，企业所拥有的资源慢慢增多，这为企业从事创业活动创造了可能。企业竞争地位较低时，资源相对匮乏，缺少创业所必需的人才资源（Rider and Tan，2015）、社会资源和社会网络关系等（Podolny，2001），同时也存在一定程度的信息壁垒（陈志斌、王诗雨，2015；李德辉等，2019），因而企业较为脆弱，难以承担创业的风险（Kish-Gephart and Campbell，2015）。当企业竞争地位处于中等水平时，企业资源相对充裕，能以更低的成本从低竞争地位企业雇用人才（Rider and Tan，2015），有能力凭借自身相对充裕的资源和竞争优势进行创业活动（Edman and Makarevich，2021）。另一方面，随着竞争地位的提升，企业面临的竞争压力不断增加，企业创业迫在眉睫。当企业竞争地位较低时，需要付出较大努力才能提高地位（Chen et al.，2012），而当企业竞争地位处于中等水平时，意味着此时企业处于行业的平均水平，行业中充斥着大量与自身实力相当的竞争对手（Keum，2020）。由于企业与地位邻近的竞争者在各方面都较为相近，此时企业只需稍有成就，就可能在地位的竞争中脱颖而出（Anderson and Cabral，2007；Keum，2020）。因此，这类企业越来越需要通过创新创业活动来提高自身的竞争地位（Edman and Makarevich，2021）。也正是在这种情形下，若企业家确立了变革的态度，那么就会快速将这种态度转化为实际的行动——企业家会将这种变革的态度体现在战略决策中，会下定决心启动创业活动，从而提高企业的创业导向。综上，在企业的竞争地位由低水平向中等水平转变的过程中，企业家的变革态度对创业导向的正向影响逐步得到强化并到达顶峰。

随着企业竞争地位的进一步上升，将由中等水平向高水平转变，此时竞争地位的调节效应将发生反向变化。具体而言，当企业竞争地位处于中等水平时，企业亟须通过创新创业活动进一步巩固和提升自身的地位，因而企业家的变革态度极可能转化为实际的创业决策与行为。然而随着竞争地位进一步上升，逐步超越竞争对手时，高地位企业首先会认为自己"大功告成"，进而不急于将变革的想法付诸实施，因而变革态度与创业导向之间的关系减弱。其次，高地位企业已拥有良好的声誉（Benjamin and Podolny，1999）、消费者忠诚度（Niedrich and Swain，2003），以及对合作伙伴的议价能力（Castellucci and Ertug，2010）、优质的人力资源（Rider and Tan，2015）、稳定的融资渠道（Stuart，1999）等优势，对市场有较高的话语权，因而易产生惰性。纵使自身有变革的态度，也可能在惰性的影响下而不付诸实际行动。最后，高地位企业坐拥多项关键资源。这些资源既是企业长久发展的必备条件，又是企业抵御较低地位企业的关键因素。高地位企业将已掌握的战略性资源作为生产资料或向其他方面投资，能给企业带来相对稳定的收益（Keum，2020），而若投入到创业活动去中，由于创业是一项具有风险的活动，因而难以保证获得稳定收益。在此情况下，企业家并没有充足的动力将自身对变革的积极态度转化为实际的创业决策，进而也没有充足的动力提高企业的创业导向。因此，此时企业家对变革的态度无法强烈地左右企业的战略决策，也即变革态度与创业导向的正向关系弱化。

总体来说，竞争地位低的企业"实力不济"，有变革想法也难以付诸实施；竞争地位高的企业"高枕无忧"，纵有变革念头也不急于实施；而竞争地位处于中等水平的企业则"迫于形势"，最可能将变革的态度转化为实际的行动。据此，本书提出以下假设：

H7-5：竞争地位对变革态度与创业导向的关系起倒 U 型调节作用：企业竞争地位处于中等水平时，变革态度与创业导向的关系最强；而竞争地位处于低水平或高水平时，变革态度与创业导向的关系相对较弱。

与前述逻辑类似，本书预测企业的竞争地位对企业家行政环境感知与创业导向的关系存在倒 U 型的调节作用。具体而言，当竞争地位由低水平向中等水平发展时，低地位的企业缺乏相应的创业资源，即使企业家感知到行政环境不断优化，也会因为企业资源相对匮乏这一现实因素而裹足不前（Chen et al.，2012）。然而，中等地位的企业具备了一定的资源，同时还具有打败邻近竞争对手进一步巩固自身地位的迫切需求（Anderson and Cabral，2007；Keum，2020），因此企业家若是感知到行政环境在好转，则会较为坚决地做出战略决策，从事创业活动，最终增强自身的创业导向。换言之，随着竞争地位从低水平向中等水平发展，行政环境感知对创业导向的影响逐步增强。

然而当竞争地位由中等水平向高水平发展时，行政环境感知对创业导向的影响又会逐步减弱。一方面，随着竞争地位提高，企业更能从包括政府在内的利益相关者那里获得支持，依靠现有资源也能在市场竞争中胜出（Keum，2020），因而渐渐出现惰性。加之，创业又是一种有风险的活动，在此情形下企业没有动力去通过创业来维持或提高自身的竞争地位。另一方面，随着地位提升，企业越来越频繁地出现在公众视野当中（Phillips and Zuckerman，2001），接受更严格的外部监督，进而对诸如创业这样的冒险行为更为谨慎。由此，行政环境感知对创业导向的影响减弱。

综合以上分析，本书提出以下假设：

H7-6：竞争地位在行政环境感知对创业导向的影响中起倒 U 型调节作用：企业竞争地位处于中等水平时，行政环境感知与创业导向的关系最强；而竞争地位处于低水平或高水平时，行政环境感知与创业导向的关系相对较弱。

本章依据以上理论分析和假设推导，提出本章的理论模型，具体如图 7-5 所示。

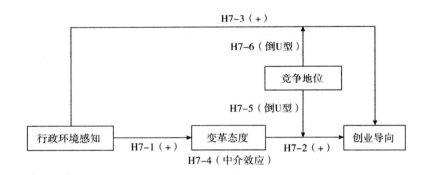

图 7-5 理论模型

资料来源：笔者绘制。

本章对上述假设进行了进一步汇总整理，具体如表 7-1 所示。

表 7-1 假设汇总

假设	内容
H7-1	行政环境感知与变革态度之间存在正相关关系
H7-2	变革态度与创业导向之间存在正相关关系
H7-3	行政环境感知与创业导向之间存在正相关关系

续表

假设	内容
H7-4	变革态度在行政环境感知与创业导向之间起中介作用
H7-5	竞争地位对变革态度与创业导向的关系起倒 U 型调节作用：企业竞争地位处于中等水平时，变革态度与创业导向的关系最强；而竞争地位处于低水平或高水平时，变革态度与创业导向的关系相对较弱
H7-6	竞争地位在行政环境感知对创业导向的影响中起倒 U 型调节作用：企业竞争地位处于中等水平时，行政环境感知与创业导向的关系最强；而竞争地位处于低水平或高水平时，行政环境感知与创业导向的关系相对较弱

资料来源：笔者绘制。

第二节　研究设计

一、样本与数据

本章的样本取自 2015 年"中国非公有制经济健康状况调查"。该调查由中华全国工商业联合会和浙江大学组织与实施，是距今最近的一次调查。该调研依托各省份工商联和工商行政管理部门，随机抽取被调查企业，以民营企业为主，调查范围涵盖了浙江、辽宁、广东、福建、四川、陕西等 12 个省份。调查目的是调查企业家健康和企业健康成长中所遇到的迫切需要解决的问题，协助党和政府决策部门决策，帮助消除影响非公有制经济发展的障碍，促进非公有制经济持续健康发展。

此数据适用于本章的原因包括三个方面：第一，此调查中的样本是企业家主导的民营企业，在这样的企业中企业家发挥着最重要的决策作用（Zhao and Lu，2016）。第二，该调查能够提供具有代表性的中国民营企业的关键信息。第三，中国非公有制经济健康状况调查最初的目的仅仅是形成非公有制经济健康发展和非公有制经济健康成长指数，为全国工商联"两个健康"工作主题服务，而非调查企业家行政环境感知如何影响企业的创业行为。因此，使用该数据可避免引入调查者偏差的风险。综上，此样本数据适合本章的研究目的，即检验企业家行政环境感知、变革态度与企业创业导向之间的关系和边界条件。

　　本章以该数据库为原始数据样本，该调查共收回 1500 份问卷，其中有效问卷 1294 份。根据以往研究（Dai and Si，2018），本章剔除了数据缺失严重的无效个案，最终得到 1104 个可供分析的样本观测值。

二、变量测量

（一）因变量

　　创业导向（EO，Cronbach's α = 0.867）："中国非公有制经济健康状况调查"采用 Covin 和 Slevin（1989，1991）的量表，该量表是最成熟且后续研究使用最多的创业导向量表（魏江等，2009）。该量表将创业导向分为创新性、先动性和风险承担性三个维度来测量，每个维度 3 个题项，共 9 个题项，具体如表 7-2 所示。其中，创新性表示企业支持新想法的程度，表现为新产品的研发、新市场的进入等，用 1 至 3 题来测量；先动性体现在公司倾向于积极主动地与行业竞争对手竞争，用 4 至 6 题来测量；风险承担性指企业在面对不确定性时，高管在投资决策和战略行动方面的风险承担，用 7 至 9 题来测量。Hansen 等（2011）利用来自 7 个国家的 1279 家中小企业的数据评估了该量表的跨国不变性，证明了该量表的表现在各国是相同的。因此，本章也参照 Covin 和 Slevin（1989）的做法，对 9 个题项取平均值，得分越高表明企业的创业导向越高。

表 7-2　创业导向测量量表

基本指标		完全不符合← →完全符合						
		1	2	3	4	5	6	7
创新性	（1）公司看重产品或服务研发、技术的领先和创新性							
	（2）过去 5 年中，公司推出了很多新产品或服务项目							
	（3）过去 5 年中，公司对产品或服务项目做了大幅度改变							
先动性	（4）公司主动向竞争者发起挑战，并迫使竞争者响应							
	（5）公司通常首个在行业内引入新产品/服务、管理技能和生产技术等							
	（6）公司密切关注环境变化，率先掌握机会，提早行动应对变化							

续表

基本指标		完全不符合← →完全符合						
		1	2	3	4	5	6	7
风险承担性	（7）公司更倾向于选择具有高风险、高回报的项目							
	（8）公司倾向于采取大胆的、迅速的行动来达到目标							
	（9）公司倾向于大胆决策掌握不确定情况下的潜在的机会							

资料来源：笔者整理。

（二）自变量

行政环境感知（Gov，Cronbach's α = 0.944）：是指企业家对政府干预强度、公共服务质量、政府公正程度等的评价（王小鲁，2019）。行政环境不仅体现了当地政府的行政服务水平，也体现了当地政府的交易成本，对于企业是否采取变革行为具有显著影响（Whitley，1999）。良好的行政环境有助于降低变革活动的成本、提升企业经营效率，从而增强变革可行性感知（Lim et al.，2010），促进创业活动。"中国非公有制经济健康状况调查"详细询问了企业家对行政环境的8个方面的评价，为本章测度企业家行政环境感知创造了条件，具体如表7-3所示。具体地，本章参考何轩等（2014）的做法，对8个方面评价取平均值，得分越高表明企业家对行政环境的评价越好。同时，本章也对其提取核心成分，对主成分进行回归分析，以增强结果的稳健性。

表7-3 行政环境感知测量量表

	完全没做到← →完全做到				
	1	2	3	4	5
（1）政府制定并实施对企业发展有利的政策					
（2）政府行政审批手续方便简捷					
（3）政府为企业提供了优质的人性化服务					
（4）政府会与企业进行公开透明的双向沟通					
（5）政府对企业不乱收费、不乱罚款					
（6）政府各部门出台的政策不相互掣肘或牵制					
（7）政府对企业的经营不过度干预					
（8）在企业办事过程中，政府部门不"踢皮球"					

资料来源：笔者整理。

（三）中介变量

变革态度（ATC，Cronbach's α = 0.881）：本章采用 Musteen 等（2006）的量表，该量表描述了企业家对变革的态度，对变革持积极态度的管理者通常要求组织更加具有创业精神（王永伟等，2021），在经营管理实践中表现出勇于开拓、承担风险和采取超前行动等。该量表为李克特5分量表，包含5个题项，具体如表7-4所示。本章参照 Musteen 等（2006）的做法，将5个题项取平均值，得分越高表示企业家变革态度越强烈；反之，则表示企业家变革态度越弱。

表7-4　变革态度测量量表

	非常不同意←　　→非常同意				
	1	2	3	4	5
（1）我对变革感到振奋					
（2）目前我的首要需求是花更多时间参与变革					
（3）当前状况亟须变革，我们应该立刻采取行动					
（4）若想有所成就，需要企业整体政策的改变而非仅仅个人行动					
（5）任何组织结构都会随时间推移而老化过时，因此需要不断更新					

资料来源：笔者整理。

（四）调节变量

竞争地位（Status）：竞争地位是企业的一种属性，不仅来源于过去行为或品质的证明，还可来源于行动者合作伙伴的地位，是该生产者质量的一个重要指标，反映了社会主体认同和接受的程度（Podolny，2005）。对竞争地位的测量有多种方式。企业层面的地位测量方法以 Bonacich（1987）建议的网络中心度为主，此外也可使用分析师关注数量与其排名（Collet and Philippe，2014）或第三方排名（Castellucci and Ertug，2010）等来确定。本章参照"中国非公有制经济健康状况调查"的测量方式，通过询问企业家"本企业在行业中的竞争地位"来测量，将企业的竞争地位划分为五个类别：1 = 非常不看好；2 = 不太看好；3 = 不确定；4 = 比较看好；5 = 非常看好。分数越高代表竞争地位越高。

（五）控制变量

首先，为排除其他可能的解释，本章控制了三个个体层面的变量，即企业家的年龄（Age）、性别（Gen）与教育水平（Edu）。以往有研究表明，与年轻的高管相比，年长的高管更有可能采取保守的立场，原因包括三个方面：第一，年长的管理者需要更多的时间来接受和吸收信息，并且要求有更多的信息才能开始做决定（Taylor，1975）。第二，年长的管理者更倾向于维持现状，更不容易接受变化（Wiersema and Bantel，1992）。第三，年龄较大的经理人更厌恶风险，因为其接近退休，对职业稳定性更敏感，行为更具刚性（Carlsson and Karlsson，1970）。为此，本章控制了"企业家年龄"这一因素。与之类似，企业家的性别亦会影响其创业热情——女性企业家在风险面前表现更为保守（Guzman and Kacperczyk，2019）。本章将男性企业家设为 1，女性企业家设为 2。同样地，企业家的教育水平亦会影响其创业方式（Marvel and Lumpkin，2007），本章通过企业家的最高学历来测量，获得本科及以上为 1，反之设为 0。

其次，为控制企业层面多种因素的干扰，本章进一步选取了企业年龄（His）、企业规模（Scale）、企业的资产回报率（ROA）等作为控制变量。企业年龄（His）用公司成立后的年限来衡量。既有研究认为：企业年龄会影响企业获得资源和机会，企业年龄越大，机会越多；相反地，企业年龄也会影响其创业激情，企业越年轻其创新性就越强（Hannan and Freeman，1989）。企业规模同样也会影响诸如创业等行为。Williams 和 Lee（2009）认为，规模是一把"双刃剑"，虽然组织的规模越大，个人面临的机会就越多，越有可能形成新的创业计划的基础，但是，面临机会过多会降低其实施有效程序的能力，规模越大、分布越分散的跨国公司需要处理的知识量越大，协调支撑创业过程的知识所带来的资源消耗成本也越大（Williams and Lee，2009）。因此，本章采用企业总资产的自然对数进行有效控制。企业的过往绩效会通过冗余资源进而影响公司的创业（Zahra et al.，2000），因而本章用企业的资产回报率（ROA）来衡量并加以控制。

本章中的变量定义及测量具体如表 7-5 所示。

表 7-5　变量定义与测量

变量类型	变量名称	符号	测量
因变量	创业导向	EO	采用 Covin 和 Slevin（1991）的量表，其是最成熟且后续研究使用最多的创业导向量表
自变量	行政环境感知	Gov	询问企业家对行政环境的 8 个方面的评价
中介变量	变革态度	ATC	采用 Musteen 等（2006）的量表，该量表为李克特 5 分量表，包含 5 个题项

续表

变量类型	变量名称	符号	测量
调节变量	竞争地位	Status	通过询问企业家"本企业在行业中的竞争地位"来测量，分数越高代表竞争地位越高
控制变量	企业家年龄	Age	询问企业家的出生年份
	企业家性别	Gen	将男性企业家设为1，女性企业家设为2
	企业家受教育水平	Edu	通过企业家的最高学历来测量，获得本科及以上为1，反之设为0
	企业年龄	His	询问企业设立年份
	企业规模	Scale	企业总资产的自然对数
	企业的资产回报率	ROA	税后净利润/总资产

资料来源：笔者绘制。

三、计量模型设定

（一）直接效应模型

本章采用逐步多元回归的方法对该假设进行检验。为检验假设7-1，即行政环境感知与变革态度之间存在正相关关系，本章构建了以下模型，如式（7-1）与式（7-2）所示。其中，ATC 表示变革态度，Gov 表示行政环境感知，β_0 代表截距项，β_i 代表回归系数，$Controls_i$ 代表企业家层面和企业层面的所有控制变量，同时考虑随机误差项 ε。若行政环境感知的回归系数为正且通过显著性检验，则假设7-1成立。

$$ATC = \beta_0 + \sum_{i=1}^{n} \beta_i Controls_i + \varepsilon \tag{7-1}$$

$$ATC = \beta_0 + \beta_1 Gov + \sum_{i=2}^{n} \beta_i Controls_i + \varepsilon \tag{7-2}$$

为检验假设7-2，即变革态度与创业导向之间存在正相关关系，本章构建了以下模型，如式（7-3）与式（7-4）所示。其中，ATC 表示变革态度，EO 表示创业导向，β_0 为截距项，β_i 为回归系数，$Controls_i$ 代表企业家层面和企业层面的所有控制变量，同时考虑随机误差项 ε。若变革态度的回归系数为正且通过显著性检验，则假设7-2成立。

$$EO = \beta_0 + \sum_{i=1}^{n} \beta_i Controls_i + \varepsilon \tag{7-3}$$

$$EO = \beta_0 + \beta_1 ATC + \sum_{i=2}^{n} \beta_i Controls_i + \varepsilon \qquad (7-4)$$

为检验假设 7-3，即行政环境感知与创业导向之间存在正相关关系，本章结合式（7-3），构建了式（7-5），变量同上。若行政环境感知的回归系数为正且通过显著性检验，则假设 7-3 成立。

$$EO = \beta_0 + \beta_1 Gov + \sum_{i=2}^{n} \beta_i Controls_i + \varepsilon \qquad (7-5)$$

（二）中介效应模型

为检验假设 7-4，即变革态度在行政环境感知与创业导向之间起中介作用，本章遵循 Baron 和 Kenny（1986）、温忠麟等（2004，2014）的分析方法，构建了式（7-6），并结合式（7-2）和式（7-5）的实证结果，判断中介效应是否成立，变量同上。

$$EO = \beta_0 + \beta_1 Gov + \beta_2 ATC + \sum_{i=3}^{n} \beta_i Controls_i + \varepsilon \qquad (7-6)$$

（三）调节效应模型

为检验假设 7-5，即竞争地位对变革态度与创业导向的关系起倒 U 型调节作用，本章依据 Aiken 和 West（1991），构建了式（7-7）和式（7-8）。其中，Status 表示企业的竞争地位，其余变量同上。若式（7-7）中变革态度和竞争地位一次项的交互项不显著，且式（7-8）中变革态度和竞争地位二次项的交互项系数为负并通过显著性检验，则证明竞争地位发挥的是倒 U 型调节作用而非线性调节作用，假设 7-5 成立。

$$EO = \beta_0 + \beta_1 ATC + \beta_2 Status + \beta_3 ATC \times Status + \sum_{i=4}^{n} \beta_i Controls_i + \varepsilon \qquad (7-7)$$

$$EO = \beta_0 + \beta_1 ATC + \beta_2 Status + \beta_3 Status^2 + \beta_4 ATC \times Status + \beta_5 ATC \times Status^2 +$$

$$\sum_{i=6}^{n} \beta_i Controls_i + \varepsilon \qquad (7-8)$$

为检验假设 7-6，即竞争地位在行政环境感知对创业导向的影响中起倒 U 型调节作用，本章构建了式（7-9）和式（7-10），变量同上。若式（7-9）中行政环境感知和竞争地位一次项的交互项不显著，且式（7-10）中行政环境感知和竞争地位二次项的交互项系数为负并通过显著性检验，则证明竞争地位发挥的是倒 U 型调节作用而非线性调节作用，假设 7-6 成立。

$$EO = \beta_0 + \beta_1 Gov + \beta_2 Status + \beta_3 Gov \times Status + \sum_{i=4}^{n} \beta_i Controls_i + \varepsilon \qquad (7-9)$$

$$EO = \beta_0 + \beta_1 Gov + \beta_2 Status + \beta_3 Status^2 + \beta_4 Gov \times Status + \beta_5 Gov \times Status^2 +$$
$$\sum_{i=6}^{n} \beta_i Controls_i + \varepsilon \tag{7-10}$$

表7-6列出了本章设定的所有计量模型。

表7-6　计量模型设定汇总

公式编号	具体设定
(7-1)	$ATC = \beta_0 + \sum_{i=1}^{n} \beta_i Controls_i + \varepsilon$
(7-2)	$ATC = \beta_0 + \beta_1 Gov + \sum_{i=2}^{n} \beta_i Controls_i + \varepsilon$
(7-3)	$EO = \beta_0 + \sum_{i=1}^{n} \beta_i Controls_i + \varepsilon$
(7-4)	$EO = \beta_0 + \beta_1 ATC + \sum_{i=2}^{n} \beta_i Controls_i + \varepsilon$
(7-5)	$EO = \beta_0 + \beta_1 Gov + \sum_{i=2}^{n} \beta_i Controls_i + \varepsilon$
(7-6)	$EO = \beta_0 + \beta_1 Gov + \beta_2 ATC + \sum_{i=3}^{n} \beta_i Controls_i + \varepsilon$
(7-7)	$EO = \beta_0 + \beta_1 ATC + \beta_2 Status + \beta_3 ATC \times Status + \sum_{i=4}^{n} \beta_i Controls_i + \varepsilon$
(7-8)	$EO = \beta_0 + \beta_1 ATC + \beta_2 Status + \beta_3 Status^2 + \beta_4 ATC \times Status + \beta_5 ATC \times Status^2 + \sum_{i=6}^{n} \beta_i Controls_i + \varepsilon$
(7-9)	$EO = \beta_0 + \beta_1 Gov + \beta_2 Status + \beta_3 Gov \times Status + \sum_{i=4}^{n} \beta_i Controls_i + \varepsilon$
(7-10)	$EO = \beta_0 + \beta_1 Gov + \beta_2 Status + \beta_3 Status^2 + \beta_4 Gov \times Status + \beta_5 Gov \times Status^2 + \sum_{i=6}^{n} \beta_i Controls_i + \varepsilon$

资料来源：笔者整理。

第三节　实证检验

本章使用Stata14.0统计软件对"中国非公有制经济健康状况调查"数据进行实证分析，以此检验本章所提出的假设，具体包括以下研究内容：主要变量的描述性统计分析；相关性分析与多重共线性检验；企业家行政环境感知与变革态度、企业家变革态度与企业创业导向、企业家行政环境感知与企业创业导向的直接效应分析；变革态度的中介效应分析；竞争地位的调节效应分析以及稳健性检验。

一、描述性统计

本章利用"中国非公有制经济健康状况调查"数据进行研究，最终样本量为1104条观测值，本章对研究的自变量、中介变量、因变量以及各控制变量的最大值、最小值、均值和标准差进行了描述性统计分析，具体结果如表7-7所示。

表7-7　描述性统计

变量	样本数量	均值	标准差	最小值	最大值
Gov	1104	3.743	0.795	1	5
ATC	1104	5.450	1.102	1	7
EO	1104	4.965	1.113	1.444	7
Status	1104	3.573	0.896	1	5
Age	1104	53.13	8.048	31	80
Gen	1104	1.118	0.321	1	2
Edu	1104	0.411	0.489	0	1
His	1104	19.89	7.774	6	65
Scale	1104	8.457	1.913	-0.916	18.46
ROA	1104	13.33	91.81	-528.6	2727

资料来源：笔者绘制。

从表7-7中的统计结果可以看出：

因变量创业导向（EO）的均值为4.965，标准差为1.113，最小值为1.444，最大值为7，创业导向水平普遍较高，但不同企业之间的差异较大。

自变量行政环境感知（Gov）的均值为3.743，标准差为0.795，最小值为1，最大值为5，说明不同企业的企业家对行政环境的感知确有不同。

中介变量变革态度（ATC）的均值为5.450，标准差为1.102，最小值为1，最大值为7，说明样本企业的企业家变革态度普遍较高，同时各企业之间也存在异质性。

调节变量竞争地位（Status）的均值为3.573，标准差为0.896，最小值为1，最大值为5，说明不同企业之间的竞争地位存在较大差异。

企业家层面的控制变量中，企业家年龄、性别和教育水平的均值分别为53.13、1.118和0.411，标准差分别为8.048、0.321和0.489，最小值分别为31、1和0，最大值分别为80、2、1。这说明样本数据中企业家年龄差距较大，平均年龄也较大，以男性为主，多数民营企业的企业家并未获得本科学历。

企业层面的控制变量中，企业年龄、企业规模和资产回报率的均值分别为19.89、8.457和13.33，标准差分别为7.774、1.913和91.81，最小值分别为6、-0.916和-528.6，最大值分别为65、18.46和2727。这说明样本数据中不同企业之间的年龄、规模和资产回报率存在一定的差异性。

二、相关性分析

本章报告了各主要变量的皮尔逊相关分析结果，具体如表7-8所示。根据表7-8可知：自变量行政环境感知（Gov）与中介变量变革态度（ATC）之间的相关系数为0.301，且在1%的水平上显著，说明行政环境感知与变革态度之间存在正相关关系；中介变量变革态度（ATC）与因变量创业导向（EO）之间的相关系数为0.474，且在1%的水平上显著，说明变革态度与创业导向之间存在正相关关系；自变量行政环境感知（Gov）与因变量创业导向（EO）之间的相关系数为0.322，且在1%的水平上显著，说明行政环境感知与创业导向之间存在正相关关系。这初步支持了本章的假设7-1、假设7-2、假设7-3，并为本章进行中介作用检验提供了初步的判断依据。此外，调节变量竞争地位（Status）与创业导向（EO）的相关系数为0.274，且在1%的水平上显著，为假设7-5和假设7-6的进一步检验提供了有利条件。

本章还对企业家的年龄（Age）、性别（Gen）和教育水平（Edu），以及企业的年龄（His）、规模（Scale）和资产回报率（ROA）等变量进行了控制。其中，企业家的年龄（Age）和教育水平（Edu）与因变量创业导向（EO）的相关系数分别为-0.073和0.106，分别在5%和1%的水平上显著，而企业家的性别（Gen）与创业导向的相关性并不显著。企业的年龄（His）与因变量创业导向（EO）的相关系数为-0.090，在1%的水平上显著，而企业的规模（Scale）和资产回报率（ROA）与创业导向之间的相关性并不显著。上述结果表明，本章的大部分控制变量对因变量创业导向具有显著的影响，研究选取的控制变量是有意义的。

表7-8　相关性分析

	Gov	ATC	EO	Status	Age	Gen	Edu	His	Scale	ROA
Gov	1									
ATC	0.301***	1								

续表

	Gov	ATC	EO	Status	Age	Gen	Edu	His	Scale	ROA
EO	0.322***	0.474***	1							
Status	0.278***	0.213***	0.274***	1						
Age	0.00200	−0.0440	−0.073**	−0.0310	1					
Gen	−0.0250	−0.0370	−0.0260	−0.00200	−0.123***	1				
Edu	0.0390	0.0480	0.106***	0.096***	−0.181***	0.0160	1			
His	−0.0240	−0.065**	−0.090***	−0.058*	0.317***	−0.076**	−0.0210	1		
Scale	0.056*	0.0490	0.0210	0.120***	0.159***	−0.076**	0.080***	0.245***	1	
ROA	−0.00900	−0.00200	0.00700	0.0350	0.0180	−0.00100	0.0130	−0.0240	−0.086***	1

注：*表示 $p < 0.1$，**表示 $p < 0.05$，***表示 $p < 0.01$。

资料来源：笔者绘制。

本章还计算了各变量间的方差膨胀因子（VIF），以此来诊断多重共线性问题，检验结果如表7-9所示。由多重共线性检验结果可知，各变量的方差膨胀因子均小于10，说明本章使用的变量间不存在严重的多重共线性问题，各变量对因变量的影响具有解释力度。

表7-9　多重共线性检验结果

变量	方差膨胀因子（VIF）	容忍度
Gov	1.10	0.906792
ATC	1.11	0.901060
Age	1.18	0.848548
Gen	1.02	0.978944
Edu	1.05	0.952111
His	1.17	0.855301
Scale	1.10	0.907442
ROA	1.01	0.990669

资料来源：笔者绘制。

三、回归分析

（一）直接效应回归分析

本章借助计量分析软件 Stata14.0 对上述模型进行了回归分析，以此验证本章所提出的假设。

1. 行政环境感知与变革态度的直接效应

本章报告了行政环境感知与变革态度的直接效应分析结果，具体如表7-10所示。模型1为基准模型，纳入了企业家年龄、企业家性别、企业家受教育水平、企业年龄、企业规模和企业绩效等控制变量，以检验控制变量与中介变量变革态度之间的关系。模型2在模型1的基础上加入了自变量"行政环境感知"，以检验企业家行政环境感知与变革态度之间的回归关系。与模型1相比，模型2在固定控制变量的影响后，行政环境感知对变革态度的回归系数为0.408，在1%的水平上显著，且能够额外解释8.6%的变革态度差异，假设7-1得到支持。

表7-10　行政环境感知与变革态度的直接效应分析结果

变量类型	变量名称	变革态度	
		模型1	模型2
控制变量	企业家年龄	−0.004 (0.004)	−0.004 (0.004)
	企业家性别	−0.145 (0.104)	−0.122 (0.099)
	企业家受教育水平	0.083 (0.069)	0.059 (0.066)
	企业年龄	−0.011** (0.005)	−0.009** (0.004)
	企业规模	0.038** (0.018)	0.028 (0.017)
	企业绩效	0.000 (0.000)	0.000 (0.000)
自变量	行政环境感知		0.408*** (0.040)
	R^2	0.013	0.099
	Adj R^2	0.007	0.093
	F	2.35	17.19
	N	1104	1104

注：括号内为标准误；＊表示 $p<0.1$，＊＊表示 $p<0.05$，＊＊＊表示 $p<0.01$。

资料来源：笔者整理。

2. 变革态度与创业导向的直接效应

本章报告了变革态度与创业导向的回归结果，具体如表7-11所示。模型3

为基准模型，以创业导向为因变量，仅放入企业家年龄、企业家性别、企业家受教育水平、企业年龄、企业规模和企业绩效等控制变量，用于检验控制变量与因变量创业导向之间的关系。回归结果显示，企业家受教育水平创业导向存在显著的正向影响，企业年龄创业导向存在显著的负向影响，其余控制变量对企业的创业导向不存在显著的影响。模型 4 在模型 3 的基础上加入中介变量"变革态度"，以检验变革态度与创业导向之间的回归关系。与模型 3 相比，模型 4 在固定控制变量的影响后，变革态度对创业导向的回归系数为 0.469，在 1% 的水平上显著，且能够额外解释 21.3% 的创业导向差异，假设 7-2 得到支持。

表 7-11　变革态度与创业导向的直接效应分析结果

变量类型	变量名称	创业导向	
		模型 3	模型 4
控制变量	企业家年龄	−0.005 (0.004)	−0.004 (0.004)
	企业家性别	−0.126 (0.104)	−0.058 (0.092)
	企业家受教育水平	0.215*** (0.070)	0.176*** (0.062)
	企业年龄	−0.013*** (0.005)	−0.008* (0.004)
	企业规模	0.023 (0.018)	0.005 (0.016)
	企业绩效	0.000 (0.000)	0.000 (0.000)
中介变量	变革态度		0.469*** (0.027)
	R^2	0.023	0.236
	Adj R^2	0.017	0.231
	F	4.23	48.27
	N	1104	1104

注：括号内为标准误；＊表示 p<0.1，＊＊表示 p<0.05，＊＊＊表示 p<0.01。

资料来源：笔者整理。

3. 行政环境感知与创业导向的直接效应

本章报告了行政环境感知与创业导向的回归结果，具体如表 7-12 所示。模型 3 为基准模型，以创业导向为因变量，仅放入企业家年龄、企业家性别、企业家受教育水平、企业年龄、企业规模和企业绩效等控制变量。模型 5 在模型 3 的基础上加入了自变量"行政环境感知"，以检验行政环境感知与创业导向之间的回归关系。与模型 3 相比，模型 5 在固定控制变量的影响后，行政环境感知对创业导向的回归系数为 0.441，在 1% 的水平上显著，且能够额外解释 9.8% 的创业导向差异，假设 7-3 得到支持。

表 7-12　行政环境感知与创业导向的直接效应

变量类型	变量名称	创业导向	
		模型 3	模型 5
控制变量	企业家年龄	-0.005 (0.004)	-0.006 (0.004)
	企业家性别	-0.126 (0.104)	-0.102 (0.099)
	企业家受教育水平	0.215*** (0.070)	0.189*** (0.066)
	企业年龄	-0.013*** (0.005)	-0.011** (0.004)
	企业规模	0.023 (0.018)	0.012 (0.017)
	企业绩效	0.000 (0.000)	0.000 (0.000)
自变量	行政环境感知		0.441*** (0.040)
	R^2	0.023	0.121
	Adj R^2	0.017	0.115
	F	4.23	21.58
	N	1104	1104

注：括号内为标准误；＊表示 $p<0.1$，＊＊表示 $p<0.05$，＊＊＊表示 $p<0.01$。

资料来源：笔者整理。

（二）中介效应分析

首先，本章采用最常用的中介效应检验法——逐步法（Causal Steps Approach）来检验变革态度是否在行政环境感知和创业导向之间起中介作用（Baron and Kenny，1986；Judd and Kenny，1981）。具体地，可分为三个步骤来逐步检验中介效应：第一步，对自变量行政环境感知与因变量创业导向之间的关系进行回归分析（模型5），检验行政环境感知的回归系数 c（即检验原假设 H_0：c=0）。第二步，对自变量行政环境感知与中介变量变革态度进行回归分析（模型2），检验行政环境感知的回归系数 a（即检验原假设 H_0：a=0）；将自变量行政环境感知、中介变量变革态度与因变量创业导向同时放入模型6进行回归分析，检验中介变量变革态度的回归系数 b（即检验原假设 H_0：b=0），从而来间接检验系数 a 和 b 乘积的显著性（即检验原假设 H_0：ab=0）。该步骤称为联合显著性检验（Test of Joint Significance）（Hayes，2009）。若模型5中自变量行政环境感知的回归显著，模型2中自变量行政环境感知的回归显著，且模型6中中介变量变革态度都显著，则中介效应显著。第三步，检验模型6中控制了中介变量变革态度的影响后，自变量行政环境感知对因变量创业导向的影响 c′是否显著。若自变量行政环境感知的回归 c′不显著，则为完全中介，否则为部分中介（MacKinnon et al.，1995；温忠麟等，2004）。

上述几个步骤中的具体检验结果如表 7-13 所示：模型5表明自变量行政环境感知的回归显著（β=0.441，P<0.01），且 c≠0；模型2表明自变量行政环境感知的回归显著（β=0.408，P<0.01），且 a≠0；模型6表明中介变量变革态度的回归显著（β=0.411，P<0.01），且 b≠0，自变量行政环境感知的回归显著（β=0.273，P<0.01）。因此，综合模型2、模型5、模型6的结果，说明变革态度在行政环境感知与创业导向之间起到部分中介的作用，假设 7-4 得到了支持。

其次，考虑到学者们对通过逐步法间接检验回归显著性来判断中介效应的质疑（Edwards and Lambert，2007；Spencer et al.，2005），为了提高检验力并保障实证结果的可信度，本章参照 MacKinnon 等（2002）、花冯涛和徐飞（2018）的方法，进一步使用 Sobel 检验来验证中介变量变革态度在行政环境感知与创业导向之间的中介效应。具体的检验结果如表 7-14 所示，Sobel 检验显著（β=0.168，P<0.01），且中介效应的比例为38%。因此，行政环境感知通过变革态度对创业导向产生显著的影响，这进一步验证了中介效应的可靠性。

表 7-13　变革态度的中介效应分析结果

变量类型	变量名称	变革态度	创业导向	
		模型2	模型5	模型6
控制变量	企业家年龄	-0.004 (0.004)	-0.006 (0.004)	-0.004 (0.004)

续表

变量类型	变量名称	变革态度	创业导向	
		模型 2	模型 5	模型 6
控制变量	企业家性别	−0.122 (0.099)	−0.102 (0.099)	−0.052 (0.090)
	企业家受教育水平	0.059 (0.066)	0.189*** (0.066)	0.165** (0.060)
	企业年龄	−0.009** (0.004)	−0.011** (0.004)	−0.007 (0.004)
	企业规模	0.028 (0.017)	0.012 (0.017)	0.000 (0.016)
	企业绩效	0.000 (0.000)	0.000 (0.000)	0.000 (0.000)
自变量	行政环境感知	0.408*** (0.040)	0.441*** (0.040)	0.273*** (0.038)
中介变量	变革态度			0.411*** (0.027)
	R^2	0.099	0.121	0.270
	Adj R^2	0.093	0.115	0.265
	F	17.19	21.58	50.67
	N	1104	1104	1104

注：括号内为标准误；* 表示 $p<0.1$，** 表示 $p<0.05$，*** 表示 $p<0.01$。

资料来源：笔者整理。

表 7-14　Sobel 检验结果

	解释变量：EO
Sobel 检验	0.168*** （Z = 8.450）
Goodman 检验 1	0.168*** （Z = 8.437）
Goodman 检验 2	0.168*** （Z = 8.462）
中介效应系数	0.168
直接效应系数	0.273
总效应系数	0.441
中介效应比例	0.380

注：* 表示 $p<0.1$，** 表示 $p<0.05$，*** 表示 $p<0.01$。

资料来源：笔者整理。

最后，为了弥补 Sobel 检验需要前提假设抽样分布呈正态性的局限性（方杰、张敏强，2012），本章进一步参照 MacKinnon 等（2004）所提出的 Bootstrap 检验法，以重复抽样的方法得到类似原始样本的 Bootstrap 样本，检验回归系数乘积 ab 的一个置信度为 95% 的置信区间是否包含 0。若 0 不在该置信区间内，则 ab 显著，中介效应存在，反之则中介效应不存在（MacKinnon and Fritz，2007；Preacher et al.，2007）。本章报告了 Bootstrap 检验的检验结果，具体如表 7-15 所示。检验结果表明：间接效应的 95% 置信区间 =［0.125，0.211］，不包含 0，因此中介变量变革态度的中介效应存在；直接效应的 95% 置信区间 =［0.194，0.352］，不包含 0，因此变革态度发挥的是部分中介的作用，实证结果与逐步法和 Sobel 检验的结果一致。

表 7-15　Bootstrap 检验结果

	系数	标准误	z	下界	上界
间接效应	0.168***	0.022	7.66	0.1247911	0.2106785
直接效应	0.273***	0.040	6.78	0.1942062	0.3520684

注：* 表示 $p<0.1$，** 表示 $p<0.05$，*** 表示 $p<0.01$。

资料来源：笔者整理。

综上，本章通过逐步法、Sobel 检验和 Bootstrap 检验都证明了中介变量变革态度在行政环境感知和创业导向之间发挥部分中介的作用，假设 7-4 得到支持。

（三）调节效应分析

假设 7-5 提出，竞争地位对变革态度与创业导向的关系起倒 U 型调节作用。为了检验该假设，本章参照 Schilke（2014）、Wang 和 Zhang（2021）对非线性调节的验证方式进行了检验：先验证线性调节不存在，后通过多阶交互来验证非线性的调节存在。因此，本章在模型 4 的基础上加入了调节变量竞争地位、变革态度与竞争地位的交互项得到了模型 7，并在模型 7 的基础上加入了竞争地位的二次项、变革态度与竞争地位二次项的交互项得到了模型 8。具体的检验结果如表 7-16 所示。模型 7 中，变革态度和竞争地位的交互项与创业导向之间不存在显著的相关关系，因此，竞争地位并不存在一阶的线性调节效应。模型 8 中，竞争地位的二次项与创业导向关系显著（β=0.094，P<0.01），尤其是变革态度和竞争地位二次项的乘积与创业导向之间存在负相关关系（β=-0.037，P<0.1），符合 Schilke（2014）所提出的倒 U 型调节的要求，因此，竞争地位对变革态度与创业导向的关系起倒 U 型调节作用，假设 7-5 成立。

表 7-16　竞争地位对变革态度和创业导向的调节效应分析结果

变量类型	变量名称	创业导向		
		模型 4	模型 7	模型 8
控制变量	企业家年龄	−0.004 (0.004)	−0.003 (0.004)	−0.003 (0.004)
	企业家性别	−0.058 (0.092)	−0.067 (0.091)	−0.048 (0.090)
	企业家受教育水平	0.176*** (0.062)	0.145** (0.061)	0.137** (0.060)
	企业年龄	−0.008* (0.004)	−0.006 (0.004)	−0.007 (0.004)
	企业规模	0.005 (0.016)	−0.008 (0.016)	−0.003 (0.016)
	企业绩效	0.000 (0.000)	−0.000 (0.000)	0.000 (0.000)
中介变量	变革态度	0.469*** (0.027)	0.437*** (0.027)	0.464*** (0.033)
调节变量	竞争地位		0.220*** (0.033)	−0.385** (0.187)
	竞争地位^2			0.094*** (0.028)
交互项	变革态度× 竞争地位		0.032 (0.027)	−0.022 (0.032)
	变革态度× 竞争地位^2			−0.037* (0.022)
	R^2	0.236	0.265	0.275
	Adj R^2	0.231	0.260	0.267
	F	48.27	43.84	37.58
	N	1104	1104	1104

注：括号内为标准误； * 表示 p<0.1， ** 表示 p<0.05， *** 表示 p<0.01。

资料来源：笔者整理。

　　假设 7-6 提出，竞争地位在行政环境感知对创业导向的影响中起倒 U 型调节作用，为了检验该假设，本章在模型 5 的基础上加入了调节变量竞争地位、行政环境感知与竞争地位的交互项得到了模型 9 并在模型 9 的基础上加入了竞争地位的二次项、行政环境感知与竞争地位二次项的交互项得到了模型 10。具体的检验结果如表 7-17 所示。模型 9 中，行政环境感知和竞争地位的交互项与创业导向之间不存在显著的相关关系，因此，竞争地位并不存在一阶的线性调节效应。模型 10 中，竞争地位的二次项与创业导向关系显著（$\beta = 0.107$，$P<0.01$），尤其是行政环境感知与竞争地位二次项的乘积与创业导向之间存在负相关关系（$\beta = -0.089$，$P<0.01$），符合 Schilke（2014）所提出的倒 U 型调节的要求，因此竞争地位对行政环境感知与创业导向的关系起倒 U 型调节作用，假设 7-6 成立。

为更形象地展现倒 U 型调节效应，本章参照 Hatak 等（2016）、Wang 等（2020）的做法，绘制了调节效应示意图。

对于假设 7-5，由式（7-8）可推导出 ATC 与 EO 之间的斜率为 $\partial EO/\partial ATC = \beta_1 + \beta_4 Status + \beta_5 Status^2$，其中 Status 的值域为 [-2.57，1.43]。为呈现更为直观的结果，本章选择斜率最大时即倒 U 型曲线的顶点处作为中等竞争地位的情境，选取-1SD 作为竞争地位较低时的情境，选取+1SD 作为竞争地位较高时的情境，再将各参数代入式（7-7）得出几个结果，并据此绘制出了调节效应示意图，具体如图 7-6 所示。

表 7-17　竞争地位对行政环境感知和创业导向的调节效应分析结果

变量类型	变量名称	创业导向		
		模型 5	模型 9	模型 10
控制变量	企业家年龄	-0.006 （0.004）	-0.006 （0.004）	-0.005 （0.004）
	企业家性别	-0.102 （0.099）	-0.108 （0.097）	-0.086 （0.097）
	企业家受教育水平	0.189*** （0.066）	0.158** （0.065）	0.147** （0.065）
	企业年龄	-0.011** （0.004）	-0.008* （0.004）	-0.009** （0.004）
	企业规模	0.012 （0.017）	-0.002 （0.017）	0.003 （0.017）
	企业绩效	0.000 （0.000）	0.000 （0.000）	0.000 （0.000）

续表

变量类型	变量名称	创业导向		
		模型 5	模型 9	模型 10
自变量	行政环境感知	0.441*** (0.040)	0.372*** (0.041)	0.439*** (0.048)
调节变量	竞争地位		0.240*** (0.037)	−0.443** (0.203)
	竞争地位^2			0.107*** (0.030)
交互项	行政环境感知× 竞争地位		0.039 (0.042)	−0.082 (0.051)
	行政环境感知× 竞争地位^2			−0.089*** (0.033)
	R^2	0.121	0.154	0.169
	Adj R^2	0.115	0.147	0.161
	F	21.58	22.14	20.24
	N	1104	1104	1104

注：括号内为标准误；＊表示 $p<0.1$，＊＊表示 $p<0.05$，＊＊＊表示 $p<0.01$。

资料来源：笔者整理。

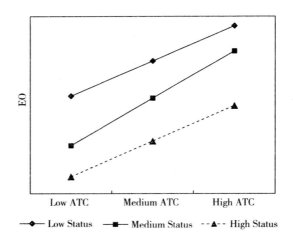

图 7-6 变革态度与创业导向的关系受到竞争地位的倒 U 型调节

资料来源：笔者绘制。

对于假设 7-6，由式（7-8）可推导出 Gov 与 EO 之间的斜率为 $\partial EO/\partial Gov = \beta_1+\beta_4 Status+\beta_5 Status^2$。同样地，本章选择倒 U 型曲线的顶点处作为中等竞争地位的情境，选取 $-1SD$ 作为竞争地位较低时的情境，选取 $+1SD$ 作为竞争地位较高时的情境，并据此绘制出了调节效应示意图，具体如图 7-7 所示。

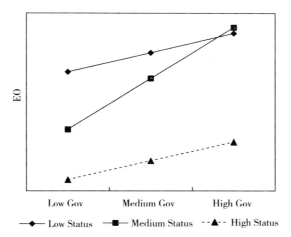

图 7-7　行政环境感知与创业导向的关系受到竞争地位的倒 U 型调节

资料来源：笔者绘制。

四、稳健性检验

为进一步检验实证结果的稳健性，本章借鉴 Dai 和 Si（2018）的方法，对行政环境感知、变革态度和创业导向三个构念提取主成分。行政环境感知的第一个主成分解释了总方差的 71.925%，其特征值为 5.754，其他的成分特征值均小于 1，因此本章选择第一个主成分，并将其作为行政环境感知的替代测量。类似地，变革态度的第一个主成分解释了总变异的 67.889%，其特征值为 3.394，本章将其作为变革态度的替代测量；创业导向的第一个主成分解释了总方差的 49.171%，其特征值为 4.425，本章将其作为创业导向的替代测量。

在对行政环境感知、变革态度和创业导向分别提取了主成分后，本章将所提取的主成分再次放入模型进行回归，以检验上述结果是否稳健。稳健性检验结果分别如表 7-18、表 7-19、表 7-20 所示。总体而言，即使对行政环境感知、变革态度和创业导向采用了不同的操作化方式，回归结果与原结论仍然保持一致。这表明上述实证结果具有稳健性。

表7-18 行政环境感知对创业导向的影响（主成分法）

变量类型	变量名称	变革态度					公司创业导向				
		模型1	模型2	模型3	模型4	模型5	模型6	模型7	模型8	模型9	模型10
控制变量	企业家年龄	-0.004 (0.004)	-0.004 (0.004)	-0.005 (0.004)	-0.004 (0.004)	-0.006 (0.004)	-0.004 (0.004)	-0.003 (0.004)	-0.003 (0.004)	-0.006 (0.004)	-0.005 (0.004)
	企业家性别	-0.145 (0.104)	-0.123 (0.099)	-0.126 (0.104)	-0.058 (0.092)	-0.102 (0.099)	-0.052 (0.090)	-0.067 (0.091)	-0.048 (0.090)	-0.109 (0.097)	-0.087 (0.097)
	企业家受教育水平	0.083 (0.069)	0.061 (0.066)	0.215*** (0.070)	0.176*** (0.062)	0.191*** (0.066)	0.166*** (0.060)	0.145** (0.061)	0.137** (0.060)	0.160** (0.065)	0.148** (0.065)
	企业年龄	-0.011** (0.005)	-0.009** (0.004)	-0.013*** (0.005)	-0.008* (0.004)	-0.011** (0.004)	-0.007* (0.004)	-0.006 (0.004)	-0.007 (0.004)	-0.008* (0.004)	-0.009** (0.004)
	企业规模	0.038** (0.018)	0.028 (0.017)	0.023 (0.018)	0.005 (0.016)	0.012 (0.017)	0.000 (0.016)	-0.008 (0.016)	-0.003 (0.016)	-0.002 (0.017)	0.003 (0.017)
	企业绩效	0.000 (0.000)	0.000 (0.000)	0.000 (0.000)	0.000 (0.000)	0.000 (0.000)	0.000 (0.000)	-0.000 (0.000)	0.000 (0.000)	0.000 (0.000)	0.000 (0.000)
自变量	行政环境感知		0.325*** (0.032)			0.349*** (0.032)	0.216*** (0.030)			0.295*** (0.032)	0.348*** (0.039)
中介变量	变革态度				0.469*** (0.027)		0.411*** (0.027)	0.437*** (0.027)	0.464*** (0.033)		
调节变量	竞争地位							0.220*** (0.033)	-0.385** (0.187)	0.241*** (0.037)	-0.435** (0.203)
	竞争地位²								0.094*** (0.028)		0.106*** (0.030)

续表

变量类型	变量名称	变革态度		公司创业导向							
		模型 1	模型 2	模型 3	模型 4	模型 5	模型 6	模型 7	模型 8	模型 9	模型 10
交互项	变革态度×竞争地位							0.032 (0.027)	-0.022 (0.032)		
	变革态度×竞争地位^2								-0.037* (0.022)		
	行政环境感知×竞争地位									0.035 (0.033)	-0.058 (0.041)
	行政环境感知×竞争地位^2										-0.069*** (0.026)
	R^2	0.013	0.099	0.023	0.236	0.121	0.270	0.265	0.275	0.154	0.169
	Adj R^2	0.007	0.093	0.017	0.231	0.115	0.264	0.26	0.267	0.147	0.16
	F	2.35	17.23	4.23	48.27	21.47	50.57	43.84	37.58	22.13	20.17
	N	1104	1104	1104	1104	1104	1104	1104	1104	1104	1104

注：括号内为标准误差；* 表示 $p<0.1$，** 表示 $p<0.05$，*** 表示 $p<0.01$。

资料来源：笔者整理。

表7-19 行政环境感知对创业导向的影响（主成分法，变革态度作为中介）

变量类型	变量名称	变革态度					公司创业导向				
		模型1	模型2	模型3	模型4	模型5	模型6	模型7	模型8	模型9	模型10
控制变量	企业家年龄	-0.004 (0.004)	-0.004 (0.004)	-0.005 (0.004)	-0.004 (0.004)	-0.006 (0.004)	-0.004 (0.004)	-0.003 (0.004)	-0.003 (0.004)	-0.006 (0.004)	-0.005 (0.004)
	企业家性别	-0.130 (0.094)	-0.109 (0.090)	-0.126 (0.104)	-0.059 (0.093)	-0.102 (0.099)	-0.052 (0.090)	-0.068 (0.091)	-0.049 (0.091)	-0.108 (0.097)	-0.086 (0.097)
	企业家受教育水平	0.075 (0.063)	0.054 (0.060)	0.215*** (0.070)	0.176*** (0.062)	0.189*** (0.066)	0.165*** (0.060)	0.146** (0.061)	0.138** (0.060)	0.158** (0.065)	0.147** (0.065)
	企业年龄	-0.009** (0.004)	-0.008* (0.004)	-0.013*** (0.005)	-0.008* (0.004)	-0.011*** (0.004)	-0.007* (0.004)	-0.006 (0.004)	-0.007* (0.004)	-0.008* (0.004)	-0.009** (0.004)
	企业规模	0.035** (0.016)	0.025 (0.016)	0.023 (0.018)	0.005 (0.016)	0.012 (0.017)	0.000 (0.016)	-0.008 (0.016)	-0.003 (0.016)	-0.002 (0.017)	0.003 (0.017)
	企业绩效	0.000 (0.000)	0.000 (0.000)	0.000 (0.000)	0.000 (0.000)	0.000 (0.000)	0.000 (0.000)	-0.000 (0.000)	0.000 (0.000)	0.000 (0.000)	0.000 (0.000)
自变量	行政环境感知		0.372*** (0.036)			0.441*** (0.040)	0.273*** (0.038)			0.372*** (0.041)	0.439*** (0.048)
中介变量	变革态度				0.516*** (0.030)		0.451*** (0.030)	0.481*** (0.030)	0.510*** (0.037)		
调节变量	竞争地位							0.219*** (0.033)	-0.384** (0.187)	0.240*** (0.037)	-0.443** (0.203)
	竞争地位^2								0.094*** (0.028)		0.107*** (0.030)

续表

变量类型	变量名称	变革态度					公司创业导向				
		模型 1	模型 2	模型 3	模型 4	模型 5	模型 6	模型 7	模型 8	模型 9	模型 10
交互项	变革态度×竞争地位							0.035 (0.029)	-0.024 (0.036)		
	变革态度×竞争地位^2								-0.041* (0.024)		
	行政环境感知×竞争地位									0.039 (0.042)	-0.082 (0.051)
	行政环境感知×竞争地位^2										-0.089*** (0.033)
	R^2	0.013	0.099	0.023	0.235	0.121	0.269	0.264	0.274	0.154	0.169
	Adj R^2	0.007	0.094	0.017	0.23	0.115	0.264	0.258	0.266	0.147	0.161
	F	2.34	17.28	4.23	48.02	21.58	50.42	43.62	37.39	22.14	20.24
	N	1104	1104	1104	1104	1104	1104	1104	1104	1104	1104

注: 括号内为标准误差; * 表示 p<0.1, ** 表示 p<0.05, *** 表示 p<0.01。

资料来源: 笔者整理。

表 7-20　行政环境感知对创业导向的影响（主成分法）

变量类型	变量名称	变革态度		公司创业导向							
		模型 1	模型 2	模型 3	模型 4	模型 5	模型 6	模型 7	模型 8	模型 9	模型 10
控制变量	企业家年龄	-0.004 (0.004)	-0.004 (0.004)	-0.005 (0.004)	-0.003 (0.004)	-0.005 (0.004)	-0.004 (0.003)	-0.003 (0.003)	-0.003 (0.003)	-0.005 (0.004)	-0.005 (0.004)
	企业家性别	-0.145 (0.104)	-0.122 (0.099)	-0.117 (0.094)	-0.055 (0.083)	-0.095 (0.089)	-0.049 (0.081)	-0.064 (0.081)	-0.046 (0.081)	-0.101 (0.087)	-0.080 (0.086)
	企业家受教育水平	0.083 (0.069)	0.059 (0.066)	0.186*** (0.063)	0.151*** (0.055)	0.163*** (0.059)	0.141*** (0.054)	0.121** (0.054)	0.114** (0.054)	0.133** (0.058)	0.123** (0.058)
	企业年龄	-0.011** (0.005)	-0.009** (0.004)	-0.011*** (0.004)	-0.006* (0.004)	-0.009** (0.004)	-0.006 (0.004)	-0.005 (0.004)	-0.005 (0.004)	-0.007* (0.004)	-0.007* (0.004)
	企业规模	0.038** (0.018)	0.028 (0.017)	0.023 (0.016)	0.007 (0.014)	0.013 (0.016)	0.003 (0.014)	-0.005 (0.014)	-0.001 (0.014)	0.000 (0.015)	0.004 (0.015)
	企业绩效	0.000 (0.000)	0.000 (0.000)	0.000 (0.000)	0.000 (0.000)	0.000 (0.000)	0.000 (0.000)	-0.000 (0.000)	-0.000 (0.000)	-0.000 (0.000)	-0.000 (0.000)
自变量	行政环境感知		0.408*** (0.040)			0.400*** (0.036)	0.246*** (0.034)			0.334*** (0.036)	0.396*** (0.043)
中介变量	变革态度				0.429*** (0.024)		0.376*** (0.025)	0.398*** (0.024)	0.425*** (0.030)		
调节变量	竞争地位							0.213*** (0.030)	-0.357** (0.167)	0.233*** (0.033)	-0.410** (0.182)
	竞争地位²								0.089*** (0.025)		0.101*** (0.027)

续表

变量类型	变量名称	变革态度					公司创业导向				
		模型1	模型2	模型3	模型4	模型5	模型6	模型7	模型8	模型9	模型10
交互项	变革态度×竞争地位							0.030 (0.024)	-0.022 (0.029)		
	变革态度×竞争地位²								-0.037* (0.020)		
	行政环境感知×竞争地位									0.037 (0.037)	-0.076* (0.046)
	行政环境感知×竞争地位²										-0.084*** (0.030)
	R^2	0.013	0.099	0.022	0.242	0.122	0.277	0.277	0.287	0.161	0.177
	Adj R^2	0.007	0.093	0.016	0.238	0.117	0.272	0.271	0.280	0.154	0.169
	F	2.35	17.19	4.06	50.10	21.80	52.49	46.47	40.03	23.25	21.41
	N	1104	1104	1104	1104	1104	1104	1104	1104	1104	1104

注：括号内为标准误差；*表示 $p<0.1$，**表示 $p<0.05$，***表示 $p<0.01$。

资料来源：笔者整理。

综上，本章选取"中国非公有制经济健康状况调查"的调查数据，以1104家民营企业为样本，通过Stata14.0计量软件对数据进行了实证检验，实证结果表明，本章的6个假设均得到了支持，现将结果汇总至表7-21。

表7-21 研究假设检验结果汇总

假设	内容	检验结果
H7-1	行政环境感知与变革态度之间存在正相关关系	支持
H7-2	变革态度与创业导向之间存在正相关关系	支持
H7-3	行政环境感知与创业导向之间存在正相关关系	支持
H7-4	变革态度在行政环境感知与创业导向之间起中介作用	支持
H7-5	竞争地位对变革态度与创业导向的关系起倒U型调节作用：企业竞争地位处于中等水平时，变革态度与创业导向的关系最强；而竞争地位处于低水平或高水平时，变革态度与创业导向的关系相对较弱	支持
H7-6	竞争地位在行政环境感知对创业导向的影响中起倒U型调节作用：企业竞争地位处于中等水平时，行政环境感知与创业导向的关系最强；而竞争地位处于低水平或高水平时，行政环境感知与创业导向的关系相对较弱	支持

资料来源：笔者整理。

第四节　讨论与结论

一、研究结论

在位民营企业在促进技术进步、促进创新成果商业化等方面发挥着重要作用，其创业导向水平的高低在很大程度上形塑了区域和国家经济高质量发展的水平（何瑛、杨琳，2021）。对于民营企业自身而言，创业在很大程度上是其竞争优势的可持续来源，企业可通过风险承担来寻求新的产品、市场与业务机会（Zahra and Garvis，2000）。然而，在中国经济转型的背景下，我国民营企业面临行业进入门槛高、产权保护有限、人才培养机制不健全、融资渠道受限等诸多困境（梅冬州、宋佳馨，2021）。为更好地服务企业、推动创业，政府相继出台了一系列优化营商环境的政策举措，努力营造稳定、公平、透明、可预期的良好环境，以期能促进更多的民营企业加入创业队伍。但是，现实中企业的创业意愿依旧不容乐观，企业家对营商环境的感知也有较大差异。仍有企业认为，与行政环境有关的问题明显地影响了企业的创业动机。那么，行政环境感知为何以及如何影响企业的创业意愿？为何优化营商环境的支持性政策出台后民营企业的创业意愿仍存在较大异质性？这些问题有待研究者进一步探索。

在公司创业领域，学者们常用"创业导向"来描述企业从事创业活动的意愿（胡望斌等，2014；周冬梅等，2020）。近年来，学者们开始广泛关注创业导向的前因（Wales et al.，2013a），以此解释为何某些企业相较于其他企业更具有创业精神。既有研究从 CEO 与高管团队的特质（Au et al.，2017）、组织特征（Kollmann et al.，2020；芮正云等，2020）、外部环境（Watson et al.，2019；Kreiser et al.，2020）等多方面进行了探索。例如：Au 等（2017）发现，高管对自身命运的看法会影响企业的创业导向；Kollmann 等（2020）通过实证研究发现，团队交互记忆系统有利于创业导向的提高；Watson 等（2019）发现，不同国家的文化会对企业的创业导向产生影响。亦有学者基于战略选择理论，从微观的企业家环境感知的角度切入，来探索创业导向的前因，发现企业家对新政（制度环境）的积极感知增进了企业的创业导向，地区制度环境强化了两者的关系，而政治联系弱化了两者的关系（戴维奇、赵慢，2020）。上述研究极富洞见，然而以往基于战略选择理论的相关研究并未十分细致地剖析环境感知影响战略决策的机制。

从企业的营商环境上看，行政环境是影响企业行为的重要外部因素（Hemmert，2004），影响着企业的创业意愿、创新的投入水平和产出水平（鲁桐、党印，2015）。在中国经济转型的背景下，政府与市场关系的变革成为经济转型的主线（何轩等，2014），行政环境对企业的影响尤为明显。由于中国各地区存在历史文化差异，不同地区的转型进程存在区别，因而不同地区地方政府管理的风格也具有异质性。以往研究多聚焦于客观的行政环境对企业的影响（Hemmert，2004；Audretsch et al.，2020）。然而，根据战略选择理论，企业家对环境的认知才是影响企业战略决策的关键因素（Child，1997）。也就是说，行政环境对企业行为的影响最终要通过企业家的感知才能发挥作用。那么，企业家对行政环境的感知是否以及如何影响企业的创业导向？学者们尚未对这一问题进行具体的探讨。

基于此，本章聚焦于"行政环境感知对创业导向的影响机制"这一关键问题，在整合战略选择理论和地位概念开展理论和实证研究。首先，建构了"感知—态度—行为"的逻辑框架，分别探究了行政环境感知与变革态度、变革态度与创业导向之间的关系。其次，探究了行政环境感知对创业导向的直接影响，并揭示了变革态度在行政环境感知与创业导向之间的部分中介效应。最后，考虑到企业的地位亦会影响战略决策过程（Luo et al.，2020），因此将地位概念与战略选择理论相结合，将"竞争地位"作为重要的情境因素，探索了竞争地位对变革态度与创业导向之间关系的倒 U 型调节作用、竞争地位对行政环境感知与创业导向之间关系的倒 U 型调节作用。通过对 1104 家民营企业数据进行分析，本章得出以下重要结论：

第一，本章的实证结果验证了企业家行政环境感知对其变革态度具有显著的正向影响。企业家的行政环境感知会影响企业家对交易成本的预估、对创业风险的判断以及注意力的分配。当感知到行政环境较好时，如产权保护制度完备、企业融资便利、市场准入门槛清晰，企业家预计各项变革活动的事前成本与事后成本都有所降低，可感知到的创新风险亦有所降低（Simon et al.，2000；谷晨等，2019），从而强化未来变革的信心。

第二，本章的实证结果验证了企业家的变革态度与企业的创业导向之间存在显著的正相关关系。对变革持积极态度的管理者通常要求组织更加具有创业精神，在经营管理实践中表现出勇于开拓、承担风险和采取超前行动等（王永伟等，2021）。同时，企业家会通过持续探索和更新理念以引导创业活动（Musteen et al.，2006）。当企业家对变革持积极态度时，往往会设立一个共同的愿景供组织内成员追求，尊重知识并激发创新思维，不断支持新产品、新业务和新市场的开发，保障创业活动的资源供给和智力支持。

第三，本章的实证结果验证了企业家的行政环境感知对企业的创业导向具有显著的正向影响。良好的行政环境有利于降低企业的交易成本，使原本复杂的创业项目更具可行性，同时也能提高实施的效率。企业重要创业项目的开展无一不处于行政环境之中（Audretsch et al.，2020）。此外，企业家对行政环境的评估也会影响其创业决策。从企业家的角度而言，行政环境是一种较强的影响因素（Hemmert，2004）。当企业家认为有明确的法律保障且政府执法有力时，其推进创新创业的动力更强，这促使企业家更愿意将资金与注意力分配至新的创业项目上去，最终提高企业的创业导向。

第四，本章的实证结果证明企业家的变革态度在企业家行政环境感知与企业创业导向之间起到部分中介作用。一方面，行政环境感知是对环境变化做出的评估，对企业家的变革态度具有积极影响（Grosanu et al.，2015）。较高的行政环境感知意味着企业家预估地方行政审批制度较为完善，政务服务能力稳步提升，部门间协作成本较低，行政审批中制度性障碍较少，市场中的交易成本在可接受的范围之内（张一林等，2019），增强了企业家对变革的信心，从而提高变革态度。另一方面，在企业的战略选择过程中，变革态度发挥着关键作用，影响企业有关创业的战略决策（王永伟等，2021），进而改变企业的创业导向。

第五，本章的实证结果证明竞争地位对变革态度与创业导向的关系起倒 U 型调节作用。竞争地位处于中等水平的企业则"迫于形势"，最可能将变革的态度转化为实际的行动。在竞争地位由低水平向中等水平转变的过程中，企业拥有的资源以及创业的动力都发生了变化。企业所拥有的资源慢慢增多，能以更低的成本从低竞争地位企业雇用人才（Rider and Tan，2015），有能力凭借自身相对充裕的资源和竞争优势进行创业活动（Edman and Makarevich，2021）。同时，随着竞争地位的提升，企业面临的竞争压力不断增加，此时企业只需稍有成就，就可能在地位的竞争中脱颖而出（Anderson and Cabral，2007；Keum，2020）。因此，这类企业越来越需要通过创新创业活动来提高自身的竞争地位（Edman and Makarevich，2021）。也正是在这种情形下，若企业家确立了变革的态度，那么就会快速将这种态度转化为实际的行动。随着企业竞争地位的进一步上升，由中等水平向高水平转变时，拥有高竞争地位的企业已拥有良好的声誉（Benjamin and Podolny，1999）、消费者忠诚度（Niedrich and Swain，2003）、对合作伙伴的议价能力（Castellucci and Ertug，2010）、优质的人力资源（Rider and Tan，2015）和稳定的融资渠道（Stuart，1999）等优势，对市场有较高的话语权，因而易产生惰性，纵使自身有变革的态度，也可能在惰性的影响下而不付诸实际行动。总体来说，竞争地位低的企业"实力不济"，有变革想法也难以付诸实施，竞争地位高的企业"高枕无忧"，纵有变革念头也不急于实施。

第六，本章的实证结果证明竞争地位对行政环境感知与创业导向的关系起倒 U 型调节作用。与前述类似，当竞争地位由低水平向中等水平发展时，企业逐渐有了一定的资源以及打败邻近竞争对手进一步巩固自身地位的迫切需求（Anderson and Cabral，2007；Keum，2020），因而企业家若是感知到行政环境在好转，则会较为坚决地做出战略决策，从事创业活动，最终增强自身的创业导向。当竞争地位由中等水平向高水平发展时，企业逐渐能从包括政府在内的利益相关者那里获得支持，依靠现有资源也能在市场竞争中胜出（Keum，2020），因而渐渐出现惰性。加之创业又是一种有风险的活动，在此情形下企业没有动力去通过创业来维持或提高自身的竞争地位。此外，随着地位的提升，企业越来越频繁地出现在公众视野当中（Phillips and Zuckerman，2001），接受更严格的外部监督，进而约束其进行诸如创业那样的冒险行为。这与以往认为竞争地位调节作用是线性的研究不同（陈志斌、王诗雨，2015），可能出于以下两个原因：一是本章选取行政环境感知作为自变量，深入挖掘了企业家感知层面对企业创业活动的影响，而以往研究多从客观变量中寻求答案；二是以往研究多以上市公司为样本，但上市公司的竞争地位本身相对较高，而本章选取的是民营企业，该样本中企业地位之间具有更高的异质性，更适合探索本章的研究问题。

本章是转型经济情境下民营企业创业导向研究的重要尝试，聚焦于我国特殊社会、行业以及经济背景，验证了民营企业家行政环境感知对创业导向的重要影响，揭示了变革态度在上述关系中的中介作用，更进一步结合地位概念，探究了企业的竞争地位对"变革态度与创业导向"以及"行政环境感知与创业导向"这两对关系所起的倒 U 型的调节作用。

二、理论贡献

本章将行政环境感知、变革态度和创业导向纳入同一研究范畴，基于战略选择理论和地位概念，从微观层面探讨了创业导向的前因及影响机制，揭示了"变革态度与创业导向"以及"行政环境感知与创业导向"这两对关系的边界条件，发现了竞争地位的倒 U 型调节作用。本章的理论贡献主要包括以下几个方面：

首先，从一个新角度挖掘了有关创业导向前因及影响机理的研究。本章以民营企业为研究对象，响应了 Ng 和 Sears（2012）的呼吁，考虑企业家在推动组织战略决策过程中的作用，整合战略选择和地位理论探究了创业导向的前因，识别了企业家行政环境感知对提升民营企业创业导向的重要价值，这是对创业导向前因研究的重要补充。一方面，目前学界对创业导向后果的相关研究较为成熟，转而开始探索创业导向的前因（Wales et al.，2013a）。本章不同于以往学者探究客观的外部环境或企业家的个人特征对创业导向的直接影响（Au et al.，2017；Kreiser et al.，2020；戴维奇等，2020；黄永春等，2021），而是基于战略选择理论，以企业家对行政环境的感知为出发点，在中国情境下较为深入地剖析了企业家的感知如何影响企业的创业导向。另一方面，既有研究多从制度环境、市场环境或任务环境的四个维度（即多样性、敌意性、丰沛性和复杂性）来探索创业导向的前因（Dai and Si，2018；刘伟等，2014），然而行政环境对创业导向亦有重要的影响，本章通过理论建构和实证检验证实了这一点，也为未来探索行政环境与创业导向之间的关系提供了思路。

其次，本章基于战略选择理论，解析和检验了企业家对环境的主观理解和认识是如何影响企业的战略决策的，打开了两者之间的"黑箱"。现有战略选择理论对企业家个人感知如何影响企业战略决策的中间过程的解构还不充分，多数只停留在个人感知对企业战略决策的直接影响上（De Clercq et al.，2018；戴维奇、赵慢，2020），或者用该理论研究新现象（曹洪军、陈泽文，2017；郑琴琴、陆亚东，2018），并未探究其中的机理。本章通过"感知—态度—行为"的框架，剖析了其中的过程——企业家的个人行政环境感知会显著地改变企业家对待变革的态度，后者进一步影响了企业的战略决策和行为，在战略选择过程中多做出具有创新性、先动性和风险承担性的决策，从而提高企业的创业导向。本章的这一发现对于推进战略选择理论的发展具有重要意义。

再次，本章将企业的竞争地位作为情境因素，进一步探讨了企业家感知/态度与创业导向关系的边界条件，发现了竞争地位的倒U型调节作用。一方面，以往学者虽对创业导向的情境有所考虑，但鲜有研究将企业层面的地位这一因素纳入考量。前述研究表明，地位优势会明显影响企业战略决策时的资源配置（Piazza and Castellucci，2014），与企业的战略选择过程息息相关。由此可见，地位概念与战略选择理论能够得到很好的整合，通过这种方式可以更全面地解析企业的战略选择过程。因此，本章整合了地位理论，从企业地位的属性出发进行研究，揭示了企业竞争地位对企业战略选择过程的重要影响。这有助于回答为何在同一区域，即使企业家对行政环境有类似的感知，企业之间的创业导向还是存在异质性。另一方面，以往研究大多将地位作为自变量来解释企业的创业行为（Preller et al.，2020；Szatmari et al.，2021），鲜有研究将其视作一个调节变量。然而，企业地位是企业进行战略决策时的重要情境因素，竞争地位不同时，企业家即使面临同样的环境也会做出不同的决策。基于此，本章将其视作一个情境因素，且其调节作用并不是单一的，其在行政环境感知对创业导向的影响中，以及变革态度对创业导向的影响中起倒U型的调节作用。以上发现为未来从企业的地位属性出发的相关研究提供了极具潜力的新视角。

最后，本章丰富了营商环境方面的研究。随着国家出台一系列优化营商环境的政策，学术界和业界都深刻认识到营商环境对企业发展的重要作用，营商环境的相关研究近年来非常兴盛，尤其是 2019 年后出现了指数型增长趋势（刘娟、唐加福，2022）。然而既有研究多从宏观层面考虑，探讨营商环境对国家或区域创新的影响（Gogokhia and Berulava，2021；张志红等，2022），较少细致地剖析其中单个企业的战略反应。鉴于中国转型经济的特殊性，除政府主导的行政环境对创业的活跃度发挥着普适的作用外，单个营商环境要素并不构成提高创业活跃度的必要条件（杜运周等，2020），因此本章更细致地分析了营商环境中行政环境对企业创业导向的影响及作用机制，发现行政环境并非直接作用于企业决策，而是通过企业家的变革态度来影响企业的创业导向，且这一过程受到了企业竞争地位的倒 U 型调节，这些发现为更精细地理解营商环境提供了新思路。

三、实践启示

本章整合了战略选择理论和地位概念，解释了行政环境感知与创业导向之间的内在机制和边界条件。除上述理论贡献外，本章的实践启示亦体现在三个方面。

首先，对企业而言，本章揭示了影响民营企业创业导向选择的重要因素，有助于进一步提高企业的创业导向。本章通过 1104 家民营企业的数据证实了企业家越能感知到行政环境的改进，则越会通过影响战略决策过程来提高企业的创业导向。企业家的感知对企业决策具有重要影响（Child，1997），因此，这启示企业一定要关注企业权力持有者的主观认知对企业战略选择的影响，在企业的建设中，应完善决策辅助体系，促进企业家形成对于环境的正确认知。在我国，民营企业发展起步较晚，企业规模往往较小，正式制度不健全，企业权力持有者拥有绝对权威，承担着核心甚至是唯一决策者的角色，因此，他们的认知和判断往往会直接影响和决定企业的发展战略和方向。但受到个人认知水平与判断力的限制，他们难免会对行政环境做出错误判断。此外，通过对调查数据的分析可知，就算是同一地区的企业，由于企业家受教育水平、过往经历和社会网络关系等存在异质性，其对当地行政环境的评估亦存在较大差异。因此，企业应及时优化治理设计与实践，避免过度依赖企业家的个人判断，以防个体的认知偏误引发错误决策。

其次，企业应苦练"内功"，提升自身的竞争地位，以弱化行政环境不确定性可能带来的风险，保持不断创新发展的活力。当今社会的行政环境具有较高的不确定性（Hemmert，2004），在中国转型经济的背景下，各项政策更迭较快，行政环境存在一定的不确定性，且不同地区之间存在差异（臧雷振，2019），对企业的创业活动产生重大影响。从本章的实证结果可知，提高企业的竞争地位可适当缓解行政环境的影响——高地位企业坐拥多项关键资源，这些资源既是企业长久发展的必备条件，又是企业抵御较低地位企业的关键，如拥有良好的声誉（Benjamin and Podolny，1999）、消费者忠诚度（Niedrich and Swain，2003）、对合作伙伴的议价能力（Castellucci and Ertug，2010）、优质的人力资源（Rider and Tan，2015）和稳定的融资渠道（Stuart，1999）等优势，对市场有较高的话语权，其创业活动相比之下不易受行政环境制约。考虑到企业改变行政环境的能力有限，多数民营企业只能被动接受当下行政环境所带来的影响等原因，企业应当从自身着手，提高自身的竞争地位来弱化行政环境不确定性可能带来的影响。

最后，对于政府而言，应持续不断地进行行政环境优化。第一，为促进民营企业创新创业，政府需要因地制宜地提高行政效率和公正程度，以此来降低企业的创业成本，增强创业成功的信心，引导企业家合理分配其注意力，注重创新创业活动而不是其他非生产性活动。第二，由于企业家的个人感知是影响创业导向的关键因素（Child，1997；Dai and Si，2018），政府还应注重宣传，使企业家感知良好的行政环境，从而激励其从事创新创业活动，推动我国"双创"进一步走向深入。以往研究多聚焦于客观的行政环境对企业的影响（Hemmert，2004；徐浩等，2020），而本章证实了企业家对行政环境的感知是影响其战略行为的关键因素，因此政府应注意客观行政环境和主观感知之间的"鸿沟"，关注企业的独特需求。改善行政环境固然重要，但服务好每家企业，使企业能切身地感知到行政环境的优化亦是重点，政府在推行优化行政环境的举措之后，可通过加大宣传和深化优化政策解读等方式，从认知层面提高企业家对行政环境的感知，以此来刺激当地的创业活力。

四、局限与展望

本章依托战略选择理论和地位概念，探究了行政环境感知对创业导向的影响机制，对行政环境感知、变革态度和创业导向之间的关系进行了细致的分析。总体而言，本章的研究结果达到了预期的研究目标，具有一定的理论意义和实践价值，既对推动创业导向的前因研究做出了贡献，也为企业战略决策和政府优化营商环境提供了有参考价值的管理启示。但囿于数据获取和收集等约束，本章不可避免地存在一些不足，现将其归纳总结，并提出未来展望以期进一步完善和深化。

第一，本章聚焦于营商环境的一个关键维度——行政环境对创业导向的影响，未来可在此基础上，整合其他理论，进一步揭示营商环境与创业导向之间的关系。除政府的行政环境对创业的活跃度发挥着普适的作用外，单个营商环境要素并不构成产生高创业活跃度的必要条件（杜运周等，2020），且在中国制度多元背景下，提高政府效率、发挥政府帮助之手仍是构建好的营商环境、提高城市创业活跃度的重要措施，因此本章选择了行政环境感知作为自变量来探究创业导向的前因。但是，营商环境中的市场环境（王欣亮等，2022）、金融服务（杜运周等，2020）、法治环境（刘娟、唐加福，2022）等亦有可能影响区域创新或企业的创业活动。未来研究可进一步整合相关的理论，从营商环境的其他方面着手，完善创业导向的前因分析。

第二，本章通过地位概念探讨了单层次情境因素——企业的竞争地位的调节作用，未来可在此基础上进一步挖掘其他层次或研究多层次情境因素的交互影响。通过地位概念可知，不仅企业地位会影响企业的战略选择过程，个体层面（如企业家的地位）、环境层面（如行业的地位、国家的地位）等都会对企业的战略选择过程造成或大或小的影响。未来研究可考虑上述因素的交互影响，从而更全面地探索行政环境感知、变革态度与创业导向之间的关系。

第三，囿于数据原因，本章无法充分检验因果关系，因而希望未来有学者可采用纵向研究方法。本章的数据主要来源于"中国非公有制经济健康状况调查"，该调查数据虽具有较高的代表性，但仍只是截面数据，因而不能十分完美地检验因果关系，希望未来有学者可采用纵向研究方法，通过面板数据加以验证。另外，本章对竞争地位的测量基于被试的自我陈述，未来研究可进一步考虑采用其他方式测量企业在行业中的竞争地位。

第八章 总体结论与政策建议

第一节 公司创业导向微观基础研究的结论归纳

本书包含了四个子研究，从董事会、企业家等权力持有者的角度，对公司创业导向的微观基础进行了系列研究。

子研究一发挥断裂带构念综合考虑多个异质性维度的优势，同时结合高阶梯队理论，探索了董事会断裂带对创业导向的影响。进一步地，子研究一分析了两种重要的整合机制——董事会成员交叉任期和董事长职能背景广泛性——对于董事会断裂带和创业导向之间关系的调节作用。基于信息传输、软件和信息技术服务业 A 股上市公司 2012~2016 年的面板数据，本书对提出的理论假设进行了实证检验。具体而言，本书以 Stata12.1 软件为分析工具，采用随机效应模型对董事会断裂带和创业导向之间的关系，以及董事会成员交叉任期和董事长职能背景广泛性对二者关系的调节作用进行了回归分析。实证结果显示，董事会断裂带对创业导向具有负向影响，而董事会成员交叉任期和董事长职能背景广泛性对上述关系具有正向调节作用。

子研究二探讨了以机会的识别和利用为本质的创业问题，依据对角色身份内涵中机会识别的考虑，聚焦两类角色身份（发明者、开发者）讨论创业导向的动因。子研究二通过整合角色身份理论和注意力基础观提出：①两类角色身份能够激励企业家遵循身份内含的行为预期采取积极的创业行为，从而提高公司创业导向；②转型经济体中政策法规蕴含大量资源和机会，企业家政策注意力能够有效提高创业导向；③两类角色身份能够增加企业家对于政策性机会的敏感度，并引导企业家在政府政策方面的注意力配置；④两类角色身份能够通过影响企业家认知，进而影响公司创业导向，政策注意力在两类角色身份和创业导向间起中介作用。本书利用民营企业调查的问卷数据，以 Stata14.0 和 SPSS20.0 为分析工具进行了回归分析。实证结果均支持上述假设，且中介效应检验结果表明，政策注意力在发明者—创业导向间起完全中介作用，在开发者—创业导向间起部分中介作用。

子研究三以中国民营企业为研究对象，对其创业导向的影响因素和作用情境进行了分析探索。具体而言，本书以 SPSS22.0 为分析工具，以"全国民营企业调查"数据为样本，对企业家新政感知与创业导向之间的主效应关系，以及正式制度（地区制度发展水平、信贷分配市场化水平、私有财产保护水平）和非正式制度（政治联系）对二者关系的调节作用进行了回归分析。除此之外，本书还对自变量企业家新政感知和因变量创业导向分别提取主成分进行了稳健性检验。实证结果表明，企业家对新政的积极感知有利于提高企业的创业导向，正式制度（地区制度发展水平、信贷分配市场化水平、私有财产保护水平）强化了两者之间的关系，即在地区制度发展水平、信贷分配市场化水平、私有财产保护水平较高的地区，企业家对新政的积极感知对创业导向的促进作用更显著。政治联系弱化了两者的关系，也就是说企业拥有的政治联系抑制了企业家新政感知对创业导向的促进作用。

子研究四聚焦"企业家对外界行政环境的感知对其所在企业创业导向的影响机制"这一核心问题，以中国民营企业为研究对象，依托战略选择理论和地位概念进行了理论和实证研究。具体地，本书建构了"感知—态度—行为"的逻辑框架，以企业家的变革态度为中介，揭示了企业家行政环境感知影响创业导向的内在机制，从而丰富了战略选择理论。此外，考虑到企业的地位会影响战略决策过程，因此，本书将地位理论与战略选择理论相结合，将"竞争地位"作为重要情境因素，探索了其对"变革态度—创业导向"和"行政环境感知—创业导向"这两对关系的调节作用。本书采用"中国非公有制经济健康状况调查"中1104 家民营企业的调查数据，借助 Stata14.0 计量软件进行了逐步回归分析，检验了行政环境感知、变革态度与创业导向三者间的直接效应，变革态度的中介效应以及竞争地位的倒 U 型调节作用。本书的实证结果表明：①行政环境感知与变革态度之间存在正相关关系；②变革态度与创业导向之间存在正相关关系；③行政环境感知与创业导向之间存在正相关关系；④变革态度在行政环境感知与创业导向之间起部分中介作用；⑤竞争地位对变革态度与创业导向的关系起倒 U 型调节作用；⑥竞争地位在行政环境感知对创业导向的影响中起倒 U 型调节作用。

第二节　公司创业导向微观基础研究的价值总结

第一，本书从多个新的角度挖掘了有关创业导向前因及影响机理的研究。目前学界对创业导向后果的相关研究较为成熟，转而开始探索创业导向的前因（Wales et al.，2013）。首先，本书从董事会断裂带的角度揭示了创业导向的动力机制，丰富了创业导向前因的研究。在屈指可数的相关文献中，研究者通常聚焦于董事会成员的某一维度，而不考虑不同维度之间的交互影响，进而得出冲突的结论（王海珍等，2009）。然而本章调用群体断裂带概念，突破了以往研究只检验单一特征异质性的做法，综合考虑了四个与战略任务高度相关的人员特征，构造断裂带指数并用其预测企业的创业导向，得到了有意义的结论。其次，本书深入解构了民营企业家角色身份与创业导向间关系的内在作用机制，打开了企业家身份影响公司创业行为的"黑箱"。本书基于中国转型经济背景，并整合角色身份理论和注意力基础观提出，民营企业家的发明者、开发者两种身份能够提高企业家政策注意力，引导其积极识别和关注政策性机会，最终提升公司创业导向。基于这一推导，本书构建了"企业家特征（两类角色身份）—企业家认知（政策注意力）—创业导向"的研究框架，通过强调企业战略决策的微观基础，深入解构了民营企业家角色身份作用于创业导向的内在机制。最后，本书从战略选择理论的角度探讨了民营企业创业导向的前因。本书响应 Ng 和 Sears（2012）的呼吁，考虑企业家在推动组织战略决策过程中的作用，通过整合战略选择理论和制度理论、战略选择理论和地位构念两组研究，直接从企业家环境感知角度探讨其对创业导向的影响。本书以企业家对行政环境的感知为出发点，在中国情境下较为深入地剖析了企业家的感知影响企业创业导向的内在机理。

第二，本书还通过探讨行为整合的具体实现机制丰富了高阶梯队理论。以往的高管团队研究主要基于心理学结合群体研究的理论成果考察高管或董事会成员间的异质性对一系列结果变量的影响。在探索主效应的基础上，后续研究进一步探讨高管的工作压力、自主裁量和行为整合等情境因素对主效应的调节效应，然而有关上述因素的具体实现形式还缺乏充分的讨论。本书围绕行为整合的核心意义，验证了董事成员的交叉任期和董事长的职能背景广泛性两个具体的行为整合机制，从而丰富了高阶梯队理论，对未来研究具有一定的参考价值。

第三，本书对注意力基础观有两条重要的理论贡献。一方面，以往注意力的前因研究在讨论个体注意力的配置问题时，大多聚焦于环境因素的特征，而对环境刺激的接受者，即决策者特征的关注较少。然而，决策者特性对企业行为也会起到非常重要的作用（Ocasio，1997）。为此，本书从企业家承担的特定角色身份角度出发，讨论注意力配置的影响因素，丰富了有关企业家注意力配置影响因素的研究。另一方面，本书基于中国转型经济特征，强调识别和利用来自政治市场的机会对公司创业行为的影响，并将企业家对政府政策的主观关注程度进行概念化，将宏观政策法规与公司创业导向关联起来，这对于企业家注意力的研究以及注意力基础观在创业领域的情境化运用有着积极意义。

第四，本书中的研究丰富了战略选择理论。一方面，本书通过整合制度理论在一定程度上完善了战略选择理论。根据 Child（1972）提出的战略选择理论可知，其基本逻辑为：环境—认知—组织战略，其中，环境更多的是指任务环境（复杂性、变化性、不自由性）、技术环境、产业环境（Child，1972）。本书在此基础上，进一步整合了制度理论，探讨在不同制度环境下环境—认知—组织战略的逻辑关系，分析了战略选择理论的研究边界，对未来战略选择理论的发展具有启示意义。另一方面，本书基于战略选择理论，进一步地解析和检验了企业家对环境的主观理解和认识是如何影响企业的战略决策的，打开了两者之间的"黑箱"。现有战略选择理论对企业家个人感知如何影响企业战略决策的中间过程的解构还不充分，多数只停留在个人感知对企业战略决策的直接影响上（De Clercq et al.，2018；戴维奇、赵慢，2020），或者用该理论研究新现象（曹洪军、陈泽文，2017；郑琴琴、陆亚东，2018），并未探究其中的机理。本书通过"感知—态度—行为"的理论框架，剖析了其中的过程——企业家的个人行政环境感知会显著地改变企业家对待变革的态度，后者进一步影响了企业的战略决策和行为，他们在战略选择的过程中多做出具有创新性、先动性和风险承担性的决策，从而提高企业的创业导向。本书的这一发现对于推进战略选择理论的发展具有重要意义。

第五，通过将群体断裂带理论延伸到创业导向领域，扩大了这一理论的解释范围和运用范围。回顾以往文献，前人对断裂带影响效应的研究大多集中在企业绩效或团队绩效上，而较少关注对企业决策和行为的影响。在少数研究断裂带与企业决策和行为之间关系的文献中，与创业相关的文献，尤其是与公司创业相关的文献则更加稀少。在仅有的几项关于创业的研究中，学者们主要以创新绩效（赵丙艳等，2016）、创新战略（卫武、易志伟，2017）、跨国并购（李维安等，2014）、董事会对创业问题的讨论（Tuggle et al.，2010）等较为笼统的概念作为因变量，因而未能从群体断裂带视角对创业问题进行深入分析。本书以公司创业领域的重要构念之一———创业导向作为主要研究对象，探索了群体断裂带与创业导向这一具体的战略决策之间的关系，有效补充了相关研究的不足。

第六，本书为发明者、开发者两种角色身份的测量和实证研究做出了有益示范，并且丰富了创业领域的企业家角色身份研究。本书响应 Spedale 和 Watson（2014）"对创业行为的研究可以从关键的社会学因素的考虑中获益"的呼吁（Spedale and Watson，2014），从一个新的视角即企业家角色身份的角度，探索了影响创业导向的企业家个体层面因素。作为身份理论在社会学上的分支，尽管近年来角色身份理论与创业领域相关现象的研究的结合日益密切，但是由于缺乏较为成熟权威的特定身份的测量工具，这一脉络的研究大多基于定性的案例研究方法，而采用定量的实证方法的研究则十分欠缺。此外，尽管有学者尝试依据企业家所处的不同社会情境，从企业家不同的身份角度，解构不同的所有者—管理者类型对公司创业导向的异质性影响，但既有研究并未对其中的企业家身份直接加以表征（Miller and Le Breton-Miller，2011）。在公司创业领域，也鲜有实证研究直接将企业家身份纳入模型进行验证，这使得该领域内学者难以对角色身份的作用获得更深入、明晰的理解。出于对公司创业行为和政策性机会识别这一研究主题的考量，本书选定内涵符合研究需要的角色身份，聚焦发明者、开发者两种角色身份，利用全国民营企业调查问卷的数据来表征两类身份，强调两类角色身份及其内含的自我验证倾向能够对公司创业活动起到预测作用。这是角色身份理论在公司创业领域中进行定量研究的一次具有创新意义的尝试，为之后的创业领域角色身份的测量和实证研究做出了有益的示范，有助于为未来公司创业学者进行角色身份研究奠定实证基础（Gruber and MacMillan，2017）。

第七，本书为探索政府政策的影响效应提供了新的研究思路。以往的研究通常直接考虑政府的新政策对创业行为的影响（George and Prabhu，2003；Cumming，2007；Wagner and Sternberg，2004；Woolley and Rottner，2008）。例如，

George 和 Prabhu（2003）直接探讨了针对公共开发金融机构的技术支持政策对其技术创业的作用，Cumming（2007）也同样直接探讨了政府基金支持政策对创业活动的影响，鲜有研究考虑企业家对这些政策的感知与评价及其对创业行为的影响。本书则通过研究国家颁布"非公 36 条"后的企业家环境感知来剖析这一关系，阐明了创业政策对创业行为的影响一般是经过创业者的主观释义后发挥作用，为评估政策的影响效应提供了一个新的思路。

第八，本书丰富了营商环境方面的研究。随着国家出台一系列优化营商环境的政策，学术界和业界都深刻认识到营商环境对企业发展的重要作用，营商环境的相关研究近年来非常兴盛，尤其是 2019 年后出现了指数型增长趋势（刘娟、唐加福，2022）。然而既有研究多从宏观层面考虑，探讨营商环境对国家或区域创新的影响（Gogokhia and Berulava，2021；张志红等，2022），较少细致地剖析其中单个企业的战略反应。鉴于中国转型经济的特殊性，除政府主导的行政环境对创业的活跃度发挥着普适的作用外，单个营商环境要素并不构成提高创业活跃度的必要条件（杜运周等，2020），因此本书更细致地分析营商环境中行政环境对公司创业导向的影响及作用机制，发现行政环境并非直接作用于企业决策，而是通过企业家的变革态度来影响企业的创业导向，且这一过程受到了企业竞争地位的倒 U 型调节，这些发现为更精细地理解营商环境提供了新思路。

第三节　公司创业导向微观基础研究的实践启示

本书中的研究对企业和决策者也有若干实践启示。第一，本书揭示了影响民营公司创业导向选择的重要因素，有助于进一步提高企业的创业导向。本书实证研究发现，企业家越是能感知到环境的改善，越是会采用积极的创业导向战略，且董事会断裂带、企业家身份等对于公司创业导向皆具有不同程度的影响。这启示企业一定要关注企业权力持有者对公司创业的影响，在企业的建设中，应完善决策辅助体系，注重对企业核心决策层的构建。在我国，民营企业发展起步较晚，企业规模往往较小，正式制度不健全，企业权力持有者拥有绝对权威，承担着核心甚至是唯一决策者的角色，因而他们的认知和判断往往会直接影响和决定企业的发展战略和方向。民营企业应及时优化治理设计与实践，避免过度依赖企业家的个人判断，以防个体的认知偏误引发错误决策。此外，本书聚焦影响创业导向的企业家层面因素，深入讨论了创业导向提升过程中的内在机理，这能够为更好地推动企业打破现状、积极进行创新创业提供建议。无论是提醒民营企业重视企业家的身份构建，还是提醒政策推行者强化企业家对政府政策法规的关注度，归根结底都在于帮助民营企业提升创业导向，促进民营企业从事公司创业活动，进而推动国民经济发展和产生转型升级。

第二，本书中的研究对董事会建设有重要启示。由于断裂带在一定程度上能够预测董事会的分裂，而董事会的分裂又会导致企业呈现较低程度的创业导向，因此企业所有者、高管人员应对董事会断裂带的破坏性作用保持警惕，力求将董事会断裂带维持在较低的水平。这就要求企业在组建董事会或进行董事会换届选举之前，必须更加全面地考察董事会的人员构成，在提名董事会成员时，不仅要考虑候选人的能力，还要关注他们在其他方面的特征。同时需要注意的是，董事会断裂带的负面作用并非一成不变，而是会随着董事会成员共事时间的增加而减弱，共事时间越长，相互之间的接触和互动越多，相互之间的了解越深入，董事会断裂带所引起的社会分类越可能被弱化。因此，应尽量保持董事会的稳定性，避免频繁更换董事，增加董事会成员间沟通交流的机会，减弱断裂带的负面作用。当董事会断裂带过高从而阻碍创业导向的提升时，也可以通过一些方法来消弭断裂带的不良影响。董事会断裂带能够负向作用于创业导向，主要是因为不同子群体中的董事会成员会根据显性的个人特征对自己和他人进行社会分类，进而使不同子群体间产生偏见，加剧了董事会内部关系冲突、任务冲突和过程冲突的产生，最终使得创业决策无法在董事会内部达成共识，创业活动也难以有效展开。因此，必须通过各种整合机制破除来自"晕轮效应"的不当偏见，提升董事会成员对董事会作为一个整体的认同感，增强董事会的凝聚力。本书的实证结果显示，董事长职能背景的广泛性对董事会断裂带和创业导向之间的负相关关系具有正向调节作用。这提示企业所有者和决策者可以通过任命具有多种职能背景的董事长来充当不同子群体间的"黏合剂"，促进这些子群体在创业问题上的沟通与协作。

第三，企业应苦练"内功"，提升自身的竞争地位，以弱化行政环境不确定性可能带来的风险，保持不断创新发展的活力。当今社会的行政环境具有较高的不确定性（Hemmert，2004），在中国转型经济的背景下，各项政策更迭较快，行政环境存在一定的不确定性，且不同地区之间存在差异（臧雷振，2019），对企业的创业活动产生重大影响。从本书的实证结果可知，提高企业的竞争地位可适当缓解行政环境的影响——高地位企业坐拥多项关键资源，这些资源既是企业长久发展的必备条件，又是企业抵御较低地位企业的关键，如拥有良好的声誉（Benjamin and Podolny，1999）、消费者忠诚度（Niedrich and Swain，2003）、对合作伙伴的议价能力（Castellucci and Ertug，2010）、优质的人力资源（Rider and Tan，2015）和稳定的融资渠道（Stuart，1999）等优势，对市场有较高的话语权，其创业活动相比之下不易受行政环境制约。考虑到企业改变行政环境的能力有限，多数民营企业只能被动接受当下行政环境所带来的影响等原因，企业应当从自身着手，提高自身的竞争地位来弱化行政环境不确定性可能带来的影响。

第四，本书揭示了民营企业家关注政府政策法规的重要性，同时对于如何有效配置注意力的问题也做出了解答，提醒企业重视企业家身份的构建。本书揭示了影响创业导向的企业家层面因素以及内在作用机制，实证检验了企业家角色身份与政策注意力对创业导向的促进作用。因此，企业在建设过程中必须重视对核心决策主体，即民营企业家的角色身份的构建。本书指出，民营企业家会依赖自己的个人视角来理解自身所处的环境和自身在环境中的位置，并据此来理解目标、机会、威胁、选择和可能的结果。本章检验了民营企业家的角色身份（发明者、开发者）会通过引导对政策注意力的配置进而促进企业对创业导向的追求。面对当前复杂的国内外经济形势，创业战略是企业得以生存、发展的重要举措。作为市场经济中最为灵活的市场主体——民营企业，应当重视创业对企业的重要价值，并且要看到民营企业家及其特质（特别是民营企业家的角色身份）对公司创业导向的重要意义。企业在经营决策中要注重发挥企业家角色身份对企业创业的积极影响，注重构建企业家的角色身份，并及时识别利用环境中的机会，助力企业长青发展。进一步地，本书证明了民营企业家的角色身份（发明者、开发者）会对企业的创业导向起到促进作用，但不同的民营企业家角色身份对公司创业导向的积极作用并不一致，且存在不同的影响路径。由于企业所面临的环境是多变的，蕴含机会的领域也是多样的，所以企业要有针对性地识别、利用某些特定领域（如政治市场）的创业机会。因此，本书对于重视民营企业的核心决策者民营企业家、重视民营企业家的身份构建、重视承担不同角色身份的企业家对不同领域创业机会的关注和识别，以及进一步实施创业战略具有重要的实践启示。

第五，本书启示企业应正确看待和处理与政府的关系。通过本书中的研究不难发现，政治联系的存在对于企业来说是一把"双刃剑"。一方面，在中国制度不完善的背景下，政治联系对于企业尤其是受制度歧视的民营企业而言，往往能够有效发挥"保护伞""安全毯"的重要作用，为企业带来生存、发展所需的必要资源，是这些民营企业发展的重要动力。另一方面，企业拥有政治联系后，可能会过于依赖这一渠道所带来的优势，过多地将精力放在建立和维持政企关系上，进而可能会导致企业忽视外部环境的变化，成为"温水中的青蛙"，最终威胁和制约企业的发展。因此，对于企业而言如何具体问题具体分析，正确地看待政治联系，是关系企业发展的重要问题。本书认为，当企业所处制度环境较为恶劣，相关权利得不到有效保护时，可以寻求当地政府的保护和支持，进而获得所需的关键资源和私有财产保护，以保障企业能获得基本的生存和发展条件。例如，企业家可以通过积极的参政活动，成为人大代表或政协委员等来建立政治联系。当企业所处环境较好时，企业则应避免过度依靠政府保护，应发挥企业自主性和能动性，构建企业核心竞争优势，进而实现企业的持续发展（张三保、刘沛，2017）。

第六，本书对政策制定者具有重要的启发意义。

首先，以往的研究一般是直接探讨客观环境指标对企业创业的影响（刘伟等，2014），而本书则是从企业家对环境的主观认知的角度，思考影响企业战略行为的关键因素，且实证结果也证明了企业家对环境的主观评价和认知对公司创业导向战略的选择有重要的影响。研究视角的转变有利于提醒政策制定者要注意客观政策与主观认知之间存在的"鸿沟"，政府适时颁布相关政策，改善外部环境固然重要，但将政策落实到每个企业，使各个企业都能切实感受到政策带来的红利，增强它们对政策环境的信心同样非常关键。因此，政府在颁布一些政策法规之后，应该加强和深化对于政策的解读，着力从认知层面影响企业决策者。

其次，本书发现在区域制度发展水平越高的地区，企业家新政感知对公司创业导向的促进作用越显著，这启示政府应该根据制度发展水平的差异，有差别地颁布政策，加强对制度落后地区的政策供给和制度建设，尤其是金融体系和产权保护制度建设，增强企业长期发展的信心。我国幅员辽阔、东西跨度大，多重因素共同影响，造成了我国地区制度发展水平参差不齐的现状。随着改革的深入，这种发展不平衡的局面并未得到彻底改变。一方面，长期以来东部尤其是东部沿海地区依托自己优越的地理位置受到中央政府的重视和扶持，获得源源不断的政策供给，制度迅速得到发展和完善，并在这一过程中形成了开放的市场观念和较强的政策吸收能力，而后者又反过来推动了国家政策的落实和制度的建设。在这种良性循环下，这些地区的企业通常更为激进和大胆。另一方面，中西部地区则受地理环境、人文因素等诸多限制，制度发展缓慢，市场观念和政策吸收能力也相对较弱，这使得好的政策无法得到有效的落实。在这种经营环境下，企业则往往表现得更为保守和谨慎。基于此，本书提出不管是地方政府还是中央政府都应关注和思考"如何更好地建立制度落后地区的企业的信心"这一重要问题。这对改变企业安于现状的消极心态、促进企业积极参与市场竞争具有重要的意义。在这一过程中，政府亟须解决的就是中小企业融资难和权益难以保障的问题，政府应切实针对现阶段民营企业面临的这两大问题，加快推进金融体系市场化改革，加大私有财产保护力度，充分发挥政府的监督、服务职能。

最后，对于政府而言，应持续不断地进行行政环境优化。一是为促进民营企业创新创业，政府需要因地制宜地提高行政效率和公正程度，以此来降低企业的创业成本，增强创业成功的信心，引导企业家合理分配其注意力，注重创新创业活动而不是其他非生产性活动。二是由于企业家的个人感知是影响创业导向的关键因素（Child，1997；Dai and Si，2018），政府还应注重宣传，使企业家感知到身处于良好的行政环境之中，从而激励其从事创新创业活动，推动我国"双创"进一步走向深入。以往研究多聚焦于客观的行政环境对企业的影响（Hemmert，2004；徐浩等，2020），而本书证实了企业家对行政环境的感知是影响其战略行为的关键因素，因此政府应注意客观行政环境和主观感知之间的"鸿沟"，关注企业的独特需求。改善行政环境固然重要，但服务好每家企业，使企业能切身地感知到行政环境的优化亦是重点，政府在推行优化行政环境的举措之后，可通过加大宣传和深化优化政策解读等方式，从认知层面提高企业家对行政环境的感知，以此来刺激当地的创业活力。

第七，在政府政策法规的推行过程中，政策制定者应积极引导民营企业家对政策的关注。创业的本质在于机会的识别，企业家的注意力对识别创业机会至关重要（Shepherd et al.，2017）。对转型经济体下的民营企业家而言，不仅要关注产品市场（如消费者、供应商和竞争对手）中蕴含的机会，来自政治市场的机会同样值得关注。实际上，转型经济体中的中央和地方政府仍然掌控着大量的资源和机会（Wang et al.，2011），政府相继放开了此前由国有企业控制的相关行业，并出台了一系列刺激自由市场、信贷融资支持等利好性政策，旨在促进民营企业的健康发展。然而，本书强调企业家对客观政策环境的主观认知的重要性，这是因为，只有企业家注意到相关政策法规的推出，才能切实做到对政策的解读和利用，从而真正将政策落实并切实感受到政府政策的红利，进而增强企业利用政策性机会从事创业活动的信心。因此，一方面，正如Yang（2004）所言，中国的企业家应该具有双重身份，既是商人又是政治家，能够对政府的新政策保持敏感并有效地利用制度规则，以识别出政策性机会进而推进企业创业活动。另一方面，颁布利于民营企业成长的政策固然重要，而提高企业对相关政策法规的注意力同样重要，会对促进民营企业积极从事创业活动，进而发挥民营企业在振兴国民经济、推动社会生产力发展中的重要作用。因此政策制定者在推行政策法规的过程中，应当思考如何提高和强化企业对这类政策的关注度，从而切实推进政策在民营企业中的顺利落实。

第四节　公司创业导向微观基础研究的未来展望

第一，未来研究应深入探究构成群体断裂带的属性特征。Lau 和 Murnighan（2005）对断裂带的概念描述虽然是很明确的，但其具体构成却有着很大的灵活性。早期的群体断裂带研究者主要关注的是群体成员的人口统计特征，如性别、年龄、种族、民族等，但由这些最表层的特征所构成的断裂带是否能够在企业的实际工作环境中导致成员间产生隔阂，也就是说，这些特征构成的断裂带是否能反映群体成员真实的聚合状态，无疑是值得商榷的。因此，一些学者在对群体断裂带进行测量时，在上述某些人口统计特征的基础上加入了团队任期、教育水平、职能背景、奖金结构等个人特征（Bezrukova and Jehn，2002；Gibson and Vermeulen，2003），希望从不同角度捕捉成员多方面属性以准确刻画群体断裂带的强度。同样地，这些不限于人口统计特征的断裂带也难以保证能够对群体内的社会分类过程做出最恰当的描述。毕竟，人类的认知和社会交往都要经历一个极其复杂的过程。此外，还有学者根据构造断裂带的不同特征对断裂带进行了分类（参见第三章群体断裂带文献综述部分）。针对这种研究思路，笔者持怀疑观点。断裂带是根据多个属性特征构造出的潜在的群体分割线，虽然能够在一定程度上预测群体的分裂状况，但并不代表群体的实际分裂状况。大多数学者对断裂带与群体产出之间关系所做的假设正是断裂能够在一定程度上反映群体的实际分裂状况，更进一步地，这种实际的子群体划分导致了冲突、偏见等消极后果，最终对群体产生不良影响。因此，能够在多大程度上反映群体的实际状态，决定了一种断裂带测量方式的有效性。换言之，对于构造断裂带属性特征的选取是衡量断裂带测量效度的关键因素。若采取按照某种方式先对个人的属性特征进行分类，再利用不同类型的特征构造断裂带的做法，很可能将一些真正能够对子群体划分产生关键作用的特征排除在断裂带的量化过程之外，因此得到的不同类型的断裂带必然要面对效度是否足够的质疑。

此外，在特定情境下，是否有某些或某个属性特征相较于其他特征对断裂带的构造能起到更为关键的作用，这也是应当重点关注和研究的问题。例如，跨国团队中的国籍，家族企业高管团队中的家族成员身份，对于各自研究情境中断裂带的构造都具有远远大于其他特征的重要性。因此，在特定研究情境中，研究者必须首先识别出这些关键特征，进而充分考虑这些特征在量化断裂带时的权重问题。

综上所述，后续研究者需要根据具体情况对群体断裂带这一概念进行更恰当的操作化处理，以切合实际的研究情境。

第二，未来研究应探索董事会断裂带对创业导向的动态影响。Lau 和 Mur-nighan（2005）认为，群体形成初期的断裂带往往由显性化的人口统计特征所构成。断裂带的存在导致群体自然分化成多个子群体，影响成员之间的早期互动。随着群体任务的不断推进，成员间的交流和互动逐渐增多，原来由人口统计特征所构成的断裂带对群体效能的消极作用会逐渐减弱甚至消解，而由更深层的价值倾向特征所构成的断裂带则开始浮现并发生作用。本书的结论也部分地证实了这一观点。此外，群体中新成员的加入和老成员的离开也会对断裂带的构成和发生作用产生很大影响。首先，若新成员人数较多，则新群体中很可能以成员加入时间为基础产生新的断裂带。其次，若新成员人数相较群体总人数只占少数，则新成员会迫于社交压力而加入某一与自己特征相近的子群体（Jackson et al.，1992）。因此，新成员的加入和老成员的离开都会改变子群体的原有规模，进而引起群体内部权力的重新调整。进一步地，随着新成员的加入和老成员的离开，原有断裂带可能不再起到划分子群体的作用，取而代之的是依据构成先前断裂带的属性特征或新的属性特征所划分的新断裂带。

总之，在群体形成和发展的过程中，断裂带的内在构成也因群体成员间的不断互动和群体成员的变化具有了相当程度的动态性。那么，企业的创业导向是否会随断裂带的不断演化而发生变化？如果会，这样的变化究竟会表现为怎样的具体形式？具体的发生机制又是怎样的？后续研究可围绕这些问题进一步展开。

第三，未来研究应探索群体断裂带与其他公司层面创业概念之间的关系。事实上，公司创业领域的多个构念——公司创业、创业导向、战略创业——虽然概念上较为接近，但具体含义却存在显著的差异，它们指向的是公司创业活动的不同方面。公司创业描述的是广泛的企业层面的创业活动，创业导向刻画的是企业对于创业活动的偏好与倾向，而战略创业关注的是企业同时以搜寻创业机会和追求竞争优势为目的的创业行为。本书探寻了群体断裂带与创业导向之间的关系，但群体断裂带与公司创业、战略创业是否存在联系这一话题至今还未进入相关学者的视线。因此，有必要分别探讨群体断裂带是否对这些变量具有不同的影响。尤其是近年来逐渐兴起的战略创业研究，还鲜有学者涉足。战略创业研究开始于信息技术革命之后的复杂多变的商业环境中，它将创业和战略管理两个管理学的重要研究领域整合在一起，具有重要的实践和理论意义。战略创业作为企业的重要战略选择，与企业的决策层天然相关，而反映企业决策层内部构成的高管断裂带或董事会断裂带则极有可能对战略创业行为产生影响。二者之间的关系有待后续研究探明。

第四，囿于数据的限制，本书部分子研究选择了截面数据来检验模型，而这不利于探索前因与公司创业导向之间的因果关系，因此，未来研究可以采用时间序列数据和相应的研究设计，进一步探索这些变量之间的关系。本书希望未来有学者可采用纵向研究方法，通过面板数据加以验证。另外，本书通过二手数据测量公司的创业导向，采用代理变量测量企业家发明者和开发者两种角色身份，对竞争地位的测量也基于被试的自我陈述，尽管在此测量方式下本书依然得出了符合理论预期的实证结果，但未来仍有必要进一步考虑用其他方式测量上述变量。

第五，本书中的实证检验结果表明，政策注意力在开发者角色身份和创业导向间起到部分中介作用，这说明还存在其他的作用机制能够传递开发者角色身份对创业导向的影响。例如，当开发者企业家应对"成长的劣势"等挑战时，不仅可以在政策法规中寻求有利的资源和机会，也可能会在产品市场中进行新一轮潜在机会的识别和利用，从而对产品市场中的环境刺激保持高敏感。又如，特定角色身份有可能通过影响企业家的目标认知（Seo et al.，2004），进而促进公司创业活动。同样由于所用数据的局限，本书未能对上述机制进行直接的检验。未来研究可基于角色身份理论，探讨除政策注意力之外的其他作用机制，如市场注意力、目标认知等，以进一步揭示企业家开发者角色身份如何影响企业的战略选择。

第六，本书假定企业家拥有单一角色身份，并在此假定成立的基础上研究企业家个体间的差异，然而现实中还会存在同一个体承担多种角色身份的情况，此时企业家并非根据某单一身份做出决策，而是在多种身份之间的协调过程中进行个体决策（Ashforth et al.，2008；Leavitt et al.，2012）。了解角色身份变化如何影响企业家的思维和行为仍然是一个关键但仍未得到充分解答的问题。在创业领域中，学者们也大多基于某一企业家拥有单一身份的假定进行研究（Hoang and Gimeno，2010；Navis and Glynn，2011；Fauchart and Gruber，2011；Cardon et al.，2009），虽然这些研究有些支持"企业家可能具有多重身份"的观点（Cardon et al.，2009），但并未解释个体内部角色身份变化是如何影响企业战略决策的。正如 Mathias 和 Williams（2017）强调的，个体拥有多重身份，在特定情境下，个体会受到某一特定身份或多重身份的共同刺激，进而做出相应决策（Mathias and Williams，2017）。未来研究可以进一步揭示个体内部身份与公司创业行为之间的关系。例如，在创业的初期阶段，企业家可能会同时拥有发明者和创立者身份，并参与涉及这两类身份的活动，如向潜在的风险投资者提出自己的创新性想法。此外，未来研究可以思考企业家受到多重身份冲突的挑战时，企业家的注意力可能会被分散或削弱的问题（Cardon et al.，2009）。

第七，本书聚焦于营商环境的两个关键维度——制度环境和行政环境对创业导向的影响，未来可在此基础上，整合其他理论，进一步揭示营商环境与创业导向之间的关系。除政府的行政环境对创业的活跃度发挥着普适的作用外，单个营商环境要素并不构成产生高创业活跃度的必要条件（杜运周等，2020），且在中国制度多元背景下，提高政府效率、发挥政府帮助之手仍是构建好的营商环境，提高城市创业活跃度的重要措施，因此本书选择了行政环境感知作为自变量来探究创业导向的前因。但是，营商环境中的市场环境（王欣亮等，2022）、金融服务（杜运周等，2020）和法治环境（刘娟、唐加福，2022）等亦有可能影响区域创新或企业的创业活动。未来研究可进一步整合相关的理论，从营商环境的其他方面着手，完善创业导向的前因分析。

参考文献

［1］ Abbott J. and De Cieri H. Influences on the provision of work – life benefits: Management and employee perspectives ［J］. Journal of Management & Organization, 2008, 14 (3): 303-322.

［2］ Acs Z. J. and Audretsch D. B. Innovation and firm size in manufacturing ［J］. Technovation, 1988, 7 (3): 197-210.

［3］ Adhikari A., Derashid C., and Hao Z. Public policy, political connections, and effective tax rates: Longitudinal evidence from Malaysia ［J］. Journal of Accounting & Public Policy, 2006, 25 (5): 574-595.

［4］ Adler P. S. and Kwon S. W. Social capital: Prospects for a new concept ［J］. Academy of Management Review, 2001, 27 (1): 17-40.

［5］ Ahuja G. and Lampert C. M. Entrepreneurship in the large corporation: A longitudinal study of how established firms create breakthrough inventions ［J］. Strategic Management Journal, 2001, 22 (6-7): 521-543.

［6］ Aiken L. S. and West S. G. Multiple regression: Testing and interpreting interactions ［M］. Thousand Oaks: Sage, 1991.

［7］ Aldrich H. E. Organizations and environments ［M］. Redwood City: Stanford University Press, 2008.

［8］ Allen F., Qian J., and Qian, M. J. China's financial system: Past, present, and future ［M］//Rawski T. and Brandt L. China's great economic transformation. New York: Cambridge University Press, 2007.

［9］ Allen F., Qian J., and Qian M. J. Law, finance, and economic growth in China ［J］. Journal of Financial Economics, 2005, 77 (1): 57-116.

［10］Altinay L. , Madanoglu M. , De Vita G. , Arasli H. , and Ekinci, Y. The interface between organizational learning capability, entrepreneurial orientation, and SME growth ［J］. Journal of Small Business Management, 2016, 54（3）: 871-891.

［11］Alvarez-Garrido E. and Guler, I. Status in a strange land? Context-dependent value of status in cross-border venture capital ［J］. Strategic Management Journal, 2018, 39（7）: 1887-1911.

［12］Alvarez S. A. and Busenitz L. W. The entrepreneurship of resource-based theory ［J］. Journal of Management, 2001, 27（6）: 755-775.

［13］Ambos T. C. and Birkinshaw J. Headquarters' attention and its effect on subsidiary performance ［J］. Management International Review, 2001, 50（4）: 449-469.

［14］Anderson A. and Cabral L. M. B. Go for broke or play it safe? Dynamic competition with choice of variance ［J］. Rand Journal of Economics, 2007, 38（3）: 593-609.

［15］Anderson B. S. , Covin J. G. , and Slevin D. P. Understanding the relationship between entrepreneurial orientation and strategic learning capability: An empirical investigation ［J］. Strategic Entrepreneurship Journal, 2009, 3（3）: 218-240.

［16］Anderson B. S. and Eshima Y. The influence of firm age and intangible resources on the relationship between entrepreneurial orientation and firm growth among Japanese SMEs ［J］. Journal of Business Venturing, 2009, 28（3）: 413-429.

［17］Anderson B. S. , Kreiser P. M. , Kuratko D. F. , Hornsby J. S. , and Eshima Y. Reconceptualizing entrepreneurial orientation ［J］. Strategic Management Journal, 2015, 36（10）: 1579-1596.

［18］Anderson B. S. , Schueler J. , Baum M. , Wales W. J. , and Gupta V. K. The chicken or the egg? Causal inference in entrepreneurial orientation-performance research ［J］. Entrepreneurship Theory and Practice, 2022, 46（6）: 1569-1596.

［19］Anderson C. and Galinsky A. D. Power, optimism, and risk-taking ［J］. European Journal of Social Psychology, 2006, 36（4）: 511-536.

［20］Anderson S. E. and Williams L. J. Interpersonal, job, and individual factors related to helping processes at work ［J］. Journal of Applied Psychology, 1996, 81（3）: 282-296.

［21］Ardichvili A. , Cardozo R. , and Ray S. A theory of entrepreneurial opportunity identification and development ［J］. Journal of Business Venturing, 2003, 18 (1): 105-123.

［22］Arnoldi J. and Muratova Y. Unrelated acquisitions in china: The role of political ownership and political connections ［J］. Asia Pacific Journal of Management, 2019, 36 (1): 113-134.

［23］Ashforth B. E. , Harrison S. H. , and Corley K. G. Identification in organizations: An examination of four fundamental questions ［J］. Journal of Management, 2008, 34 (3): 325-374.

［24］Au E. W. M. , Qin X. , and Zhang Z. X. Beyond personal control: When and how executives' beliefs in negotiable fate foster entrepreneurial orientation and firm performance ［J］. Organizational Behavior and Human Decision Processes, 2017, 143 (C): 69-84.

［25］Audretsch D. B. , Lehmann E. E. , Menter M. , and Wirsching K. Intrapreneurship and absorptive capacities: The dynamic effect of labor mobility ［J］. Technovation, 2020, 99 (1).

［26］Autio E. , Sapienza H. J. , and Almeida J. G. Effects of age at entry, knowledge intensity, and imitability on international growth ［J］. Academy of Management Journal, 2000, 43 (5): 909-924.

［27］Avlonitis G. J. and Salavou H. E. Entrepreneurial orientation of SMEs, product innovativeness, and performance ［J］. Journal of Business Research, 2007, 60 (5): 566-575.

［28］Backes-Gellner U. and Werner A. J. S. B. E. Entrepreneurial signaling via education: A success factor in innovative start-ups ［J］. Small Business Economics, 2007, 29 (1): 173-190.

［29］Bai C. E. , Lu J. , and Tao Z. Property rights protection and access to bank loans-Evidence from private enterprises in China ［J］. Economics of Transition, 2006, 14 (4): 611-628.

［30］Banalieva E. R. , Eddleston K. A. , and Zellweger T. M. When do family firms have an advantage in transitioning economies? Toward a dynamic institution-based view ［J］. Strategic Management Journal, 2015, 36 (9): 1358-1377.

[31] Barkema H. G. and Shvyrkov O. Does top management team diversity promote or hamper foreign expansion? [J]. Strategic Management Journal, 2007, 28 (7): 663-680.

[32] Barnett M. L. An attention-based view of real options reasoning [J]. Academy of Management Review, 2008, 33 (3): 606-628.

[33] Barnett V. and Lewis T. Outliers in statistical data [M]. Chichester: John Wiley & Sons, 1994.

[34] Barney J. and Felin T. What are microfoundations? [J]. Academy of Management Perspectives, 2013, 27 (2): 138-155.

[35] Baron R. A. Psychological perspectives on entrepreneurship: Cognitive and social factors in entrepreneurs' success [J]. Current Directions in Psychological Science, 2000, 9 (1): 15-18.

[36] Baron R. M. and Kenny D. A. The moderator mediator variable distinction in social psychological-research - conceptual, strategic, and statistical considerations [J]. Journal of Personality and Social Psychology, 1986, 51 (6): 1173-1182.

[37] Barreto I. and Patient D. L. Toward a theory of intraorganizational attention based on desirability and feasibility factors [J]. Strategic Management Journal, 2013, 34 (6): 687-703.

[38] Baumol W. Entrepreneurship: Productive, unproductive, and destructive [J]. Journal of Political Economy, 1990, 98 (5): 893-921.

[39] Bauweraerts J. and Colot O. Exploring nonlinear effects of family involvement in the board on entrepreneurial orientation [J]. Journal of Business Research, 2017, 70 (C): 185-192.

[40] Begley T. M. and Boyd D. P. A comparison of entrepreneurs and managers of small business firms [J]. Journal of Management, 1987, 13 (1): 99-108.

[41] Bell J., McNaughton R., and Young S. "Born-again global" firms: An extension to the "born global" phenomenon [J]. Journal of international management, 2001, 7 (3): 173-189.

[42] Benjamin B. A. and Podolny J. M. Status, quality, and social order in the California wine industry [J]. Administrative Science Quarterly, 1999, 44 (3): 563-589.

[43] Bezrukova K. and Jehn K. Examining ethnic faultlines in groups a multimethod study of demographic alignment, leadership profiles, coalition formation, intersubgroup conflict and group outcomes [C]. Paper presented at the 16th Annual IACM Conference Melbourne, 2003.

[44] Bezrukova K. and Jehn K. A. The effects of cross-level conflict: The moderating effects of conflict culture on the group faultlines-performance link [R]. Working Paper, 2002.

[45] Bezrukova K., Jehn K. A., Zanutto E. L., and Thatcher S. M. B. Do workgroup faultlines help or hurt? A moderated model of faultlines, team identification, and group performance [J]. Organization Science, 2009, 20 (1): 35-50.

[46] Bezrukova K., Thatcher S. M. B., Jehn K. A., and Spell C. S. The effects of alignments: Examining group faultlines, organizational cultures, and performance [J]. Journal of Applied Psychology, 2012, 97 (1): 77-92.

[47] Bierly P. E., Damanpour F., and Santoro M. D. The application of external knowledge: Organizational conditions for exploration and exploitation [J]. Journal of Management Studies, 2009, 46 (3): 481-509.

[48] Bingham C. B., Eisenhardt K. M., and Furr N. R. What makes a process a capability? Heuristics, strategy, and effective capture of opportunities [J]. Strategic Entrepreneurship Journal, 2007, 1 (1-2): 27-47.

[49] Blair M. M. Financial innovation, leverage, bubbles and the distribution of income [J]. Review of Banking and Financial Law, 2010, 33 (1): 225-311.

[50] Blettner D. P., He Z.-L., Hu S., and Bettis R. A. Adaptive aspirations and performance heterogeneity: Attention allocation among multiple reference points [J]. Strategic Management Journal, 2015, 36 (7): 987-1005.

[51] Boeker W. Executive migration and strategic change: The effect of top manager movement on product-market entry [J]. Administrative Science Quarterly, 1997, 42 (2): 213-236.

[52] Boling J. R., Pieper T. M., and Covin J. G. CEO tenure and entrepreneurial orientation within family and nonfamily firms [J]. Entrepreneurship Theory and Practice, 2016, 40 (4): 891-913.

[53] Bonacich P. Power and centrality-A family of measures [J]. American

Journal of Sociology, 1987, 92 (5): 1170-1182.

[54] Bouquet C. and Birkinshaw J. Weight versus voice: How foreign subsidiaries gain attention from corporate headquarters [J]. Academy of Management Journal, 2008, 51 (3): 577-601.

[55] Bouquet C., Morrison A., and Birkinshaw J. International attention and multinational enterprise performance [J]. Journal of International Business Studies, 2009, 40 (1): 108-131.

[56] Bradley S. W., Wiklund J., and Shepherd D. A. Swinging a double-edged sword: The effect of slack on entrepreneurial management and growth [J]. Journal of Business Venturing, 2011, 26 (5): 537-554.

[57] Bremer J. and Linnenluecke M. K. Determinants of the perceived importance of organisational adaptation to climate change in the Australian energy industry [J]. Australian Journal of Management, 2017, 42 (3): 502-521.

[58] Brouthers K. D., Nakos G., and Dimitratos P. SME entrepreneurial orientation, international performance, and the moderating role of strategic alliances [J]. Entrepreneurship Theory and Practice, 2015, 39 (5): 1161-1187.

[59] Brown T. E., Davidsson P., and Wiklund J. An operationalization of Stevenson's conceptualization of entrepreneurship as opportunity-based firm behavior [J]. Strategic Management Journal, 2001, 22 (10): 953-968.

[60] Brunninge O. and Nordqvist M. Financial performance of SMEs: impact of ownership structure and board composition [J]. Management Research Review, 2004, 35 (11): 1088-1108.

[61] Bruton G. D., Ahlstrom D., and Obloj K. Entrepreneurship in emerging economies: Where are we today and where should the research go in the future [J]. Entrepreneurship Theory and Practice, 2008, 32 (1): 1-14.

[62] Bunderson J. S. and Sutcliffe K. M. Comparing alternative conceptualizations of functional diversity in management teams: Process and performance effects [J]. Academy of Management Journal, 2002, 45 (5): 875-893.

[63] Bunkanwanicha P. and Wiwattanakantang Y. Big Business Owners in Politics [J]. Review of Financial Studies, 2008, 22 (6): 2133-2168.

[64] Busenitz L. W. and Barney J. B. Differences between entrepreneurs and

managers in large organizations: Biases and heuristics in strategic decision-making [J] . Journal of Business Venturing, 1997, 12 (1): 9-30.

[65] Buyl T. , Boone C. , Hendriks W. , and Matthyssens P. Top management team functional diversity and firm performance: The moderating role of CEO characteristics [J] . Journal of Management Studies, 2011, 48 (1): 151-177.

[66] Callero P. L. Role-identity salience [J] . Social Psychology Quarterly, 1998, 48 (3): 203-215.

[67] Campling J. T. and Michelson G. A strategic choice-resource dependence analysis of union mergers in the British and Australian broadcasting and film industries [J] . Journal of Management Studies, 1998, 35 (5): 579-600.

[68] Cannella A. A. , Park J. H. , and Lee H. U. Top management team functional background diversity and firm performance: Examining the roles of team member colocation and environmental uncertainty [J] . Academy of Management Journal, 2008, 51 (4): 768-784.

[69] Cao H. J. and Chen Z. W. The driving effect of internal and external environment on green innovation strategy: The moderating role of top management's environmental awareness [J] . Nankai Business Review International, 2019, 10 (3): 342-361.

[70] Cao Q. , Maruping L. M. , and Takeuchi R. Disentangling the effects of CEO turnover and succession on organizational capabilities: A social network perspective [J] . Organization Science, 2006, 17 (5): 563-576.

[71] Cao Q. , Simsek Z. , and Jansen J. J. P. CEO social capital and entrepreneurial orientation of the firm: Bonding and bridging effects [J] . Journal of Management, 2015, 41 (7): 1957-1981.

[72] Cardon M. S. , Gregoire D. A. , Stevens C. E. , and Patel P. C. Measuring entrepreneurial passion: Conceptual foundations and scale validation [J] . Journal of Business Venturing, 2013, 28 (3): 373-396.

[73] Cardon M. S. , Wincent J. , Singh J. , and Drnovsek M. The nature and experience of entrepreneurial passion [J] . Academy of Management Review, 2009, 34 (3): 511-532.

[74] Carlsson G. and Karlsson K. Age, cohorts and the generation of generations

[J] . American Sociological Review, 1970, 35 (4): 710-718.

[75] Castellucci F. and Ertug G. What's in it for them? advantages of higher-status partners in exchange relationships [J] . Academy of Management Journal, 2010, 53 (1): 149-166.

[76] Castellucci F. and Podolny J. M. The dynamics of position, capability, and market competition [J] . Industrial and Corporate Change, 2017, 26 (1): 21-39.

[77] Chandler A. D. Strategy and structure: Chapters in the history of the industrial enterprise [M] . Cambridge: MIT Press, 1962.

[78] Chandler A. D. Corporate strategy and organization framework [M] . New York: Harper Press, 1965.

[79] Chang C. H., Rosen C. C., and Levy P. E. The relationship between perceptions of organizational politics and employee attitudes, strain, and behavior: A meta-analytic examination [J] . Academy of Management Journal, 2009, 52 (4): 779-801.

[80] Chang S. C., Lin R. J., Chang F. J., and Chen R. H. Achieving manufacturing flexibility through entrepreneurial orientation [J] . Industrial Management & Data Systems, 2007, 107 (7): 997-1017.

[81] Charumilind C., Kali R., and Wiwattanakantang Y. Connected lending: Thailand before the financial crisis [J] . Journal of Business, 2006, 79 (1): 181-217.

[82] Chatman J. A. and Flynn F. J. The influence of demographic heterogeneity on the emergence and consequences of cooperative norms in work teams [J] . Academy of Management Journal, 2001, 44 (5): 956-974.

[83] Chatterjee A. and Hambrick D. C. It's all about me: Narcissistic chief executive officers and their effects on company strategy and performance [J] . Administrative Science Quarterly, 2007, 52 (3): 351-386.

[84] Chen H. L., Chang C. Y., and Hsu W. T. Does board co-working experience influence directors' decisions toward internationalization? [J] . Management International Review, 2017, 57 (1): 65-92.

[85] Chen J. and Nadkarni S. It's about time! CEOs' temporal dispositions, temporal leadership, and corporate entrepreneurship [J] . Administrative Science Quarter-

ly, 2017, 62 (1): 31-66.

[86] Chen Y. C. , Li P. C. , and Evans K. R. Effects of interaction and entrepreneurial orientation on organizational performance: Insights into market driven and market driving [J] . Industrial Marketing Management, 2012, 41 (6): 1019-1034.

[87] Chen Y. R. , Brockner J. , and Greenberg J. When is it "a pleasure to do business with you?" The effects of relative status, outcome favorability, and procedural fairness [J] . Organizational Behavior and Human Decision Processes, 2003, 92 (1-2): 1-21.

[88] Child J. Organizational structure, environment and performance: The role of strategic choice [J] . Sociology - the Journal of the British Sociological Association, 1972, 6 (1): 1-22.

[89] Child J. Strategic choice in the analysis of action, structure, organizations and environment: Retrospect and prospect [J] . Organization Studies, 1997, 18 (1): 43-76.

[90] Chirico F. , Sirmon D. G. , Sciascia S. , and Mazzola P. Resource orchestration in family firms: Investigating how entrepreneurial orientation, generational involvement, and participative strategy affect performance [J] . Strategic Entrepreneurship Journal, 2011, 5 (4): 307-326.

[91] Cho T. S. and Hambrick D. C. Attention as the mediator between top management team characteristics and strategic change: The case of airline deregulation [J] . Organization Science, 2006, 17 (4): 453-469.

[92] Choi J. N. and Sy T. Group-level organizational citizenship behavior: Effects of demographic faultlines and conflict in small work groups [J] . Journal of Organizational Behavior, 2010, 31 (7): 1032-1054.

[93] Chung Y. , Liao H. , Jackson S. E. , Colakoglu S. , and Jiang Y. A cross-level analysis of demographic faultlines and diversityclimate on job dedication [J] . Academy of Management Annual Meeting Proceedings, 2011 (1): 1-6.

[94] Chung Y. , Liao H. , Jackson S. E. , Subramony M. , Colakoglu S. , and Jiang Y. Cracking but not breaking: Joint effects of faultline strength and diversity climate on loyal behavior [J] . The Academy of Management Journal, 2015, 58 (5): 1495-1515.

[95] Chwe M. Rational ritual: Culture, coordination and common knowledge [M]. Princeton: Princeton University Press, 2001.

[96] Clausen T. and Korneliussen T. The relationship between entrepreneurial orientation and speed to the market: The case of incubator firms in Norway [J]. Technovation, 2012, 32 (9-10): 560-567.

[97] Coleman J. Foundations of social theory [M]. Boston: Harvard University Press, 1990.

[98] Collet F. and Philippe D. From hot cakes to cold feet: A contingent perspective on the relationship between market uncertainty and status homophily in the formation of alliances [J]. Journal of Management Studies, 2014, 51 (3): 406-432.

[99] Corbett A., Mitchell R., Shelton L. M., and Wood M. Special issue: Rebels with a cause: The revolutionary attitudes, behaviors, and cognition of entrepreneurs [J]. International Journal of Entrepreneurial Behaviour & Research, 2018, 24 (5): 938-946.

[100] Courrent J. M., Chasse S., and Omri W. Do entrepreneurial SMEs perform better because they are more responsible? [J]. Journal of Business Ethics, 2018, 153 (2): 317-336.

[101] Covin J. G. and Lumpkin G. T. Entrepreneurial orientation theory and research: Reflections on a needed construct [J]. Entrepreneurship Theory & Practice, 2011, 35 (5): 855-872.

[102] Covin J. G. and Miles M. P. Corporate entrepreneurship and the pursuit of competitive advantage [J]. Entrepreneurship Theory and Practice, 1999, 23 (3): 47-63.

[103] Covin J. G. and Miller D. International entrepreneurial orientation: Conceptual considerations, research themes, measurement issues, and future research directions [J]. Entrepreneurship Theory and Practice, 2014, 38 (1): 11-44.

[104] Covin J. G. and Slevin D. P. Strategic management of small firms in hostile and benign environments [J]. Strategic Management Journal, 1989, 10 (1): 75-87.

[105] Covin J. G. and Slevin D. P. A conceptual model of entrepreneurship as firm behavior [J]. Entrepreneurship Theory and Practice, 1991, 15 (1): 7-24.

［106］Covin J. G. and Slevin D. P. A response to Zahra's "Critique and extension" of the Covin–Slevin entrepreneurship model ［J］. Entrepreneurship Theory and Practice, 1993, 17 (4): 23-28.

［107］Covin J. G. and Wales W. J. The measurement of entrepreneurial orientation ［J］. Entrepreneurship Theory and Practice, 2012, 36 (4): 677-702.

［108］Covin J. G. and Wales W. J. Crafting high–impact entrepreneurial orientation research: Some suggested guidelines ［J］. Entrepreneurship Theory and Practice, 2019, 43 (1): 3-18.

［109］Craighead C. W., Hult G. T. M., and Ketchen, D. J. The effects of innovation–cost strategy, knowledge, and action in the supply chain on firm performance ［J］. Journal of Operations Management, 2009, 27 (5): 405-421.

［110］Crucke S. and Knockaert M. When stakeholder representation leads to faultlines. A study of board service performance in social enterprises ［J］. Journal of Management Studies, 2016, 53 (5): 768-793.

［111］Cull R. and Xu L. C. Institutions, ownership, and finance: The determinants of profit reinvestment among chinese firms ［J］. Journal of Financial Economics, 2005, 77 (1): 117-146.

［112］Cumming D. Government policy towards entrepreneurial finance: Innovation investment funds ［J］. Journal of Business Venturing, 2007, 22 (2): 193-235.

［113］Cyert R. M. and March J. G. A behavioral theory of the firm ［M］. Cambridge: Blackwell, 1963.

［114］Daft R. L. and Weick K. E. Toward a model of organizations as interpretation systems ［J］. Academy of Management Review, 1984, 9 (2): 284-295.

［115］Dai L., Maksimov V., Gilbert B. A., and Fernhaber S. A. Entrepreneurial orientation and international scope: The differential roles of innovativeness, proactiveness, and risk – taking ［J］. Journal of Business Venturing, 2014, 29 (4): 511-524.

［116］Dai W. and Liao M. Entrepreneurial attention to deregulations and reinvestments by private firms: Evidence from China ［J］. Asia Pacific Journal of Management, 2019, 36 (4): 1221-1250.

［117］Dai W. and Liu Y. Local vs. non–local institutional embeddedness, corporate entrepreneurship, and firm performance in a transitional economy [J] . Asian Journal of Technology Innovation, 2015, 23 (2): 255-270.

[118] Dai W. , Yang L. , Liao M. , and Qiao L. How does entrepreneurs' socialist imprinting shape their opportunity selection in transition economies? Evidence from China's privately owned enterprises [J] . International Entrepreneurship and Management Journal, 2018, 14 (4): 823-856.

[119] Dai W. Q. and Si S. Government policies and firms' entrepreneurial orientation: Strategic choice and institutional perspectives [J] . Journal of Business Research, 2018, 93 (C): 23-36.

[120] Dai Y. , Roundy P. T. , Chok J. I. , Ding F. , and Byun G. "Who knows what?" in new venture teams: Transactive memory systems as a micro-foundation of entrepreneurial orientation [J] . Journal of Management Studies, 2016, 53 (8): 1320-1347.

[121] De Clercq D. , Dimov D. , and Thongpapanl N. The moderating impact of internal social exchange processes on the entrepreneurial orientation-performance relationship [J] . Journal of Business Venturing, 2010, 25 (1): 87-103.

[122] De Clercq D. , Dimov D. , and Thongpapanl N. Organizational social capital, formalization, and internal knowledge sharing in entrepreneurial orientation formation [J] . Entrepreneurship Theory and Practice, 2013, 37 (3): 505-537.

[123] De Clercq D. , Thongpapanl N. , and Voronov M. Sustainability in the face of institutional adversity: Market turbulence, network embeddedness, and innovative orientation [J] . Journal of Business Ethics, 2018, 148 (2): 437-455.

[124] Deb P. and Wiklund J. The effects of CEO founder status and stock ownership on entrepreneurial orientation in small firms [J] . Journal of Small Business Management, 2017, 55 (1): 32-55.

[125] Diánez-González J. P. and Camelo-Ordaz C. How management team composition affects academic spin-offs' entrepreneurial orientation: The mediating role of conflict [J] . Journal of Technology Transfer, 2016, 41 (3): 530-557.

[126] Dong J. Q. and Netten, J. Information technology and external search in the open innovation age: New findings from germany [J] . Technological Forecasting & Social Change, 2017, 120 (1): 223-231.

［127］ Doorn S. V. , Heyden M. L. M. , and Volberda H. W. Enhancing entre-preneurial orientation in dynamic environments: The interplay between top management team advice-seeking and absorptive capacity ［J］. Long Range Planning, 2017, 50 (2): 134-144.

［128］ Doukas J. A. and Petmezas D. Acquisitions, overconfident managers and self - attribution bias ［J］. European Financial Management, 2007, 13 (3): 531-577.

［129］ Dyck B. and Starke F. A. The formation of breakaway organizations: Obser-vations and a process model ［J］. Administrative Science Quarterly, 1999, 44 (4): 792-822.

［130］ Eckhardt J. T. and Shane S. A. Opportunities and entrepreneurship ［J］. Journal of Management, 2003, 29 (3): 333-349.

［131］ Edman J. and Makarevich A. Entrenchment in status positions and the a-doption of new norm-deviant organizational practices: Evidence from the Japanese bank-ing industry, 1983-2005 ［J］. Organization Studies, 2021, 42 (10): 1557-1580.

［132］ Edwards J. R. and Lambert L. S. Methods for integrating moderation and mediation: A general analytical framework using moderated path analysis ［J］. Psycho-logical Methods, 2007, 12 (1): 1-22.

［133］ Elenurm T. Entrepreneurial orientations of business students and entrepre-neurs ［J］. Baltic Journal of Management, 2012, 7 (2): 217-231.

［134］ Elster J. Nuts and bolts for the social sciences ［J］. Cambridge: Cam-bridge University Press, 1989.

［135］ Emerson R. M. Power-dependence relations ［J］. American Sociological Review, 1962, 27 (1): 31-41.

［136］ Engelen A. , Flatten T. C. , Thalmann J. , and Brettel M. The effect of or-ganizational culture on entrepreneurial orientation: A comparison between germany and thailand ［J］. Journal of Small Business Management, 2014, 52 (4): 732-752.

［137］ Engelen A. , Gupta V. , Strenger L. , and Brettel M. Entrepreneurial ori-entation, firm performance, and the moderating role of transformational leadership be-haviors ［J］. Journal of Management, 2015, 41 (4): 1069-1097.

［138］ Engelen A. , Neumann C. , and Schmidt S. Should entrepreneurially oriented firms have narcissistic CEOs? [J]. Journal of Management, 2016, 42 (3): 698-721.

[139] Engelen A., Neumann C., and Schwens C. "Of course I can": The effect of CEO overconfidence on entrepreneurially oriented firms [J]. Entrepreneurship Theory and Practice, 2015, 39 (5): 1137-1160.

[140] Engelen A., Schmidt S., and Buchsteiner M. The simultaneous influence of national culture and market turbulence on entrepreneurial orientation: A nine-country study [J]. Journal of International Management, 2015, 21 (1): 18-30.

[141] Faccio M. Politically connected firms [J]. American Economic Review, 2006, 96 (1): 369-386.

[142] Faccio M., Masulis R. W., and McConnell J. J. Political connections and corporate bailouts [J]. Journal of Finance, 2006, 61 (6): 2597-2635.

[143] Fauchart E. and Gruber M. Darwinians, communitarians, and missionaries: The role of founder identity in entrepreneurship [J]. Academy of Management Journal, 2011, 54 (5): 935-957.

[144] Felin T., Foss N. J., Heimeriks K. H., and Madsen T. L. Microfoundations of routines and capabilities: Individuals, processes, and structure [J]. Journal of Management Studies, 2012, 49 (8): 1351-1374.

[145] Felin T., Foss N. J., and Ployhart R. E. The microfoundations movement in strategy and organization theory [J]. Academy of Management Annals, 2015, 9 (1): 575-632.

[146] Firth M., Chen L., Liu P., and Wong S. M. L. Inside the black box: Bank credit allocation in China's private sector [J]. Journal of Banking & Finance, 2009, 33 (6): 1144-1155.

[147] Firth M., Fung P. M. Y., and Rui O. M. Corporate performance and CEO compensation in China [J]. Journal of Corporate Finance, 2006, 12 (4): 693-714.

[148] Garcés-Galdeano L., Larraza-Kintana M., García-Olaverri C., and Makri M. Entrepreneurial orientation in family firms: The moderating role of technological intensity and performance [J]. International Entrepreneurship and Management Journal, 2016, 12 (1): 27-45.

［149］ Gartner W. B. A conceptual-framework for describing the phenomenon of new venture creation ［J］. Academy of Management Review, 1985, 10 (4): 696-706.

［150］ Ge J. H., Stanley L. J., Eddleston K., and Kellermanns F. W. Institutional deterioration and entrepreneurial investment: The role of political connections ［J］. Journal of Business Venturing, 2017, 32 (4): 405-419.

［151］ Gelbuda M., Meyer K. E., and Delios A. International business and institutional development in Central and Eastern Europe ［J］. Journal of International Management, 2008, 14 (1): 1-11.

［152］ George G. and Prabhu G. N. Developmental financial institutions as technology policy instruments: Implications for innovation and entrepreneurship in emerging economies ［J］. Research Policy, 2003, 32 (1): 89-108.

［153］ Georgellis Y. and Wall H. J. Entrepreneurship and the policy environment ［J］. Social Science Electronic Publishing, 2004, 88 (3): 95-112.

［154］ Gerstner W. C., König A., Enders A., and Hambrick D. C. CEO narcissism, audience engagement, and organizational adoption of technological discontinuities ［J］. Administrative Science Quarterly, 2013, 58 (2): 257-291.

［155］ Gibson C. and Vermeulen F. A healthy divide: Subgroups as a stimulus for team learning behavior ［J］. Administrative Science Quarterly, 2003, 48 (2): 202-239.

［156］ Gioia D. A., Schultz M., and Corley K. G. Organizational identity, image, and adaptive instability ［J］. Academy of Management Review, 2000, 25 (1): 63-81.

［157］ Gogokhia T. and Berulava G. Business environment reforms, innovation and firm productivity in transition economies ［J］. Eurasian Business Review, 2021, 11 (2): 221-245.

［158］ Goode W. J. The celebration of heroes: Prestige as a social control system ［M］. Berkeley: University of California Press, 1978.

［159］ Granovetter, M. S. The strength of weak ties ［J］. American Journal of Sociology, 1973, 78 (6): 1360-1380.

［160］ Grant R. M. Toward a knowledge-based theory of the firm ［J］. Strategic

Management Journal, 1996, 17 (S2): 109-122.

[161] Green K. M. , Covin J. G. , and Slevin D. P. Exploring the relationship between strategic reactiveness and entrepreneurial orientation: The role of structure – style fit [J]. Journal of Business Venturing, 2008, 23 (3): 356-383.

[162] Greve H. R. , Palmer D. , and Pozner J. E. Organizations gone wild: The causes, processes, and consequences of organizational misconduct [J]. Academy of Management Annals, 2010, 4 (1): 53-107.

[163] Grosanu A. , Bota – Avram C. , Rachisan P. R. , Vesselinov R. , and Tiron–Tudor A. The influence of country–level governance on business environment and entrepreneurship: A global perspective [J]. Amfiteatru Economic, 2015, 17 (38): 60-75.

[164] Gruber M. and MacMillan I. C. Entrepreneurial behavior: A reconceptualization and extension based on identity theory [J]. Strategic Entrepreneurship Journal, 2017, 11 (3): 271-286.

[165] Gruhn B. , Strese S. , Flatten T. C. , Jaeger N. A. , and Brettel M. Temporal change patterns of entrepreneurial orientation: A longitudinal investigation of CEO successions [J]. Entrepreneurship Theory and Practice, 2017, 41 (4): 591-619.

[166] Guler I. and Guillen M. F. Home country networks and foreign expansion: Evidence from the venture capital industry [J]. Academy of Management Journal, 2010, 53 (2): 390-410.

[167] Gupta V. K. and Wales W. J. Assessing organisational performance within entrepreneurial orientation research: Where have we been and where can we go from here? [J]. The Journal of Entrepreneurship, 2017, 26 (1): 51-76.

[168] Guth W. D. and Ginsberg A. Guest editors' introduction: Corporate entrepreneurship [J]. Strategic Management Journal, 1990, 11 (5): 5-15.

[169] Guzman J. and Kacperczyk A. Gender gap in entrepreneurship [J]. Research Policy, 2019, 48 (7): 1666-1680.

[170] Ha J. C. , Lee J. W. , and Seong J. Y. Sustainable competitive advantage through entrepreneurship, market – oriented culture, and trust [J]. Sustainability, 2021, 13 (7): 1-14.

［171］Hambrick D. C. Top management groups: A conceptual integration and reconsideration of the "team" label ［J］. Research in Organizational Behavior, 1994 (16): 171–241.

［172］Hambrick D. C. Upper echelons theory: An update ［J］. Academy of Management Review, 2007, 32 (2): 334–343.

［173］Hambrick D. C., Humphrey S. E., and Gupta A. Structural interdependence within top management teams: A key moderator of upper echelons predictions ［J］. Strategic Management Journal, 2015, 36 (3): 449–461.

［174］Hambrick D. C. and Mason P. A. Upper echelons – The organization as a reflection of its top managers ［J］. Academy of Management Review, 1984, 9 (2): 193–206.

［175］Hamilton R. T. How firms grow and the influence of size and age ［J］. International Small Business Journal, 2012, 30 (6): 611–621.

［176］Hannan M. T. and Freeman, J. Organizational ecology ［M］. Massachusetts: Harvard University Press, 1989.

［177］Hansen J. D., Deitz G. D., Tokman M., Marino L. D., and Weaver K. M. Cross-national invariance of the entrepreneurial orientation scale ［J］. Journal of Business Venturing, 2011, 26 (1): 61–78.

［178］Harris J. and Bromiley P. Incentives to cheat: The influence of executive compensation and firm performance on financial misrepresentation ［J］. Organization Science, 2007, 18 (3): 350–367.

［179］Harrison Y. D., Murray V., and Cornforth C. The role and impact of chairs of non-profit boards ［M］. New York: Routledge, 2013.

［180］Hatak I., Kautonen T., Fink M., and Kansikas J. Innovativeness and family-firm performance: The moderating effect of family commitment ［J］. Technological Forecasting and Social Change, 2016, 102 (1): 120–131.

［181］Hayes A. F. Beyond baron and kenny: Statistical mediation analysis in the new millennium ［J］. Communication Monographs, 2009, 76 (4): 408–420.

［182］Hayes A. F. and Scharkow M. The relative trustworthiness of inferential tests of the indirect effect in statistical mediation analysis: Does method really matter? ［J］. Psychological Science, 2013, 24 (10): 1918–1927.

[183] Hemmert M. The influence of institutional factors on the technology acquisition performance of high-tech firms: Survey results from Germany and Japan [J]. Research Policy, 2004, 33 (6-7): 1019-1039.

[184] Hillman A. J. and Dalziel T. Boards of directors and firm performance: Integrating agency and resource dependence perspectives [J]. Academy of Management Review, 2003, 28 (3): 383-396.

[185] Hitt M. A., and Tyler B. B. Strategic decision-models - Integrating different perspectives [J]. Strategic Management Journal, 1991, 12 (5): 327-351.

[186] Hoang H. and Gimeno J. Becoming a founder: How founder role identity affects entrepreneurial transitions and persistence in founding [J]. Journal of Business Venturing, 2010, 25 (1): 41-53.

[187] Hogg M. A. and Terry D. J. Social identity and self-categorization processes in organizational contexts [J]. Academy of Management Review, 2000, 25 (1): 121-140.

[188] Hogg M. A., Terry D. J., and White K. M. A tale of two theories: A critical comparison of identity theory with social identity theory [J]. Social Psychology Quarterly, 1995, 58 (4): 255-269.

[189] Homan A. C., Van Knippenberg D., Van Kleef G. A., and De Dreu C. K. W. Bridging faultlines by valuing diversity: Diversity beliefs, information elaboration, and performance in diverse work groups [J]. Journal of Applied Psychology, 2007, 92 (5): 1189-1199.

[190] Hughes M., Hughes P., Hodgkinson I., Chang Y. Y., and Chang C. Y. Knowledge-based theory, entrepreneurial orientation, stakeholder engagement, and firm performance [J]. Strategic Entrepreneurship Journal, 2022, 16 (3): 633-665.

[191] Hughes M., Hughes P., and Morgan R. E. Exploitative learning and entrepreneurial orientation alignment in emerging young firms: Implications for market and response performance [J]. British Journal of Management, 2007, 18 (4): 359-375.

[192] Hughes M. and Morgan R. E. Deconstructing the relationship between entrepreneurial orientation and business performance at the embryonic stage of firm growth

［J］. Industrial Marketing Management, 2007, 36 (5): 651-661.

［193］ Hult G. T. M., Ketchen D. J., Cavusgil S. T., and Calantone R. J. Knowledge as a strategic resource in supply chains ［J］. Journal of Operations Management, 2006, 24 (5): 458-475.

［194］ Hung S. C. The plurality of institutional embeddedness as a source of organizational attention differences ［J］. Journal of Business Research, 2005, 58 (11): 1543-1551.

［195］ Hutzschenreuter T. and Horstkotte J. Performance effects of top management team demographic faultlines in the process of product diversification ［J］. Strategic Management Journal, 2013, 34 (6): 704-726.

［196］ Ireland R. D., Covin J. G., and Kuratko D. F. Conceptualizing corporate entrepreneurship strategy ［J］. Entrepreneurship Theory and Practice, 2009, 33 (1): 19-46.

［197］ Irwin K. C., Landay K. M., Aaron J. R., McDowell W. C., Marino L. D., and Geho P. R. Entrepreneurial orientation (EO) and human resources outsourcing (HRO): A "HERO" combination for SME performance ［J］. Journal of Business Research, 2018, 90 (C): 134-140.

［198］ Jackson S. E., Stone V. K., and Alvarez E. B. Socialization amidst diversity: The impact of demographics on work team oldtimers and newcomers ［J］. Research in Organizational Behavior, 1992 (15): 45-109.

［199］ Jelinek M. and Litterer J. A. Toward entrepreneurial organizations: Meeting ambiguity with engagement ［J］. Entrepreneurship Theory and Practice, 1995, 19 (3): 137-168.

［200］ Jensen M. and Roy A. Staging exchange partner choices: When do status and reputation matter? ［J］. Academy of Management Journal, 2008, 51 (3): 495-516.

［201］ Jeong Y. and Siegel J. I. Threat of falling high status and corporate bribery: Evidence from the revealed accounting records of two South Korean presidents ［J］. Strategic Management Journal, 2018, 39 (4): 1083-1111.

［202］ Jia N. and Mayer K. J. Political hazards and firms' geographic concentration ［J］. Strategic Management Journal, 2017, 38 (2): 203-231.

[203] Jiang F. F. , Wang G. , and Jiang X. Entrepreneurial orientation and organizational knowledge creation: A configurational approach [J] . Asia Pacific Journal of Management, 2019, 36 (4): 1193–1219.

[204] Johnson S. , Mcmillan J. , and Woodruff C. Property rights and finance [J] . American Economic Review, 2002, 92 (5): 1335–1356.

[205] Judd C. M. and Kenny D. A. Process analysis – estimating mediation in treatment evaluations [J] . Evaluation Review, 1981, 5 (5): 602–619.

[206] Judge W. Q. , Hu H. W. , Gabrielsson J. , et al. Configurations of capacity for change in entrepreneurial threshold firms: Imprinting and strategic choice perspectives [J] . Journal of Management Studies, 2015, 52 (4): 506–530.

[207] Kaczmarek S. , Kimino S. , and Pye A. Board task–related faultlines and firm performance: A decade of evidence [J] . Corporate Governance–an International Review, 2012, 20 (4): 337–351.

[208] Kammerlander N. and Ganter M. An attention - based view of family firm adaptation to discontinuous technological change: Exploring the role of family CEOs' noneconomic goals [J] . Journal of Product Innovation Management, 2015, 32 (3): 361–383.

[209] Keh H. T. , Nguyen T. T. M. , and Ng H. P. The effects of entrepreneurial orientation and marketing information on the performance of SMEs [J] . Journal of Business Venturing, 2007, 22 (4): 592–611.

[210] Keil T. , Maula M. , and Syrigos E. CEO entrepreneurial orientation, entrenchment, and firm value creation [J] . Entrepreneurship Theory and Practice, 2017, 41 (4): 475–504.

[211] Kellermanns F. W. and Eddleston K. A. Corporate entrepreneurship in family firms: A family perspective [J] . Entrepreneurship Theory and Practice, 2006, 30 (6): 809–830.

[212] Kelly L. M. , Athanassiou N. , and Crittenden W. F. Founder centrality and strategic behavior in the family owned firm [J] . Entrepreneurship Theory and Practice, 2000, 25 (2): 27–42.

[213] Keltner D. , Gruenfeld D. H. , and Anderson C. Power, approach, and inhibition [J] . Psychological Review, 2003, 110 (2): 265–284.

［214］Keum D. D. Innovation, short-termism, and the cost of strong corporate governance ［J］. Strategic Management Journal, 2021, 42 (1): 3-29.

［215］Khedhaouria A., Gurau C., and Torres O. Creativity, self-efficacy, and small-firm performance: The mediating role of entrepreneurial orientation ［J］. Small Business Economics, 2015, 44 (3): 485-504.

［216］Khwaja A. I. and Mian A. Do lenders favor politically connected firms? Rent provision in an emerging financial market ［J］. Quarterly Journal of Economics, 2005, 120 (4): 1371-1411.

［217］Kim B., Kim E., and Foss N. J. Balancing absorptive capacity and inbound open innovation for sustained innovative performance: An attention-based view ［J］. European Management Journal, 2016, 34 (1): 80-90.

［218］Kish-Gephart J. J. and Campbell J. T. You don't forget your roots: The influence of CEO social class background on strategic risk taking ［J］. Academy of Management Journal, 2015, 58 (6): 1614-1636.

［219］Knockaert M., Bjornali E. S., and Erikson T. Joining forces: Top management team and board chair characteristics as antecedents of board service involvement ［J］. Journal of Business Venturing, 2015, 30 (3): 420-435.

［220］Kollmann T., Hensellek S., Stockmann C., Kensbock J. M., and Peschl A. How management teams foster the transactive memory system-entrepreneurial orientation link: A domino effect model of positive team processes ［J］. Strategic Entrepreneurship Journal, 2020, 14 (4): 683-710.

［221］Kollmann T. and Stockmann C. Filling the entrepreneurial orientation-performance gap: The mediating effects of exploratory and exploitative innovations ［J］. Entrepreneurship Theory and Practice, 2014, 38 (5): 1001-1026.

［222］Krasniqi B. A. Personal, household and business environmental determinants of entrepreneurship ［J］. Journal of Small Business and Enterprise Development, 2009, 16 (1): 146-166.

［223］Kraus M. W., Piff P. K., Mendoza-Denton R., Rheinschmidt M. L., and Keltner D. Social class, solipsism, and contextualism: How the rich are different from the poor ［J］. Psychological Review, 2012, 119 (3): 546-572.

［224］Kreiser P. M. Entrepreneurial orientation and organizational learning: The impact of network range and network closure [J] . Entrepreneurship Theory and Practice, 2011, 35 (5): 1025-1050.

[225] Kreiser P. M., Anderson B. S., Kuratko D. F., and Marino L. D. Entrepreneurial orientation and environmental hostility: A threat rigidity perspective [J] . Entrepreneurship Theory and Practice, 2020, 44 (6): 1174-1198.

[226] Kreiser P. M., Marino L. D., Dickson P., and Weaver K. M. Cultural influences on entrepreneurial orientation: The impact of national culture on risk taking and proactiveness in SMEs [J] . Entrepreneurship Theory and Practice, 2010, 34 (5): 959-984.

[227] Krishnan R. and Kozhikode R. K. Status and corporate illegality: Illegal loan recovery practices of commercial banks in india [J] . Academy of Management Journal, 2015, 58 (5): 1287-1312.

[228] Kurokawa S., Iwata S., and Roberts E. B. Global R&D activities of Japanese MNCs in the US: A triangulation approach [J] . Research Policy, 2007, 36 (1): 3-36.

[229] LaBerge D. Attentional processing: The brain's art of mindfulness [J] . Boston: Harvard University Press, 1995.

[230] Lampe J., Kraft P. S., and Bausch A. Mapping the field of research on entrepreneurial organizations (1937-2016): A bibliometric analysis and research agenda [J] . Entrepreneurship Theory and Practice, 2020, 44 (4): 784-816.

[231] Lange D., Lee P. M., and Dai Y. Organizational reputation: A review [J] . Journal of Management, 2011, 37 (1): 153-184.

[232] Lau D. C. and Murnighan J. K. Interactions within groups and subgroups: The effects of demographic faultlines [J] . Academy of Management Journal, 2005, 48 (4): 645-659.

[233] Lawrence, B. S. and Zyphur M. J. Identifying organizational faultlines with latent class cluster analysis [J] . Organizational Research Methods, 2011, 14 (1): 32-57.

[234] Leavitt K., Reynolds S. J., Barnes C. M., Schilpzand P. and Hannah S. T. Different hats, different obligations: Plural occupational identities and situated moral judgments [J] . Academy of Management Journal, 2012, 55 (6): 1316-1333.

［235］ Lee C. , Lee K. , and Pennings J. M. Internal capabilities, external networks, and performance: A study on technology-based ventures ［J］. Strategic Management Journal, 2001, 22 (6-7): 615-640.

［236］ Lee Y. and Kreiser P. M. Entrepreneurial orientation and ambidexterity:Literature review, challenges, and agenda for future research ［M］//Kuratko F. and Hoskinson S. Challenges of corporate entrepreneurship in the disruptive Age. Bingley:Emerald Publishing Limited, 2018: 37-62.

［237］ Levesque M. and Minniti M. The effect of aging on entrepreneurial behavior ［J］. Journal of Business Venturing, 2006, 21 (2): 177-194.

［238］ Li H. , Meng L. , Wang Q. , and Zhou L. A. Political connections, financing and firm performance: Evidence from Chinese private firms ［J］. Journal of Development Economics, 2008, 87 (2): 283-299.

［239］ Li J. and Hambrick D. C. Factional groups: A new vantage on demographic faultlines, conflict, and disintegrationin work teams ［J］. The Academy of Management Journal, 2005, 48 (5): 794-813.

［240］ Li Y. , Guo H. , Liu Y. , and Li M. Incentive mechanisms, entrepreneurial orientation, and technology commercialization: Evidence from China's transitional economy ［J］. Journal of Product Innovation Management, 2008, 25 (1): 63-78.

［241］ Li Y. A. , Wei Z. L. , and Liu Y. Strategic orientations, knowledge acquisition, and firm performance: The perspective of the vendor in cross-border outsourcing ［J］. Journal of Management Studies, 2010, 47 (8): 1457-1482.

［242］ Li Y. H. , Huang J. W. , and Tsai M. T. Entrepreneurial orientation and firm performance: The role of knowledge creation process ［J］. Industrial Marketing Management, 2009, 38 (4): 440-449.

［243］ Li Z. Q. and Zheng Q. Q. Firm CSR implementation and societal moral degradation ［J］. Chinese Management Studies, 2018, 12 (3): 608-619.

［244］ Lim D. S. K. , Morse E. A. , Mitchell R. K. , and Seawright K. K. Institutional environment and entrepreneurial cognitions: A comparative business systems perspective ［J］. Entrepreneurship Theory and Practice, 2010, 34 (3): 491-516.

［245］ Lim J. Y. K. , Busenitz L. W. , and Chidambaram L. New venture teams and the quality of business opportunities identified: Faultlines between subgroups of founders and investors [J] . Entrepreneurship Theory and Practice, 2013, 37 (1): 47-67.

[246] Lim S. and Envick B. R. Gender and entrepreneurial orientation: A multi-country study [J] . International Entrepreneurship and Management Journal, 2013, 9 (3): 465-482.

[247] Lin C. , Lin P. , Song F. M. , and Li C. Managerial incentives, CEO characteristics and corporate innovation in China's private sector [J] . Journal of Comparative Economics, 2011, 39 (2): 176-190.

[248] Ling Y. , Simsek Z. , Lubatkin M. H. , and Veiga J. F. Transformational leadership's role in promoting corporate entrepreneurship: Examining the CEO-TMT interface [J] . Academy of Management Journal, 2008, 51 (3): 557-576.

[249] Liu S. S. , Luo X. M. , and Shi Y. Z. Integrating customer orientation, corporate entrepreneurship, and learning orientation in organizations-in-transition: An empirical study [J] . International Journal of Research in Marketing, 2002, 19 (4): 367-382.

[250] Liu Y. , Dai W. Q. , Liao M. Q. , and Wei J. Social status and corporate social responsibility: Evidence from chinese privately owned firms [J] . Journal of Business Ethics, 2021, 169 (4): 651-672.

[251] Locke E. A. and Latham G. P. Building a practically useful theory of goal setting and task motivation: A 35-year odyssey [J] . American Psychologist, 2002, 57 (9): 705-717.

[252] Lomberg C. , Urbig D. , Stockmann C. , Marino L. D. , and Dickson P. H. Entrepreneurial orientation: The dimensions' shared effects in explaining firm performance [J] . Entrepreneurship Theory and Practice, 2017, 41 (6): 973-998.

[253] Lumpkin G. T. From legitimacy to impact: Moving the field forward by asking how entrepreneurship informs life [J] . Strategic Entrepreneurship Journal, 2011, 5 (1): 3-9.

[254] Lumpkin G. T. , Brigham K. H. , and Moss T. W. Long-term orientation:Implications for the entrepreneurial orientation and performance of family businesses [J] . Entrepreneurship and Regional Development, 2010, 22 (3-4): 241-264.

[255] Lumpkin G. T. and Dess G. G. Clarifying the entrepreneurial orientation construct and linking it to performance [J]. Academy of Management Review, 1996, 21 (1): 135-172.

[256] Lumpkin G. T. and Dess G. G. Linking two dimensions of entrepreneurial orientation to firm performance: The moderating role of environment and industry life cycle [J]. Journal of Business Venturing, 2001, 16 (5): 429-451.

[257] Luo B., Zheng S., Ji H., and Liang L. Ambidextrous leadership and TMT-member ambidextrous behavior: The role of TMT behavioral integration and TMT risk propensity [J]. International Journal of Human Resource Management, 2018, 29 (2): 338-359.

[258] Luo L. L., Ma, X. F., Makino, S., & Shinkle, G. A. Cluster status and new venture creation [J]. Journal of Business Venturing, 2020, 35 (5): 105985.

[259] Luo X. M., Sivakumar K., and Liu S. S. Globalization, marketing resources, and performance: Evidence from China [J]. Journal of the Academy of Marketing Science, 2005, 33 (1): 50-65.

[260] Luo X. M., Zhou L. X., and Liu S. S. Entrepreneurial firms in the context of China's transition economy: An integrative framework and empirical examination [J]. Journal of Business Research, 2005, 58 (3): 277-284.

[261] MacKinnon D. P. and Fritz M. S. Distribution of the product confidence limits for the indirect effect: Program PRODCLIN [J]. Behavior Research Methods, 2007, 39 (3): 384-389.

[262] MacKinnon D. P., Lockwood C. M., Hoffman J. M., West S. G., and Sheets V. A comparison of methods to test mediation and other intervening variable effects [J]. Psychological Methods, 2002, 7 (1): 83-104.

[263] MacKinnon D. P., Lockwood C. M., and Williams J. Confidence limits for the indirect effect: Distribution of the product and resampling methods [J]. Multivariate Behavioral Research, 2004, 39 (1): 99-128.

[264] MacKinnon D. P., Warsi G., and Dwyer J. H. A simulation study of mediated effect measures [J]. Multivariate Behavioral Research, 1995, 30 (1): 41-62.

[265] Madsen E. L. The significance of sustained entrepreneurial orientation on performance of firms—A longitudinal analysis [J]. Entrepreneurship and Regional Development, 2007, 19 (2): 185-204.

[266] Maes M., Flache A., Takacs K., and Jehn K. A. In the short term we divide, in the long term we unite: Demographic crisscrossing and the effects of fault lines on subgroup polarization [J]. Organization Science, 2013, 24 (3): 716-736.

[267] March J. G. The business firm as a political coalition [J]. The Journal of Politics, 1962, 24 (4): 662-678.

[268] March J. G. and Olsen J. P. Ambiguity and choice in organizations [M]. Bergen: Universitetsforlaget, 1976.

[269] March J. G. and Shapira Z. Variable risk preferences and the focus of attention [J]. Psychological Review, 1992, 99 (1): 172-183.

[270] March J. G. and Simon H. A. Organizations [M]. New York: John Wiley & Sons, 1958.

[271] Marvel M. R. and Lumpkin G. T. Technology entrepreneurs' human capital and its effects on innovation radicalness [J]. Entrepreneurship Theory and Practice, 2007, 31 (6): 807-828.

[272] Mäs M., Flache A., Takács K., and Jehn K. A. In the short term we divide, in the long term we unite: Demographic crisscrossing and the effects of faultlines on subgroup polarization [J]. Organization Science, 2013, 24 (3): 716-736.

[273] Mathias B. D. and Williams D. W. The impact of role identities on entrepreneurs' evaluation and selection of opportunities [J]. Journal of Management, 2017, 43 (3): 892-918.

[274] Mathias B. D. and Williams D. W. Giving up the hats? Entrepreneurs' role transitions and venture growth [J]. Journal of Business Venturing, 2018, 33 (3): 261-277.

[275] McDougall P. P. and Oviatt B. M. International entrepreneurship: The intersection of two research paths [J]. Academy of Management Journal, 2000, 43 (5): 902-906.

[276] McGrath J. E. Dilemmatics – The study of research choices and dilemmas [J]. American Behavioral Scientist, 1981, 25 (2): 179-210.

[277] McKenny A. F., Short J. C., Ketchen D. J., Payne G. T., and Moss T. W. Strategic entrepreneurial orientation: Configurations, performance, and the effects of industry and time [J]. Strategic Entrepreneurship Journal, 2018, 12 (4): 504-521.

[278] McMullen J. S., Shepherd D. A., and Patzelt H. Managerial (in) attention to competitive threats [J]. Journal of Management Studies, 2009, 46 (2): 157-181.

[279] Menz M. Functional top management team members: A review, synthesis, and research agenda [J]. Journal of Management, 2012, 38 (1): 45-80.

[280] Merton R. K. The Matthew effect in science [J]. Science, 1968, 159 (3810): 56-63.

[281] Messersmith J. G. and Wales W. J. Entrepreneurial orientation and performance in young firms: The role of human resource management [J]. International Small Business Journal, 2013, 31 (2): 115-136.

[282] Meyer B. and Glenz A. Team faultline measures: A computational comparison and a new approach to multiple subgroups [J]. Organizational Research Methods, 2013, 16 (3): 393-424.

[283] Meyer J. W. and Rowan B. Institutionalized organizations: Formal structure as myth and ceremony [J]. American Journal of Sociology, 1977, 83 (2): 340-363.

[284] Meyer K. E. and Peng M. W. Probing theoretically into Central and Eastern Europe: Transactions, resources, and institutions [J]. Journal of International Business Studies, 2005, 36 (6): 600-621.

[285] Miles R. E., Snow C. C., Meyer A. D., and Coleman H. J. Organizational strategy, structure, and process [J]. Academy of Management Review, 1978, 3 (3): 546-562.

[286] Miller D. The correlates of entrepreneurship in three types of firms [J]. Management Science, 1983, 29 (7): 770-791.

[287] Miller D. and Friesen P. H. Innovation in conservative and entrepreneurial firms: Two models of strategic momentum [J]. Strategic Management Journal, 1982, 3 (1): 1-25.

［288］ Miller D. and Le Breton-Miller I. Governance, social identity, and entrepreneurial orientation in closely held public companies ［J］. Entrepreneurship Theory and Practice, 2011, 35 (5): 1051-1076.

［289］ Mintzberg H. Strategy-making in three modes ［J］. California Management Review, 1973, 16 (2): 44-53.

［290］ Mishina Y., Dykes B. J., Block E. S., and Pollock T. G. Why "good" firms do bad things: The effects of high aspirations, high expectations, and prominence on the incidence of corporate illegality ［J］. Academy of Management Journal, 2010, 53 (4): 701-722.

［291］ Monsen E. and Boss R. W. The impact of strategic entrepreneurship inside the organization: Examining job stress and employee retention ［J］. Entrepreneurship Theory and Practice, 2009, 33 (1): 71-104.

［292］ Moreno A. M. and Casillas J. C. Entrepreneurial orientation and growth of SMEs: A causal model ［J］. Entrepreneurship Theory and Practice, 2008, 32 (3): 507-528.

［293］ Morris M. H. and Paul G. W. The relationship between entrepreneurship and marketing in established firms ［J］. Journal of Business Venturing, 1987, 2 (3): 247-259.

［294］ Mthanti T. and Ojah K. Entrepreneurial orientation (EO): Measurement and policy implications of entrepreneurship at the macroeconomic level ［J］. Research Policy, 2017, 46 (4): 724-739.

［295］ Murnieks C. Y., Mosakowski E., and Cardon M. S. Pathways of passion: Identity centrality, passion, and behavior among entrepreneurs ［J］. Journal of Management, 2014, 40 (6): 1583-1606.

［296］ Musteen M., Barker V. L., and Baeten V. L. CEO attributes associated with attitude toward change: The direct and moderating effects of CEO tenure ［J］. Journal of Business Research, 2006, 59 (5): 604-612.

［297］ Navis C. and Glynn M. A. Legitimate distinctiveness and the entrepreneurial identity: Influence on investor judgments of new venture plausibility ［J］. Academy of Management Review, 2011, 36 (3): 479-499.

［298］ Nelson A. and Irwin J. "Defining what we do-all over again": Occupational identity, technological change, and the librarian/internet – search relationship [J] . Academy of Management Journal, 2014, 57 (3): 892-928.

[299] Neubaum D. O., Mitchell M. S., and Schminke M. Firm newness, entrepreneurial orientation, and ethical climate [J] . Journal of Business Ethics, 2004, 52 (4): 335-347.

[300] Ng E. S. and Sears G. J. CEO leadership styles and the implementation of organizational diversity practices: Moderating effects of social values and age [J] . Journal of Business Ethics, 2012, 105 (1): 41-52.

[301] Niedrich R. W. and Swain S. D. The influence of pioneer status and experience order on consumer brand preference: A mediated-effects model [J] . Journal of the Academy of Marketing Science, 2003, 31 (4): 468-480.

[302] North D. C. Institutions, institucional change and economic performance [M] . Cambridge: Cambridge University Press, 1990.

[303] Ocasio W. Towards an attention – based view of the firm [J] . Strategic Management Journal, 1997, 18 (S1): 187-206.

[304] Ocasio W. Attention to attention [J] . Organization Science, 2011, 22 (5): 1286-1296.

[305] Ocasio W. and Joseph J. An attention-based theory of strategy formulation: Linking micro-and macroperspectives in strategy process [J] . Advances in Strategic Management, 2005, 22 (3): 15-26.

[306] Ocasio W. and Joseph J. Rise and fall-or transformation?: The evolution of strategic planning at the General Electric Company, 1940 – 2006 [J] . Long Range Planning, 2008, 41 (3): 248-272.

[307] Ostrom E. Governing the commons: The evolution of institutions for collective action [J] . Cambridge Cambridge University Press, 1990.

[308] Palmié M., Huerzeler P., Grichnik D., Keupp M. M., and Gassmann O. Some principles are more equal than others: Promotion– versus prevention–focused effectuation principles and their disparate relationships with entrepreneurial orientation [J] . Strategic Entrepreneurship Journal, 2019, 13 (1): 93-117.

[309] Pearsall M. J., Ellis A. P. J., and Evans J. M. Unlocking the effects of gender faultlines on team creativity: Is activation the key? [J] . Journal of Applied

Psychology, 2008, 93 (1): 225-234.

[310] Peng M. W. Institutional transitions and strategic choices [J]. Academy of Management Review, 2003, 28 (2): 275-296.

[311] Peng M. W. and Jiang Y. Institutions behind family ownership and control in large firms [J]. Journal of Management Studies, 2010, 47 (2): 253-273.

[312] Perez-Luno A., Saparito P., and Gopalakrishnan S. Small and medium-sized enterprise's entrepreneurial versus market orientation and the creation of tacit knowledge [J]. Journal of Small Business Management, 2016, 54 (1): 262-278.

[313] Perez-Luno A., Wiklund J., and Cabrera R. V. The dual nature of innovative activity: How entrepreneurial orientation influences innovation generation and adoption [J]. Journal of Business Venturing, 2011, 26 (5): 555-571.

[314] Pergelova A. and Angulo-Ruiz F. The impact of government financial support on the performance of new firms: The role of competitive advantage as an intermediate outcome [J]. Entrepreneurship and Regional Development, 2014, 26 (9-10): 663-705.

[315] Perretti F. and Negro G. Filling empty seats: How status and organizational hierarchies affect exploration versus exploitation in team design [J]. Academy of Management Journal, 2006, 49 (4): 759-777.

[316] Phillips D. J. Organizational genealogies and the persistence of gender inequality: The case of Silicon Valley law firms [J]. Administrative Science Quarterly, 2005, 50 (3): 440-472.

[317] Phillips D. J. and Zuckerman E. W. Middle-status conformity: Theoretical restatement and empirical demonstration in two markets [J]. American Journal of Sociology, 2001, 107 (2): 379-429.

[318] Piazza A. and Castellucci F. Status in organization and management theory [J]. Journal of Management, 2014, 40 (1): 287-315.

[319] Pittino D., Visintin F., and Lauto G. A configurational analysis of the antecedents of entrepreneurial orientation [J]. European Management Journal, 2017, 35 (2): 224-237.

[320] Plourde Y., Parker S. C., and Schaan J. L. Expatriation and its effect on headquarters' attention in the multinational enterprise [J]. Strategic Management

Journal, 2014, 35 (6): 938-947.

[321] Podolny J. M. A status-based model of market competition [J]. American Journal of Sociology, 1993, 98 (4): 829-872.

[322] Podolny J. M. Market uncertainty and the social character of economic exchange [J]. Administrative Science Quarterly, 1994, 39 (3): 458-483.

[323] Podolny J. M. Networks as the pipes and prisms of the market [J]. American Journal of Sociology, 2001, 107 (1): 33-60.

[324] Podolny J. M. Status signals: A sociological study of market competition [M]. Princeton: Princeton University Press, 2005.

[325] Podolny J. M. and Phillips D. J. The dynamics of organizational status [J]. Industrial and Corporate Change, 1996, 5 (2): 453-471.

[326] Pollock T. G., Chen G. L., Jackson E. M., and Hambrick D. C. How much prestige is enough? Assessing the value of multiple types of high-status affiliates for young firms [J]. Journal of Business Venturing, 2010, 25 (1): 6-23.

[327] Pollock T. G. and Rindova V. P. Media legitimation effects in the market for initial public offerings [J]. Academy of Management Journal, 2003, 46 (5): 631-642.

[328] Poon J. M. L., Ainuddin R. A., and Junit S. H. Effects of self-concept traits and entrepreneurial orientation on firm performance [J]. International Small Business Journal-Researching Entrepreneurship, 2006, 24 (1): 61-82.

[329] Powell E. E. and Baker T. It's what you make of it: Founder identity and enacting strategic responses to adversity [J]. Academy of Management Journal, 2014, 57 (5): 1406-1433.

[330] Powell E. E. and Baker T. In the beginning: Identity processes and organizing in multi-founder nascent ventures [J]. Academy of Management Journal, 2017, 60 (6): 2381-2414.

[331] Preacher K. J. and Hayes A. F. SPSS and SAS procedures for estimating indirect effects in simple mediation models [J]. Behavior Research Methods, Instruments, & Computers, 2004, 36 (4): 717-731.

[332] Preacher K. J., Rucker D. D., and Hayes A. F. Addressing moderated mediation hypotheses: Theory, methods, and prescriptions [J]. Multivariate Behavior-

al Research, 2007, 42 (1): 185-227.

[333] Preller R. , Patzelt H. , and Breugst N. Entrepreneurial visions in founding teams: Conceptualization, emergence, and effects on opportunity development [J]. Journal of Business Venturing, 2020, 35 (2): 1-28.

[334] Putnins T. J. and Sauka A. Why does entrepreneurial orientation affect company performance? [J]. Strategic Entrepreneurship Journal, 2020, 14 (4): 711-735.

[335] Pyman A. Creative compliance in labour relations: Turning the law on its head [M] //Lewin D. and Kaufman B. E. Advances in industrial and labor relations. La Vergne: Lightning Source Inc. , 2003: 67-99.

[336] Qian C. , Cao Q. , and Takeuchi R. Top management team functional diversity and organizational innovation in China: The moderating effects of environment [J]. Strategic Management Journal, 2013, 34 (1): 110-120.

[337] Rank O. N. and Strenge M. Entrepreneurial orientation as a driver of brokerage in external networks: Exploring the effects of risk taking, proactivity, and innovativeness [J]. Strategic Entrepreneurship Journal, 2018, 12 (4): 482-503.

[338] Rauch A. , Wiklund J. , Lumpkin G. T. , and Frese M. Entrepreneurial Orientation and Business Performance: An Assessment of Past Research and Suggestions for the Future [J]. Entrepreneurship Theory and Practice, 2009, 33 (3): 761-787.

[339] Ren C. R. and Guo C. Middle managers' strategic role in the corporate entrepreneurial process: Attentionbased effects [J]. Journal of Management, 2011, 37 (6): 1586-1610.

[340] Renko M. , Carsrud A. , and Brännback. The effect of a market orientation, entrepreneurial orientation, and technological capability on innovativeness [J]. Journal of Small Business Management, 2009, 47 (3): 331-369.

[341] Rerup C. Attentional triangulation: Learning from unexpected rare crises [J]. Organization Science, 2009, 20 (5): 876-893.

[342] Rhee L. and Leonardi P. M. Which pathway to good ideas? An attention-based view of innovation in social networks [J]. Strategic Management Journal, 2018, 39 (4): 1188-1215.

［343］ Rico R. , Molleman E. , Sanchez-Manzanares M. , and Van der Vegt G. S. The effects of diversity faultlines and team task autonomy on decision quality and social integration ［J］. Journal of Management, 2007, 33 （1）: 111-132.

［344］ Rider C. I. and Tan D. Labor market advantages of organizational status: A study of lateral partner hiring by large U. S. law firms ［J］. Organization Science, 2015, 26 （2）: 356-372.

［345］ Ridgeway C. L. , Li Y. E. , Erickson K. G. , Backor K. , and Tinkler J. E. How easily does a social difference become a status distinction? Gender matters ［J］. American Sociological Review, 2009, 74 （1）: 44-62.

［346］ Ridgeway C. L. and Walker H. A. Status structures ［M］. Boston: Allyn & Bacon, 1995.

［347］ Rijsenbilt A. and Commandeur H. Narcissus enters the courtroom: CEO narcissism and fraud ［J］. Journal of Business Ethics, 2013, 117 （2）: 413-429.

［348］ Rindova V. P. , Pollock T. G. , and Hayward M. L. A. Celebrity firms: The social construction of market popularity ［J］. Academy of Management Review, 2006, 31 （1）: 50-71.

［349］ Rodrigo-Alarcón J. , García-Villaverde P. M. , Ruiz-Ortega M. J. , and Parra-Requena G. From social capital to entrepreneurial orientation: The mediating role of dynamic capabilities ［J］. European Management Journal, 2018, 36 （2）: 195-209.

［350］ Rosenbusch N. , Rauch A. , and Bausch A. The mediating role of entrepreneurial orientation in the task environment-performance relationship: A meta-analysis ［J］. Journal of Management, 2013, 39 （3）: 633-659.

［351］ Rosenkopf L. and Nerkar A. Beyond local search: Boundary-spanning, exploration, and impact in the optical disk industry ［J］. Strategic Management Journal, 2001, 22 （4）: 287-306.

［352］ Rupert J. , and Jehn K. A. When subgroups fuse and divide: Effects of faultlines on team learning and customer satisfaction, 2012.

［353］ Rutherford M. W. and Holt D. T. Corporate entrepreneurship-An empirical look at the innovativeness dimension and its antecedents ［J］. Journal of Organizational Change Management, 2007, 20 （3）: 429-446.

［354］Saj P. The imperatives for organizational governance in a large charity: A strategic choice perspective［J］. Public Money & Management, 2013, 33（6）: 407-414.

［355］Sakhdari K. and Burgers J. H. The moderating role of entrepreneurial management in the relationship between absorptive capacity and corporate entrepreneurship: An attention-based view［J］. International Entrepreneurship and Management Journal, 2018, 14（4）: 927-950.

［356］Sauder M., Lynn F., and Podolny J. M. Status: Insights from organizational sociology［J］. Annual Review of Sociology, 2012（38）: 267-283.

［357］Schein E. H. The role of the founder in creating organizational culture［J］. Organizational Dynamics, 1983, 12（1）: 13-28.

［358］Schilke O. On the contingent value of dynamic capabilities for competitive advantage: The nonlinear moderating effect of environmental dynamism［J］. Strategic Management Journal, 2014, 35（2）: 179-203.

［359］Schindehutte M., Morris M., and Allen J. Beyond achievement: Entrepreneurship as extreme experience［J］. Small Business Economics, 2006, 27（4）: 349-368.

［360］Schoorman F. D., Mayer R. C., and Davis J. H. An integrative model of organizational trust: Past, present, and future［J］. Academy of Management Review, 2007, 32（2）: 344-354.

［361］Schumpeter J. A. The theory of economic development［M］. Boston: Harvard University Press, 1934.

［362］Schwartz S. H., Cieciuch J., Vecchione M., et al., M. Refining the theory of basic individual values［J］. Journal of Personality and Social Psychology, 2012, 103（4）: 663-688.

［363］Sciascia S., Mazzola P., and Chirico F. Generational involvement in the top management team of family firms: Exploring nonlinear effects on entrepreneurial orientation［J］. Entrepreneurship Theory and Practice, 2013, 37（1）: 69-85.

［364］Scott W. R. Institutions and organizations［M］. London: Sage Publications, 1995.

［365］Scott W. R. Institutions and organizations: Ideas, interests, and identities

［M］. London: Sage Publication, 2013.

［366］Seo M. , Barrett L. F. , and Bartunek J. M. The role of affective experience in work motivation ［J］. Academy of Management Review, 2004, 29 (3): 423-439.

［367］Shane S. Prior knowledge and the discovery of entrepreneurial opportunities ［J］. Organization Science, 2000, 11 (4): 448-469.

［368］Shaw J. B. The development and analysis of a measure of group faultlines ［J］. Organizational Research Methods, 2004, 7 (1): 66-100.

［369］Shepherd D. A. , McMullen J. S. , and Ocasio W. Is that an opportunity? An attention model of top managers' opportunity beliefs for strategic action ［J］. Strategic Management Journal, 2017, 38 (3): 626-644.

［370］Shi W. , Zhang Y. , and Hoskisson R. E. Ripple effects of CEO awards: Investigating the acquisition activities of superstar ceos' competitors ［J］. Strategic Management Journal, 2017, 38 (10): 2080-2102.

［371］Shook C. L. , Adams G. L. , Ketchen D. J. , and Craighead C. W. Towards a "theoretical toolbox" for strategic sourcing ［J］. Supply Chain Management, 2009, 14 (1): 3-10.

［372］Short J. C. , Moss T. W. , and Lumpkin G. T. Research in social entrepreneurship: Past contributions and future opportunities ［J］. Strategic Entrepreneurship Journal, 2009, 3 (2): 161-194.

［373］Shu C. L. , Liu C. J. , Gao S. X. , and Shanley M. The knowledge spillover theory of entrepreneurship in alliances ［J］. Entrepreneurship Theory and Practice, 2014, 38 (4): 913-940.

［374］Simao L. and Franco M. External knowledge sources as antecedents of organizational innovation in firm workplaces: A knowledge-based perspective ［J］. Journal of Knowledge Management, 2018, 22 (2): 237-256.

［375］Simon H. A. Administrative behavior: A study of decision-making proceses in administrative organization ［M］. Chicago: Macmillan, 1947.

［376］Simon M. and Houghton S. M. , and Aquino K. Cognitive biases, risk perception, and venture formation: How individuals decide to start companies ［J］. Journal of Business Venturing, 2000, 15 (2): 113-134.

在位企业创业导向的微观基础研究

[377] Simsek Z. CEO tenure and organizational performance: An intervening model [J]. Strategic Management Journal, 2007, 28 (6): 653-662.

[378] Simsek Z., Heavey C., and Veiga J. F. The impact of CEO core self-evaluation on the firm's entrepreneurial orientation [J]. Strategic Management Journal, 2010, 31 (1): 110-119.

[379] Simsek Z., Veiga J. F., and Lubatkin M. H. The impact of managerial environmental perceptions on corporate entrepreneurship: Towards understanding discretionary slack's pivotal role [J]. Journal of Management Studies, 2007, 44 (8): 1398-1424.

[380] Slevin D. P. and Covin J. G. Time, growth, complexity, and transitions: Entrepreneurial challenges for the future [J]. Entrepreneurship Theory and Practice, 1997, 22 (2): 53-68.

[381] Smith K. G., Smith K. A., Olian J. D., Sims H. P., Obannon P., and Scully J. A. Top management team demography and process – The role of social integration and communication [J]. Administrative Science Quarterly, 1994, 39 (3): 412-438.

[382] Snell R. S. Moral foundations of the learning organization [J]. Human Relations, 2001, 54 (3): 319-342.

[383] Spedale S. and Watson T. J. The emergence of entrepreneurial action: At the crossroads between institutional logics and individual life-orientation [J]. International Small Business Journal – Researching Entrepreneurship, 2014, 32 (7): 759-776.

[384] Spencer S. J., Zanna M. P., and Fong G. T. Establishing a causal chain: Why experiments are often more effective than mediational analyses in examining psychological processes [J]. Journal of Personality and Social Psychology, 2005, 89 (6): 845-851.

[385] Stam W. and Elfring T. Entrepreneurial orientation and new venture performance: The moderating role of intra- and extraindustry social capital [J]. Academy of Management Journal, 2008, 51 (1): 97-111.

[386] Stea D., Linder S., and Foss N. J. Understanding organizational advantage: How the theory of mind adds to the attention-based view of the firm [J]. Cogni-

tion and Strategy, 2015 (32): 277-298.

[387] Stets J. E. and Burke P. J. Identity theory and social identity theory [J]. Social Psychology Quarterly, 2000, 63 (3): 224-237.

[388] Stevens R., Moray N., Bruneel J., and Clarysse B. Attention allocation to multiple goals: The case of for-profit social enterprises [J]. Strategic Management Journal, 2015, 36 (7): 1006-1016.

[389] Stewart S. A., Castrogiovanni G. J., & Hudson B. A. A foot in both camps: Role identity and entrepreneurial orientation in professional service firms [J]. International Journal of Entrepreneurial Behavior & Research, 2016, 22 (5): 718-744.

[390] Stewart W. H. and Roth P. L. Data quality affects meta-analytic conclusions: A response to Miner and Raju (2004) concerning entrepreneurial risk propensity [J]. Journal of Applied Psychology, 2004, 89 (1): 14-21.

[391] Stewart W. H. and Roth P. L. A meta-analysis of achievement motivation differences between entrepreneurs and managers [J]. Journal of Small Business Management, 2007, 45 (4): 401-421.

[392] Stryker S. and Burke P. J. The past, present, and future of an identity theory [J]. Social Psychology Quarterly, 2000, 63 (4): 284-297.

[393] Stryker S. and Serpe R. T. Identity salience and psychological centrality: Equivalent, overlapping, or complementary concepts? [J]. Social Psychology Quarterly, 1994, 57 (1): 16-35.

[394] Stuart H. The effect of organizational structure on corporate identity management [J]. Corporate Reputation Review, 1999, 2 (2): 151-164.

[395] Stuart T. E. Interorganizational alliances and the performance of firms: A study of growth and innovation rates in a high-technology industry [J]. Strategic Management Journal, 2000, 21 (8): 791-811.

[396] Stuart T. E., Hoang H., and Hybels R. C. Interorganizational endorsements and the performance of entrepreneurial ventures [J]. Administrative Science Quarterly, 1999, 44 (2): 315-349.

[397] Su Z. F., Xie E., and Li Y. Entrepreneurial orientation and firm performance in new ventures and established firms [J]. Journal of Small Business Manage-

ment, 2011, 49 (4): 558-577.

［398］Su Z. F., Xie E., and Wang D. Entrepreneurial orientation, managerial networking, and new venture performance in China ［J］. Journal of Small Business Management, 2015, 53 (1): 228-248.

［399］Sullivan B. N. Competition and beyond: Problems and attention allocation in organizational rulemaking processes ［J］. Organization Science, 2010, 21 (2): 432-450.

［400］Sung S. Y. and Choi J. N. To invest or not to invest: Strategic decision-making toward investing in training and development in Korean manufacturing firms ［J］. International Journal of Human Resource Management, 2018, 29 (13): 2080-2105.

［401］Swoboda B. and Olejnik E. Linking processes and dynamic capabilities of international SMEs: The mediating effect of international entrepreneurial orientation ［J］. Journal of Small Business Management, 2016, 54 (1): 139-161.

［402］Szatmari B., Deichmann D., van den Ende J., and King B. G. Great successes and great failures: The impact of project leader status on project performance and performance extremeness ［J］. Journal of Management Studies, 2021, 58 (5): 1267-1293.

［403］Tajfel H. La catégorisation sociale (Social categorization) ［M］. Paris: Larousse, 1972.

［404］Tajfel H. and Turner J. An integrative theory of intergroup conflict ［J］. Social Psychology of Intergroup Relations, 1979 (33): 94-109.

［405］Tang J. T., Tang Z., and Katz J. A. Proactiveness, stakeholder-firm power difference, and product safety and quality of chinese SMEs ［J］. Entrepreneurship Theory and Practice, 2014, 38 (5): 1129-1157.

［406］Tang J. T., Tang Z., Marino L. D., Zhang Y. L., and Li Q. W. Exploring an inverted U-shape relationship between entrepreneurial orientation and performance in Chinese ventures ［J］. Entrepreneurship Theory and Practice, 2008, 32 (1): 219-239.

［407］Taylor R. N. Age and experience as determinants of managerial information processing and decision making performance ［J］. Academy of Management Journal,

1975, 18 (1): 74-81.

[408] Teece D. J. Explicating dynamic capabilities: The nature and microfoundations of (sustainable) enterprise performance [J]. Southern Medical Journal, 2007, 28 (13): 1319-1350.

[409] Teoh H. Y. and Foo S. L. Moderating effects of tolerance for ambiguity and risktaking propensity on the role conflict-perceived performance relationship: Evidence from singaporean entrepreneurs [J]. Journal of Business Venturing, 1997, 12 (1): 67-81.

[410] Terjesen S. and Patel P. C. In search of process innovations: The role of search depth, search breadth, and the industry environment [J]. Journal of Management, 2017, 43 (5): 1421-1446.

[411] Thatcher S. M. B., Jehn K. A., and Zanutto E. Cracks in diversity research: The effects of diversity faultlines on conflict and performance [J]. Group Decision and Negotiation, 2003, 12 (3): 217-241.

[412] Thatcher S. M. B. and Patel P. C. Group faultlines: A review, integration, and guide to future research [J]. Journal of Management, 2012, 38 (4): 969-1009.

[413] Trezzini B. Probing the group faultline concept: An evaluation of measures of patterned multi-dimensional group diversity [J]. Quality & Quantity, 2008, 42 (3): 339-368.

[414] Tuggle C. S., Schnatterly K., and Johnson R. A. Attention patterns in the boardroom: How board composition and processesaffect discussion of entrepreneurial issues [J]. Academy of Management Journal, 2010, 53 (3): 550-571.

[415] Twenge J. M. and Campbell W. K. Self-esteem and socioeconomic status: A meta-analytic review [J]. Personality and Social Psychology Review, 2022, 6 (1): 59-71.

[416] Udehn L. Methodological individualism: Background, history and meaning [M]. New York: Routledge, 2002.

[417] Upson J. W., Ketchen D. J., Ireland R. D. Managing employee stress: A key to the effectiveness of strategic supply chain management [J]. Organizational Dynamics, 2007, 36 (1): 78-92.

［418］Utterback J. M. Mastering the dynamics of innovation ［M］. Boston: Harvard Business School Press, 1996.

［419］Uzzi B. and Dunlap S. How to build your network ［J］. Harvard Business Review, 2005, 83 (12): 53-60+151.

［420］Van Knippenberg D., Dawson J. F., West M. A., and Homan A. C. Diversity faultlines, shared objectives, and top management team performance ［J］. Human Relations, 2011, 64 (3): 307-336.

［421］Van Raak A., Paulus A., and Mur-Veeman I. Why do health and social care providers co-operate? ［J］. Health Policy, 2005, 74 (1): 13-23.

［422］Vissa B., Greve H. R., and Chen W. R. Business group affiliation and firm search behavior in India: Responsiveness and focus of attention ［J］. Organization Science, 2010, 21 (3): 696-712.

［423］Voss Z. G., Voss G. B., and Moorman C. An empirical examination of the complex relationships between entrepreneurial orientation and stakeholder support ［J］. European Journal of Marketing, 2005, 39 (9-10): 1132-1150.

［424］Wagner J. and Sternberg R. Start-up activities, individual characteristics, and the regional milieu: Lessons for entrepreneurship support policies from German micro data ［J］. Annals of Regional Science, 2004, 38 (2): 219-240.

［425］Wales W., Monsen E., and McKelvie A. The organizational pervasiveness of entrepreneurial orientation ［J］. Entrepreneurship Theory and Practice, 2011, 35 (5): 895-923.

［426］Wales W. J. Entrepreneurial orientation: A review and synthesis of promising research directions ［J］. International Small Business Journal-Researching Entrepreneurship, 2016, 34 (1): 3-15.

［427］Wales W. J., Gupta V. K., and Mousa F. -T. Empirical research on entrepreneurial orientation: An assessment and suggestions for future research ［J］. International Small Business Journal-Researching Entrepreneurship, 2013, 31 (4): 357-383.

［428］Wales W. J., Parida V., and Patel P. C. Too much of a good thing? Absorptive capacity, firm performance, and the moderating role of entrepreneurial orientation ［J］. Strategic Management Journal, 2013, 34 (5): 622-633.

［429］ Wales W. J., Patel P. C., and Lumpkin G. T. In pursuit of greatness: CEO narcissism, entrepreneurial orientation, and firm performance variance ［J］. Journal of Management Studies, 2013, 50 (6): 1041-1069.

［430］ Walsh J. P. Managerial and organizational cognition - notes from a trip down memory lane ［J］. Organization Science, 1995, 6 (3): 280-321.

［431］ Walter A., Auer M., and Ritter T. The impact of network capabilities and entrepreneurial orientation on university spin-off performance ［J］. Journal of Business Venturing, 2006, 21 (4): 541-567.

［432］ Wang C. L. Entrepreneurial orientation, learning orientation, and firm performance ［J］. Entrepreneurship Theory and Practice, 2008, 32 (4): 635-657.

［433］ Wang C. L. and Altinay L. Social embeddedness, entrepreneurial orientation and firm growth in ethnic minority small businesses in the UK ［J］. International Small Business Journal-Researching Entrepreneurship, 2012, 30 (1): 3-23.

［434］ Wang H. C., Feng J. Z., Zhang H., and Li X. The effect of digital transformation strategy on performance the moderating role of cognitive conflict ［J］. International Journal of Conflict Management, 2020, 31 (3): 441-462.

［435］ Wang H. Z., Feng J., Liu X. M., and Zhang R. Y. What is the benefit of TMT's governmental experience to private-owned enterprises? Evidence from China ［J］. Asia Pacific Journal of Management, 2011, 28 (3): 555-572.

［436］ Wang T. Y., Thornhill S., De Castro J. O. Entrepreneurial orientation, legitimation, and new venture performance ［J］. Strategic Entrepreneurship Journal, 2017, 11 (4): 373-392.

［437］ Wang Y. G. and Zhang L. How customer entitlement influences supplier performance in B2B relationships in emerging economy? A moderated mediation model of institutional environments ［J］. Journal of Business Research, 2021, 134 (C): 689-700.

［438］ Warshay L. H., Weinstein D., Overington M. A., Mangham I. L., and Stryker S. Symbolic interactionism: A social structural version ［M］. New York: Benjamin/Cummings Pub, 1980.

［439］ Washington M. and Zajac E. J. Status evolution and competition: Theory and evidence ［J］. Academy of Management Journal, 2005, 48 (2): 282-296.

［440］Watson A., Dada O., Wright O., and Perrigot R. Entrepreneurial orientation rhetoric in franchise organizations: The impact of national culture ［J］. Entrepreneurship Theory and Practice, 2019, 43 (4): 751-772.

［441］Weick K. E. The social psychology of organizing ［M］. New York: McGraw-Hill, 1979.

［442］Whitley R. Divergent capitalisms: The social structuring and change of business systems ［M］. Oxford: Oxford University Press, 1999.

［443］Wiersema M. F. and Bantel K. A. Top management team demography and corporate strategic change ［J］. Academy of Management Journal, 1992, 35 (1): 91-121.

［444］Wiklund J. The sustainability of the entrepreneurial orientation - performance relationship ［J］. Entrepreneurship Theory and Practice, 1999, 24 (1): 37-48.

［445］Wiklund J. and Shepherd D. Entrepreneurial orientation and small business performance: A configurational approach ［J］. Journal of Business Venturing, 2005, 20 (1): 71-91.

［446］Williams C. and Lee S. H. Resource allocations, knowledge network characteristics and entrepreneurial orientation of multinational corporations ［J］. Research Policy, 2009, 38 (8): 1376-1387.

［447］Williams N. Entrepreneurship and the role of policy ［J］. Environment and Planning C-Government and Policy, 2013, 31 (1): 1-4.

［448］Wilson N. C. and Stokes D. Managing creativity and innovation the challenge for cultural entrepreneurs ［J］. Journal of Small Business and Enterprise Development, 2005, 12 (3): 366-378.

［449］Wincent J., Thorgren S., and Anokhin S. Entrepreneurial orientation and network board diversity in network organizations ［J］. Journal of Business Venturing, 2014, 29 (2): 327-344.

［450］Woolley J. L. and Rottner R. Innovation policy and nanotechnology entrepreneurship ［J］. Entrepreneurship Theory and Practice, 2008 (32): 791-811.

［451］Wright M., Filatotchev I., Hoskisson R. E., and Peng M. W. Strategy research in emerging economies: Challenging the conventional wisdom - Introduction

[J] . Journal of Management Studies, 2005, 42 (1): 1-33.

[452] Wry T. and York J. G. An identity based approach to social enterprise [J] . Academy of Management Review, 2017, 42 (3): 437-460.

[453] Wuebker R. , Hampl N. , and Wustenhagen R. The strength of strong ties in an emerging industry: Experimental evidence of the effects of status hierarchies and personal ties in venture capitalist decision making [J] . Strategic Entrepreneurship Journal, 2015, 9 (2): 167-187.

[454] Xie X. Y. , Wang W. L. , and Qi Z. J. The effects of TMT faultline configuration on a firm's short-term performance and innovation activities [J] . Journal of Management & Organization, 2015, 21 (5): 558-572.

[455] Xu D. and Meyer K. E. Linking theory and context: "Strategy research in emerging economies" after Wright et al. (2005) [J] . Journal of Management Studies, 2013, 50 (7): 1322-1346.

[456] Yang K. M. Institutional holes and entrepreneurship in China [J] . Sociological Review, 2004, 52 (3): 371-389.

[457] Yli-Renko H. , Autio E. , and Sapienza H. J. Social capital, knowledge acquisition, and knowledge exploitation in young technology-based firms [J] . Strategic Management Journal, 2001, 22 (6-7): 587-613.

[458] Yu W. , Wiklund J. , and Perez-Luno A. ADHD symptoms, entrepreneurial orientation (EO), and firm performance [J] . Entrepreneurship Theory and Practice, 2021, 45 (1): 92-117.

[459] Yu Y. , Li M. , Li X. , Zhao J. L. , and Zhao D. T. Effects of entrepreneurship and IT fashion on SMEs' transformation toward cloud service through mediation of trust [J] . Information & Management, 2018, 55 (2): 245-257.

[460] Zahra S. A. A conceptual model of entrepreneurship as firm behavior: A critique and extension [J] . Entrepreneurship Theory and Practice, 1993, 17 (4):5-21.

[461] Zahra S. A. and Covin J. G. Contextual influences on the corporate entrepreneurship-performance relationship: A longitudinal analysis [J] . Journal of Business Venturing, 1995, 10 (1): 43-58.

[462] Zahra S. A. and Garvis D. M. International corporate entrepreneurship and

firm performance: The moderating effect of international environmental hostility [J]. Journal of Business Venturing, 2000, 15 (5-6): 469-492.

[463] Zahra S. A. and Neubaum D. O. Environmental adversity and the entrepreneurial activities of new ventures [J]. Journal of developmental entrepreneurship, 1998, 3 (2): 123-140.

[464] Zahra S. A., Neubaum D. O., and Huse M. Entrepreneurship in medium-size companies: Exploring the effects of ownership and governance systems [J]. Journal of Management, 2000, 26 (5): 947-976.

[465] Zahra S. A., Nielsen A. P., and Bogner W. C. Corporate entrepreneurship, knowledge, and competence development [J]. Entrepreneurship Theory and Practice, 1999, 23 (3): 169-189.

[466] Zanutto E. L., Bezrukova K., and Jehn K. A. Revisiting faultline conceptualization: Measuring faultline strength and distance [J]. Quality & Quantity, 2011, 45 (3): 701-714.

[467] Zhang Z., Wang X., and Jia M. Echoes of CEO entrepreneurial orientation: How and when CEO entrepreneurial orientation influences dual CSR activities [J]. Journal of Business Ethics, 2021, 169 (4): 609-629.

[468] Zhao H. X. and Lu J. Y. Contingent value of political capital in bank loan acquisition: Evidence from founder-controlled private enterprises in China [J]. Journal of Business Venturing, 2016, 31 (2): 153-174.

[469] Zhao X., Lynch J. G., and Chen Q. Reconsidering Baron and Kenny: Myths and truths about mediation analysis [J]. Journal of Consumer Research, 2010, 37 (2): 197-206.

[470] Zhao Y. B., Li Y. A., Lee S. H., and Chen L. B. Entrepreneurial orientation, organizational learning, and performance: Evidence from China [J]. Entrepreneurship Theory and Practice, 2011, 35 (2): 293-317.

[471] Zheng Q. Q., Luo Y. D., and Wang S. L. Moral degradation, business ethics, and corporate social responsibility in a transitional economy [J]. Journal of Business Ethics, 2014, 120 (3): 405-421.

[472] Zhou K. Z. Innovation, imitation, and new product performance: The case of China [J]. Industrial Marketing Management, 2006, 35 (3): 394-402.

［473］Zhou W. Political connections and entrepreneurial investment：Evidence from China's transition economy ［J］. Journal of Business Venturing，2013，28（2）：299-315.

［474］Zhou W. Institutional environment，public-private hybrid forms，and entrepreneurial reinvestment in a transition economy ［J］. Journal of Business Venturing，2017，32（2）：197-214.

［475］Zhou W. B. Regional deregulation and entrepreneurial growth in China's transition economy ［J］. Entrepreneurship and Regional Development，2011，23（9-10）：853-876.

［476］Zhou W. B. Regional institutional development，political connections，and entrepreneurial performance in China's transition economy ［J］. Small Business Economics，2014，43（1）：161-181.

［477］安蕊，雷晓明 . 从制度安排看我国东西部发展差异 ［J］. 重庆工商大学学报（西部论坛），2004（5）：5-8.

［478］毕先萍，张琴 . 创业机会差异成因探析与未来研究展望——基于发现观和创造观融合的视角 ［J］. 外国经济与管理，2012，34（5）：18-25.

［479］蔡地，黄建山，李春米，刘衡 . 民营企业的政治关联与技术创新［J］. 经济评论，2014（2）：65-76.

［480］蔡地，罗进辉，唐贵瑶 . 家族成员参与管理、制度环境与技术创新［J］. 科研管理，2016，37（4）：85-93.

［481］蔡俊亚，党兴华 . 创业导向与创新绩效：高管团队特征和市场动态性的影响 ［J］. 管理科学，2015，28（5），42-53.

［482］蔡莉，朱秀梅，刘预 . 创业导向对新企业资源获取的影响研究［J］. 科学学研究，2011，29（4）：601-609.

［483］曹洪军，陈泽文 . 内外环境对企业绿色创新战略的驱动效应——高管环保意识的调节作用 ［J］. 南开管理评论，2017，20（6）：95-103.

［484］陈钢，王栋 . 社会地位会影响企业融资约束吗？——来自 A 股民营上市公司的经验证据 ［J］. 经济管理，2020，42（2）：160-174.

［485］陈凌，王昊 . 家族涉入、政治联系与制度环境——以中国民营企业为例 ［J］. 管理世界，2013（10）：130-141.

［486］陈帅 . 知识视角下团队断裂带与团队绩效的关系研究 ［J］. 杭

州：浙江大学，2012.

[487] 陈文沛．政治网络战略与创业绩效：创业导向的多重中介效应 [J]．中国科技论坛，2017（1）：122-128.

[488] 陈悦明．高层梯队特征组成法研究综述 [J]．技术经济与管理研究，2013（1）：58-61.

[489] 陈悦明，葛玉辉，宋志强．高层管理团队断层与企业战略决策的关系研究 [J]．管理学报，2012，9（11）：1634-1642.

[490] 陈志斌，王诗雨．产品市场竞争对企业现金流风险影响研究——基于行业竞争程度和企业竞争地位的双重考量 [J]．中国工业经济，2015（3）：96-108.

[491] 成瑾，白海青，刘丹．CEO如何促进高管团队的行为整合——基于结构化理论的解释 [J]．管理世界，2017（2）：159-173.

[492] 丛晓妮，李实萍，陈波．法制环境对我国上市公司融资约束的缓解效应研究 [J]．金融理论与实践，2015（1）：77-81.

[493] 崔维军，孙成，陈光．距离产生美？政企关系对企业融通创新的影响 [J]．科学学与科学技术管理，2021，42（6）：81-101.

[494] 戴维奇．"战略创业"与"公司创业"是同一个构念吗？——兼论中国背景下战略创业未来研究的三个方向 [J]．科学学与科学技术管理，2015，36（9）：11-20.

[495] 戴维奇，黄婷婷，傅颖．私营企业家的身份体系如何影响创业导向？——基于模糊集的定性比较分析 [J]．科学学与科学技术管理，2020，41（3）：63-79.

[496] 戴维奇，刘赫，林巧．董事会断裂带对创业导向的影响——行为整合机制的调节效应 [J]．财经论丛，2018（4）：83-93.

[497] 戴维奇，刘洋，廖明情．烙印效应：民营企业谁在"不务正业"？[J]．管理世界，2016（5）：99-115.

[498] 戴维奇，魏江．创业心智、战略创业与业务演化 [J]．科学学研究，2015，33（8）：1215-1224+1231.

[499] 戴维奇，魏江，林巧．公司创业活动影响因素研究前沿探析与未来热点展望 [J]．外国经济与管理，2009，31（6）：10-17.

[500] 戴维奇，赵慢．企业家新政感知、制度与创业导向 [J]．科研管理，

2020, 41 (9): 187-196.

［501］邓汉慧, 童丽珍, 胡艺. 创业政策与创业行为产生之探析［J］. 统计与决策, 2011 (22): 161-164.

［502］董保宝, 罗均梅, 许杭军. 新企业创业导向与绩效的倒 U 形关系——基于资源整合能力的调节效应研究［J］. 管理科学学报, 2019, 22 (5): 83-98.

［503］杜海东, 刘捷萍. 创业导向对不同类型创新的影响: 市场导向的中介和调节［J］. 管理评论, 2014, 26 (3): 151-158.

［504］杜群阳, 郑小碧. 天生全球化企业跨国创业导向与国际化绩效——基于网络关系与学习导向动态耦合的视角［J］. 科研管理, 2015, 36 (3): 118-126.

［505］杜善重, 汤莉. 亲缘关系与创业导向——来自中国上市家族公司的经验证据［J］. 科学学与科学技术管理, 2019, 40 (2): 132-149.

［506］杜跃平, 马晶晶. 政府促进创业的公共政策和服务的效果评估与分析——陕西省西安市、宝鸡市、咸阳市创业者调查［J］. 软科学, 2016, 30 (1): 31-35.

［507］杜运周, 刘秋辰, 程建青. 什么样的营商环境生态产生城市高创业活跃度?——基于制度组态的分析［J］. 管理世界, 2020, 36 (9): 141-155.

［508］段云龙, 余义勇, 张颖, 刘永松, 杨立生, 周伟. 创新型企业持续创新过程重大机遇识别研究［J］. 管理评论, 2017, 29 (10): 58-72.

［509］樊纲, 王小鲁, 朱恒鹏. 中国市场化指数——各地区市场化相对进程2006 年报告［M］. 北京: 经济科学出版社, 2007.

［510］方杰, 温忠麟, 张敏强, 任皓. 基于结构方程模型的多重中介效应分析［J］. 心理科学, 2014, 37 (3): 735-741.

［511］方杰, 张敏强. 中介效应的点估计和区间估计: 乘积分布法、非参数Bootstrap 和 MCMC 法［J］. 心理学报, 2012, 44 (10): 1408-1420.

［512］傅家骥. 技术创新学［M］. 北京: 清华大学出版社, 1998.

［513］傅明华, 郭敏. 企业生命周期与两职合一对企业创业战略导向的影响研究［J］. 软科学, 2016, 30 (7): 74-77.

［514］葛法权, 张玉利, 张腾. 组织相互依赖关系对公司创业能力的影响机制——基于海尔集团的案例研究［J］. 管理学报, 2017, 14 (4): 475-484.

［515］谷晨，王迎军，崔连广，余军．创业制度环境对创业决策的影响机制［J］．科学学研究，2019，37（4）：711-720.

［516］韩立丰，王重鸣，许智文．群体多样性研究的理论述评——基于群体断层理论的反思［J］．心理科学进展，2010，18（2）：374-384.

［517］何轩，宋丽红，朱沆，李新春．家族为何意欲放手？——制度环境感知、政治地位与中国家族企业主的传承意愿［J］．管理世界，2014（2）：90-101+110+188.

［518］何瑛，杨琳．改革开放以来国有企业混合所有制改革：历程、成效与展望［J］．管理世界，2021，37（7）：44-60+44.

［519］胡赛全，詹正茂，钱悦，刘茜．企业创新文化、战略能力对创业导向的影响研究［J］．科研管理，2014，35（10）：107-113.

［520］胡望斌，张玉利，杨俊．同质性还是异质性：创业导向对技术创业团队与新企业绩效关系的调节作用研究［J］．管理世界，2014（6）：92-109+187-188.

［521］花冯涛，徐飞．环境不确定性如何影响公司特质风险——基于现金流波动和会计信息质量的中介效应检验［J］．南开管理评论，2018，21（4）：122-133.

［522］黄永春，张惟佳，徐军海．服务环境对新生企业家创业导向的影响［J］．科研管理，2021，42（2）：149-160.

［523］纪敏，王新华．中国民营经济融资报告［M］//黄孟复，全哲洙．中国民营经济发展报告 No.6（2008~2009）．北京：社会科学文献出版社，2009.

［524］贾建锋，赵希男，于秀凤，王国锋．创业导向有助于提升企业绩效吗——基于创业导向型企业高管胜任特征的中介效应［J］．南开管理评论，2013，16（2）：47-56.

［525］姜彦福，沈正宁，叶瑛．公司创业理论：回顾、评述及展望［J］．科学学与科学技术管理，2006（7）：107-115.

［526］焦豪，魏江，崔瑜．企业动态能力构建路径分析：基于创业导向和组织学习的视角［J］．管理世界，2008（4）：91-106.

［527］黎赔肆，焦豪．动态环境下组织即兴对创业导向的影响机制研究［J］．管理学报，2014，11（9）：1366-1371.

［528］李德辉，范黎波，吴双．企业市场地位、信息优势与创业导向：基于

法制环境调节效应的考察［J］．管理评论，2019，31（4）：58-69．

［529］李泓桥．创业导向对企业突破性创新的影响研究：互补资产的调节作用［J］．科学学与科学技术管理，2013，34（3）：126-135．

［530］李华晶，邢晓东．高管团队与公司创业战略：基于高阶理论和代理理论融合的实证研究［J］．科学学与科学技术管理，2007（9）：139-144．

［531］李乾文．公司创业导向的差异分析——基于环渤海地区企业所有权差异的实证研究［J］．科学学研究，2007（4）：707-711．

［532］李维安，刘振杰，顾亮．董事会异质性、断裂带与跨国并购［J］．管理科学，2014，27（4）：1-11．

［533］李先江．营销创新对公司创业导向与组织绩效关系的中介效应研究——基于中东部八省市企业的实证研究［J］．研究与发展管理，2012，24（2）：115-125．

［534］李小青，周建．董事会群体断裂带的内涵、来源以及对决策行为的影响——文献综述与理论研究框架构建［J］．外国经济与管理，2014，36（3）：3-9．

［535］李颖，赵文红，薛朝阳．创业导向、社会网络与知识资源获取的关系研究——基于信号理论视角［J］．科学学与科学技术管理，2018，39（2）：130-141．

［536］李志军．中国城市营商环境评价［J］．北京：中国发展出版社，2019．

［537］厉以宁．厉以宁论民营经济［M］．北京：北京大学出版社，2007．

［538］梁巧转，孟瑶，刘炬，袁博．创业团队成员人格特质和工作价值观与创业绩效——基于创业导向的中介作用［J］．科学学与科学技术管理，2012，33（7）：171-180．

［539］廖福崇．审批制度改革优化了城市营商环境吗？——基于民营企业家"忙里又忙外"的实证分析［J］．公共管理学报，2020，17（1）：47-58+170．

［540］林明，戚海峰，李兴森．混合所有制企业高管团队断裂带对突破性创新绩效的影响：基于混合高管结构权力平衡的调节效应［J］．预测，2016，35（4）：15-21．

［541］刘洪伟，李骏．公司治理结构与创业导向相关性的实证研究［J］．技术经济，2015，34（2）：27-34．

［542］刘景江．科技型新创企业创业导向：维度、测量和效度［J］．自然辩证法通讯，2009，31（4）：49-56+67+111.

［543］刘娟，唐加福．基于文献计量和可视化图谱的营商环境研究述评与展望［J］．管理评论，2022，34（5）：318-331.

［544］刘伟，杨贝贝，刘严严．制度环境对新创企业创业导向的影响——基于创业板的实证研究［J］．科学学研究，2014，32（3）：421-430.

［545］刘晓曙．大数据时代下金融业的发展方向、趋势及其应对策略［J］．科学通报，2015，60（Z1）：453-459.

［546］刘亚军，和金生．企业创业导向与组织绩效：从短期到长期的战略选择［J］．中国科技论坛，2010（5）：65-69.

［547］刘洋，乔坤元，张建君．董事长职能背景与企业战略［J］．经济学报，2016，3（4）：1-35.

［548］鲁桐，党印．投资者保护、行政环境与技术创新：跨国经验证据［J］．世界经济，2015，38（10）：99-124.

［549］陆文聪，杜传文．国外创业学习模型研究述评［J］．科技进步与对策，2012，29（9）：157-160.

［550］罗珉．战略选择论的起源、发展与复杂性范式［J］．外国经济与管理，2006（1）：9-16.

［551］马富萍，郭晓川．高管团队异质性与技术创新绩效的关系研究——以高管团队行为整合为调节变量［J］．科学学与科学技术管理，2010，31（12）：186-191.

［552］马丽，赵蓓．高层管理者关系对创业导向的影响机制研究——一个有中介的调节模型［J］．财经论丛，2018（4）：94-103.

［553］梅冬州，宋佳馨．金融业开放与宏观经济去杠杆［J］．中国工业经济，2021（10）：78-97.

［554］木志荣．私营企业融资困难的成因及对策分析［J］．中国经济问题，2004（2）：67-72.

［555］潘清泉，唐刘钊，韦慧民．高管团队断裂带、创新能力与国际化战略——基于上市公司数据的实证研究［J］．科学学与科学技术管理，2015，36（10）：111-122.

［556］皮天雷．经济转型中的法治水平、政府行为与地区金融发展——来自

中国的新证据［J］. 经济评论，2010（1）：36-49.

［557］秦玲玲，孙黎. 构建管理的微观基础——马奇如何发展理论？［J］. 外国经济与管理，2019，41（10）：74-85.

［558］屈晓倩，刘新梅. 信息型团队断裂与团队创造力关系的实证研究——交互记忆系统的中介作用［J］. 研究与发展管理，2016，28（1）：52-61.

［559］阮丽旸，刘益，王良. 转型环境下关系导向和创业导向对民营企业CSR的影响研究［J］. 软科学，2017，31（10）：52-56+65.

［560］芮正云，罗瑾琏，甘静娴. 新企业网络导向如何影响其创业导向［J］. 管理评论，2020，32（1）：119-131.

［561］宋渊洋，刘飚. 中国各地区制度环境测量的最新进展与研究展望［J］. 管理评论，2015，27（2）：3-12.

［562］苏晓华，王平. 创业导向研究综述［J］. 科技进步与对策，2010，27（16）：151-155.

［563］汪丽，茅宁，潘小燕，经朝明. 董事会职能、决策质量和决策承诺在中国情境下的实证研究［J］. 管理世界，2006（7）：108-114.

［564］汪秀琼，吴小节，蓝海林，宋铁波. 企业战略管理研究新进展——基于制度经济学和组织社会学制度理论的视角［J］. 河北经贸大学学报，2011，32（4）：16-21.

［565］王福鸣，董正英. 资金支持政策对创业影响的 Meta 分析研究［J］. 研究与发展管理，2018，30（3）：133-144.

［566］王海珍，刘新梅，张若勇，马亚男. 国外团队断裂研究的现状及展望——团队多样性研究的新进展［J］. 管理学报，2009，6（10）：1413-1420.

［567］王惠. 政府创业扶持政策对大学生创业的影响评价及其优化——基于浙江省的分析［J］. 企业经济，2014（3）：168-172.

［568］王兰芳，王悦，侯青川. 法制环境、研发"粉饰"行为与绩效［J］. 南开管理评论，2019，22（2）：128-141+185.

［569］王小鲁. 市场化改革与经济增长［J］. 中国经贸导刊，2019（24）：23-24.

［570］王欣亮，杜壮壮，刘飞. 大数据发展、营商环境与区域创新绩效［J］. 科研管理，2022，43（4）：46-55.

［571］王永伟，张善良，郭鹏飞，叶锦华. CEO 变革型领导行为、创业导向

与商业模式创新［J］．中国软科学，2021（5）：167-175．

［572］王钰，胡海青．冗余资源与创业导向：制度环境的调节效应［J］．科研管理，2021，42（8）：35-42．

［573］王重鸣，夏霖，阳浙江．基于战略视角的创业导向研究［J］．技术经济，2006，25（8）：1-2．

［574］卫武，易志伟．高管团队异质性、断层线与创新战略——注意力配置的调节作用［J］．技术经济，2017，36（1）：35-40．

［575］魏江，戴维奇，林巧．公司创业研究领域两个关键构念——创业导向与公司创业的比较［J］．外国经济与管理，2009，31（1）：24-31．

［576］温忠麟，叶宝娟．中介效应分析：方法和模型发展［J］．心理科学进展，2014，22（5）：731-745．

［577］温忠麟，张雷，侯杰泰，刘红云．中介效应检验程序及其应用［J］．心理学报，2004（5）：614-620．

［578］吴建祖，曾宪聚，赵迎．高层管理团队注意力与企业创新战略——两职合一和组织冗余的调节作用［J］．科学学与科学技术管理，2016，37（5）：170-180．

［579］吴建祖，龚敏．基于注意力基础观的 CEO 自恋对企业战略变革影响机制研究［J］．管理学报，2018，15（11）：1638-1646．

［580］吴建祖，肖书锋．创新注意力转移、研发投入跳跃与企业绩效——来自中国 A 股上市公司的经验证据［J］．南开管理评论，2016，19（2）：182-192．

［581］吴文锋，吴冲锋，芮萌．中国上市公司高管的政府背景与税收优惠［J］．管理世界，2009（3）：134-142．

［582］武常岐．中国战略管理学研究的发展述评［J］．南开管理评论，2010，13（6）：25-40．

［583］肖峰雷，李延喜，栾庆伟．管理者过度自信与公司财务决策实证研究［J］．科研管理，2011，32（8）：151-160．

［584］谢伟，王展硕．中国企业研发国际化的角色和演进研究——基于国际化和技术驱动的视角［J］．科学学与科学技术管理，2017，38（11）：116-127．

［585］谢小云，张倩．国外团队断裂带研究现状评介与未来展望［J］．外国经济与管理，2011，33（1）：34-42．

［586］徐浩，祝志勇，叶芸．行政环境优化、偏向性投资与技术创新［J］．科研管理，2020，41（2）：73-82.

［587］徐业坤，钱先航，李维安．政治不确定性、政治关联与民营企业投资——来自市委书记更替的证据［J］．管理世界，2013（5）：116-130.

［588］杨林．高管团队异质性、企业所有制与创业战略导向——基于中国中小企业板上市公司的经验证据［J］．科学学与科学技术管理，2013，34（9）：159-171.

［589］杨林．创业型企业高管团队垂直对差异与创业战略导向：产业环境和企业所有制的调节效应［J］．南开管理评论，2014，17（1）：134-144.

［590］易朝辉．网络嵌入、创业导向与新创企业绩效关系研究［J］．科研管理，2012，33（11）：105-115.

［591］尹珏林．组织新颖性、创业导向与公司伦理管理——一个调节效应模型及启示［J］．科学学与科学技术管理，2012，33（12）：97-107.

［592］余明桂，潘红波．政治关系、制度环境与民营企业银行贷款［J］．管理世界，2008（8）：9-21+39+187.

［593］臧雷振．政府治理效能如何促进国家创新能力：全球面板数据的实证分析［J］．中国行政管理，2019（1）：121-127.

［594］张钢，彭学兵．创业政策对技术创业影响的实证研究［J］．科研管理，2008（3）：60-67+88.

［595］张宏云．创业导向构念测量研究前沿探析与未来研究建议——基于反映型和构成型模型［J］．外国经济与管理，2012，34（6）：9-16.

［596］张宏云，杨乃定．创业导向构念辨析及对维度之争的评述［J］．科学学研究，2010，28（2）：177-182.

［597］张建君，张闫龙．董事长—总经理的异质性、权力差距和融洽关系与组织绩效——来自上市公司的证据［J］．管理世界，2016（1）：110-120+188.

［598］张明，蓝海林，陈伟宏．企业注意力基础观研究综述——知识基础、理论演化与研究前沿［J］．经济管理，2018，40（9）：189-208.

［599］张三保，刘沛．外部制度环境、高管自主权与企业创新战略——中国30省12301家企业的证据［J］．创新与创业管理，2017（2）：82-97.

［600］张一林，林毅夫，龚强．企业规模、银行规模与最优银行业结构——基于新结构经济学的视角［J］．管理世界，2019，35（3）：31-47+206.

[601] 张章，陈仕华．董事会群体断裂带与企业风险承担——基于社会认同理论的实证研究 [J]．财经问题研究，2017（1）：101-107.

[602] 张志红，王露露，宋艺．营商环境生态如何驱动城市创新绩效？——基于创新型城市的模糊集定性比较分析 [J]．研究与发展管理，2022，34（3）：24-40.

[603] 赵丙艳，葛玉辉，刘喜怀．TMT认知、断裂带对创新绩效的影响：战略柔性的调节作用 [J]．科学学与科学技术管理，2016，37（6）：112-122.

[604] 赵都敏，李剑力．创业政策与创业活动关系研究述评 [J]．外国经济与管理，2011，33（3）：19-26.

[605] 赵红丹，周君．企业伪善、道德推脱与亲组织非伦理行为：有调节的中介效应 [J]．外国经济与管理，2017，39（1）：15-28.

[606] 赵健宇，廖文琦，裘希．创业导向与探索式创新的关系：一个双中介效应模型 [J]．管理科学，2019，32（2）：33-49.

[607] 赵丽缦．社会创业国际化战略选择的影响因素研究 [D]．上海：东华大学，2014.

[608] 郑琴琴，陆亚东．"随波逐流"还是"战略选择"：企业社会责任的响应机制研究 [J]．南开管理评论，2018，21（4）：169-181.

[609] 郑莹，陈传明，张庆垒．企业政策敏感性研究——制度逻辑和企业所有权的作用 [J]．经济管理，2015（9）：42-50.

[610] 周冬梅，陈雪琳，杨俊，鲁若愚．创业研究回顾与展望 [J]．管理世界，2020，36（1）：206-225+243.

[611] 周建，李小青．董事会认知异质性对企业创新战略影响的实证研究 [J]．管理科学，2012，25（6）：1-12.

[612] 周建，李小青，杨帅．任务导向董事会群体断裂带、努力程度与企业价值 [J]．管理学报，2015，12（1）：44-52.

[613] 周立新，杨良明．家族涉入与家族企业创业导向：环境与经营困境的调节作用 [J]．科技进步与对策，2018，35（14）：88-94.

[614] 周三多，陈传明，贾良定．管理学：原理与方法 [M]．上海：复旦大学出版社，2014.

[615] 朱沆，张威，何轩，林蔚然．家族、市场化与创业企业关系网络的交易成本 [J]．南开管理评论，2012，15（5）：152-160.

［616］朱秀梅，孔祥茜，鲍明旭．国外创业导向研究脉络梳理与未来展望［J］．外国经济与管理，2013，35（8）：2-13.

［617］朱益宏，周翔，张全成．私营企业家政治关联：催化了投机行为还是技术创新？［J］．科研管理，2016，37（4）：77-84.